U0453095

"山西传媒学院'1331工程'校级出版资金专项资助项目"学科建设专著

山西汾阳方言语法研究

李卫锋 著

中国社会科学出版社

图书在版编目(CIP)数据

山西汾阳方言语法研究/李卫锋著. —北京：中国社会科学出版社，2019.1

ISBN 978-7-5203-4020-5

Ⅰ.①山… Ⅱ.①李… Ⅲ.①西北方言—语法—方言研究—汾阳 Ⅳ.①H172.2

中国版本图书馆 CIP 数据核字(2019)第 018469 号

出 版 人	赵剑英
责任编辑	陈肖静
责任校对	韩海超
责任印制	戴　宽

出　　版	中国社会科学出版社
社　　址	北京鼓楼西大街甲 158 号
邮　　编	100720
网　　址	http://www.csspw.cn
发 行 部	010-84083685
门 市 部	010-84029450
经　　销	新华书店及其他书店
印　　刷	北京明恒达印务有限公司
装　　订	廊坊市广阳区广增装订厂
版　　次	2019 年 1 月第 1 版
印　　次	2019 年 1 月第 1 次印刷
开　　本	710×1000　1/16
印　　张	20.25
插　　页	2
字　　数	312 千字
定　　价	86.00 元

凡购买中国社会科学出版社图书，如有质量问题请与本社营销中心联系调换
电话：010-84083683
版权所有　侵权必究

内容简介

本书以描写分析晋语汾阳方言的语法为主要内容,包括构词法、词类中的代词、副词、介词、连词、助词、语气词,句法中的状中结构和中补结构、疑问句、祈使句,以及时间范畴。根据山西方言及其他汉语方言的现有语法研究成果,将汾阳方言与普通话、晋语的其他方言进行共时比较,揭示汾阳方言与普通话、晋语在某些语法特点上的共同点及差异,并尽量结合近代汉语的研究成果进行历时考察,探讨汾阳方言一些语法现象的古语层地位,阐述汾阳方言的语法特点,比较客观地反映了处于并州片与吕梁片交界地带方言的语法面貌,为山西方言语法研究提供了翔实可靠的语法材料,填补了目前晋语吕梁片方言语法研究的不足。全书除绪论和结语部分之外,共分六章,主要内容如下:

第一章主要讨论汾阳方言的两种构词法:复合法和派生法。并着重探讨派生法中的附加式和重叠式构词,汾阳方言的派生构词法有着自己的特点:前附式构词所形成的词类比较多样,名词、动词、形容词、量词、拟声词都涉及,能产性较强;后附式构词主要集中在名词的构词上,能产性强,尤其儿化词的数量是最多的。

第二章主要探讨的是实词部分的代词和副词。汾阳方言的代词包括人称代词、指示代词、疑问代词。人称代词中,第一、第二人称代词形式上的相似性较多,第三人称多用指示代词来指称。人称代词复数形式复杂多样。指示代词兼指第三人称代词是吕梁片乃至晋语很多方言的特点,指示代词二分，语音形式多样化，各形式之间的细微差别较多。疑问代词中的"何"系词沿用了古汉语的用法，并具有自己的特点。汾阳方言的副词分为六种类型：程度副词、范围副词、情状副词、时间副词、语气副词和否定副词，还有一些不好分类的归入其他副词，并讨论了副词连用的规律。

　　第三章主要讨论虚词部分的介词、连词和助词。介词部分着重分析"搁⁼""打""到""和""连""问""给""闻""趁""赶"等，并总结了介词共现的规律。连词部分着重讨论连接复句的一些连词使用情况。助词部分主要讨论汾阳方言的"[tieʔ⁰]"和"将"。"[tieʔ⁰]"所表示的不仅仅是助词"的"，还表示动态助词"着"，以及表示"到""去"等义。"将"可以作为补语标记和动态助词使用。

　　第四章主要讨论两种与句中谓语关系密切的短语结构：状中结构和中补结构，对状语和补语的定义和分类进行了区别，提出了汾阳方言的分类结果。状中结构主要讨论介宾状语、副词性状语、形容词性状语和时间名词状语。述补结构主要讨论程度补语、状态补语、结果补语、趋向补语、可能补语。

　　第五章主要围绕疑问句与祈使句展开讨论。我们将疑问句分为特指问句和选择问句，又将选择问句分为列项问、是非问和正反问来讨论。祈使句分为肯定祈使和否定祈使两类，并重点讨论了祈使句中的商请句。最后着重讨论了与句类密切相关的 14 个语气词，并总结了语气词连用的规律。

　　第六章主要讨论汾阳方言的时间范畴。分三个方面的内容进行探讨：汾阳方言对时点、时段的表达，表时副词的使用，以及汾阳方言的时制和时体，系统总结了汾阳方言在时间范畴方面的表达手段和特点。

目　　录

绪论 ··· 1
 第一节　汾阳人文地理概况 ······································ 1
  一　地理、行政和人口 ··· 1
  二　历史沿革 ·· 3
  三　社会经济、文化对方言的影响 ······························ 4
 第二节　汾阳方言概况 ·· 5
  一　方言系属及内部划分 ······································· 5
  二　内部语音差异 ·· 6
  三　城关话音系 ·· 8
  四　连读变调规律 ··· 14
 第三节　汾阳方言语法研究概况 ································· 20
  一　构词法研究 ··· 21
  二　实词研究 ··· 22
  三　虚词研究 ··· 23
  四　其他研究 ··· 24
 第四节　本书拟作研究的情况 ···································· 25
  一　选题意义 ··· 25
  二　本书的研究对象、内容和方法 ····························· 26
  三　本书的语法框架和语料来源 ······························· 27

— 1 —

第一章　构词法 29
第一节　关于构词法 29
第二节　复合构词法 30
　　一　双音节复合构词法 30
　　二　三音节复合构词法 31
第三节　派生构词法 33
　　一　附加 34
　　二　重叠 71
　　三　重叠式名词、子尾名词、儿化名词的比较 88

第二章　词类（上） 92
第一节　代词 92
　　一　人称代词 92
　　二　指示代词 114
　　三　疑问代词 126
第二节　副词 129
　　一　程度副词 129
　　二　范围副词 130
　　三　情状副词 131
　　四　时间副词 132
　　五　语气副词 134
　　六　否定副词 136
　　七　关于几个副词的详解 136
　　八　副词连用 146
　　九　副词小结 147

第三章　词类（下） 148
第一节　介词 148
　　一　介词总述 148
　　二　几个常用介词 151

三　介词共现……158
第二节　连词……159
　　一　连接词语的连词……159
　　二　连接复句的连词……159
第三节　助词……164
　　一　汾阳方言的"[tieʔ⁰]"……165
　　二　助词"将"……177

第四章　状中结构和述补结构……181
第一节　关于状语和补语……181
　　一　状语与补语的定义……181
　　二　状语和补语的分类……182
第二节　状中结构……184
　　一　介宾状语……185
　　二　副词性状语……185
　　三　形容词性状语……185
　　四　时间名词状语……187
　　五　多重状语排序……187
第三节　述补结构……188
　　一　程度补语……188
　　二　状态补语……193
　　三　结果补语……194
　　四　趋向补语……196
　　五　可能补语……204

第五章　句类和语气词……209
第一节　疑问句……209
　　一　疑问句的分类……209
　　二　特指疑问句……211
　　三　选择疑问句……217

四　附加问 ··················232
  五　反诘问 ··················235
 第二节　祈使句 ···················235
  一　肯定性祈使句 ··············235
  二　否定性祈使句 ··············246
 第三节　语气词 ···················247
  一　语气词单用 ················247
  二　语气词连用 ················257

第六章　时间范畴 ················263
 第一节　时间表达系统 ··············263
 第二节　时点、时段表达 ············265
  一　时点 ····················265
  二　时段 ····················267
 第三节　表时副词的使用 ············269
  一　时间副词 ·················269
  二　频率副词 ·················271
  三　重复副词 ·················272
  四　表序副词 ·················272
 第四节　时制、时体 ················273
  一　时制 ····················273
  二　时体 ····················284

结语 ·····························300

参考文献 ·························304

后记 ·····························316

绪 论

第一节 汾阳人文地理概况

一 地理、行政和人口[①]

汾阳位于山西省腹地偏西，吕梁山东麓，太原盆地西缘。地理位置：北纬37°8′50″—37°29′10″，东经111°20′50″—112°0′24″。东顺磁窑河流向与平遥、介休接壤，南逾虢义河、鹊颉岭与孝义交界，西依吕梁山脉与中阳、离石相连，北沿石桦崖、墙板山、龙洞梁走向与文水相邻。大自然造就了山、丘、川三分县境的地貌特征，西北境中高山区海拔约2000多米，系吕梁山支脉，东南部冲积平原区海拔750米左右，地势由西北向东南倾斜。县境东西长52公里，南北宽45公里，总面积1179平方公里。

汾阳市辖5个街道办事处（太和桥、文峰、南薰、西河、辰北），9个镇（杏花、贾家庄、冀村、肖家庄、演武、峪道河、三泉、石庄、杨家庄），2个乡（阳城、栗家庄），共计262个行政村，37个社区居委会，总人口41.62万人（依汾阳政府网公布2010年数据）。境内人口多数为汉族，据2010年人口普查，汾阳市共有蒙古族、朝鲜族、回族、彝族、满族、土家族等23个少数民族，总人数为252人，占全市总人口的0.63%，且少

[①] 此小节内容根据《汾阳县志》（1998）概述部分和汾阳市政府官网资料整理而成。

数民族分布零散，遍及全市 14 个乡镇（街道办事处）。

表 0-1　汾阳市少数民族人数分布

民族	蒙古	满族	彝族	回族	壮族	土家	苗族	拉祜	佤族	维吾尔	瑶族	傣族
人数	21	38	57	22	26	16	17	14	13	12	11	9
民族	黎族	侗族	白族	傈僳	土族	藏族	仡佬	羌族	布朗族	布依族	未识别	
人数	7	5	3	4	4	2	2	1	1	1	1	

表 0-2　汾阳市各乡镇少数民族人口数

所属乡镇	城关镇	杏花村镇	冀村镇	演武镇	三泉镇	峪道河镇
人数	55	15	22	21	18	11
所属乡镇	杨家庄镇	贾家庄镇	肖家庄镇	石庄镇	阳城乡	栗家庄乡
人数	5	30	17	21	20	17

从表中可见，虽然民族不少，但人数较少，基本都是在近年随着经济发展而来的少量人口迁移。证据是 1990 年人口普查时，汾阳境内只有蒙古族、朝鲜族、回族、彝族、满族和土家族共 6 个少数民族，2010 年增加至 23 个少数民族，应是人口迁移的结果。

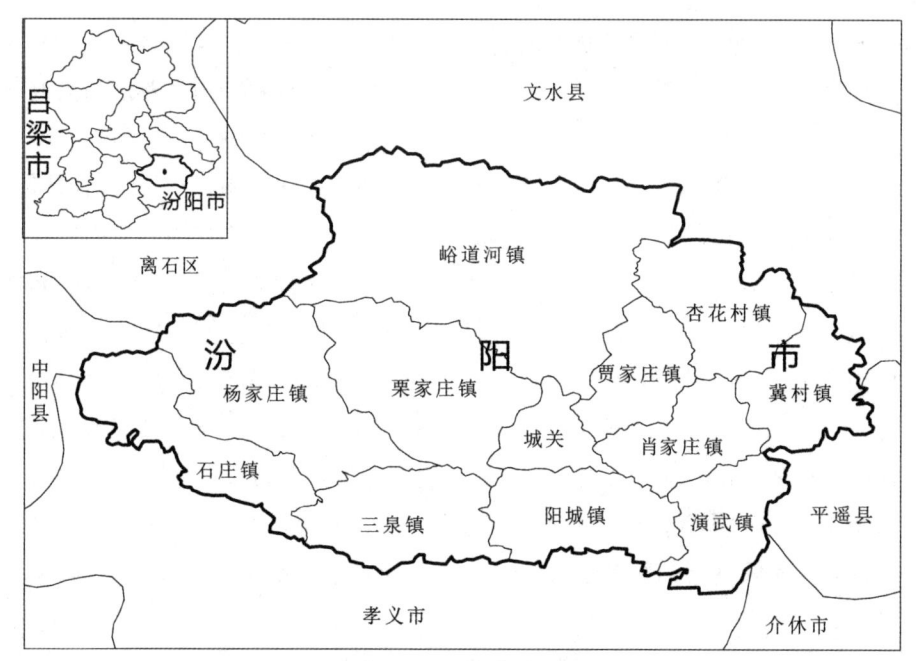

图 0-1 汾阳市行政区划

二 历史沿革[①]

汾阳境内有新石器时代的杏花村遗址、峪道河遗址、北垣底遗址、任家堡遗址、段家庄遗址、巩村遗址等,据考证属仰韶文化和龙山文化遗址。据此推断,汾阳历史非常悠久,至少在四五千年前已有人类居住。而后,长期为北方少数民族与中原民族聚居融合之地,各种文明在此交汇,形成汾州文化。春秋时属晋,为瓜衍县,战国属赵,为兹氏县。秦属太原郡。汉朝因袭前制。三国魏于此置并州西河郡。西晋陈王司马斌改封西河王驻此,郡改为国,县名为隰城。北魏年间改隰城为什星军,后复名隰城,邑置西河郡,隶属汾州。孝昌二年(526),汾州移治隰城,仍领西河郡。唐武德元年(618),郡改称浩州。三年复改汾州。天宝元年(742),改汾州为西河郡。乾元元年(758),复名汾州。而治所均设隰城县未改。肃宗

[①] 本小节内容依据《汾阳县志》(1998)卷一"建置"整理而成。

上元元年（760），县名改称西河县。历五代、宋、金、元，县名均称西河，属于汾州，汾州治所在县城。明洪武元年（1368），省西河县改汾州为直隶州，兼领平遥、介休、孝义三县。万历二十三年（1595），升州为府，依郭设汾阳为县别名，盖以县城居汾水之阳故。府属冀南道，府道治所皆驻县城内。清初，县仍属省冀南道汾州府。清康熙五年（1666）冀南道并入冀宁道，府县遂隶属道，府治仍设本邑。明清年间为汾阳政治经济的鼎盛时期。民国元年（1912），废府道存县。民国十九年废道，县由省直辖。民国二十七年二月，汾阳县政府逃亡，日军占领县城。民国三十八年（1949）九月，山西省人民政府成立，设汾阳专区。1951年3月，汾阳专区撤销，汾阳县隶属榆次专区。1958年10月，榆次专署更名为晋中专署。同年11月至1959年9月，汾阳与文水、交城合并称汾阳县，仍属晋中专区。1971年5月，汾阳县划归新组建的吕梁专区。1996年，经国务院批准，汾阳撤县设市。

县城扼晋西门户，历朝视为重镇。西河郡郡治、汾州州治、汾州府治均设于此。明初，有朱棣之孙庆成王府和永和王府于城内。明清时代是汾阳政治经济的鼎盛时期，王府文化对汾阳文化的影响颇深。

三　社会经济、文化对方言的影响

汾阳居民的主体虽是汉族，但历史上少数民族迁移至汾阳的人数也不少，很难说其人口全部来源于汉族血统。例如，汉建安中，魏武帝曹操分匈奴为五部，刘豹为左部帅，居太原郡兹氏，即今汾阳。晋武帝初，塞外匈奴大水、塞泥、黑难等二万余落归化朝廷，与晋人杂居，平阳、西河、太原、新兴、上党、乐平诸郡都有匈奴人居住。①之后历代汾阳均是军事重镇，每有易代之际汾阳免不了发生不同民族之间的战事，如唐王李渊起兵、宋金交战、汾胡叛乱。明清之际，山西自然灾害严重，但同时商业经济发展较快，因此人口的迁移较为频繁，大批外省客民迁入山西，也有大量山西人"走西口"讨生计。因此，汾阳方言的形成应该说主体是晋语吕

---

① 安介生：《山西移民史》，山西人民出版社1999年版，第58—61页。

梁片的分支，但很难说没有夹杂少数民族语言的成分。汾阳方言作为晋语吕梁片的一支，处于晋西高原的边缘，其周围三面被并州片方言区包围，只有西面通向吕梁山，是太原盆地进入吕梁山的重要交通枢纽。明清以来又是汾州府治所在，相较吕梁山上各县经济繁荣。政治、经济、文化、交通等各方面的因素促成其方言的特殊面貌：既与并州片方言有着千丝万缕的关联，又与吕梁片方言密不可分，形成自己独特的风格。

第二节　汾阳方言概况

一　方言系属及内部划分

2014年版的《中国语言地图集》（第2版）将汾阳方言划入晋语吕梁片汾州小片，该片方言的共同特点是阴平、上声都是降升调，但调值略有差别，入声分阴阳，汾阳方言完全吻合。汾阳方言可分为三片，文峪河以东的冀村镇、杏花镇、演武镇等地的方言接近文水方言，称为东乡方言片；三泉河以南的三泉镇、石庄乡、杨家庄镇的方言接近中阳、孝义西北部方言，称为西南乡方言片；其余乡镇的方言大体是一致的，称为中部方言片。汾阳境内的三个方言片语音有些差异，词汇、语法差异较小。

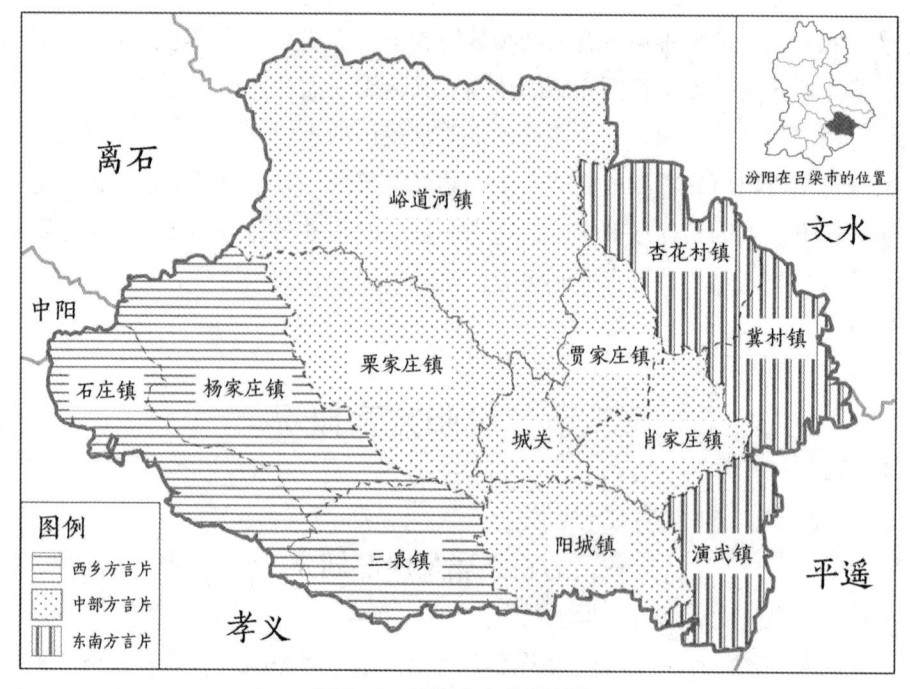

图 0-2 汾阳方言内部划分

二 内部语音差异

三个方言片在语音方面的差别体现在以下几个方面:

(一) 声调方面

中部小片与西南小片平声分阴阳,阴平为降升调,阳平为低平调,"方≠房",东乡小片平声不分阴阳,都为低平调,"方=房"。前者与吕梁片方言特点一致,后者与并州片方言特点一致。

中部小片与西南小片的差别是轻声词变调以后的前字调值不同,如"小人、倒腾、斗篷、老婆、搅和、老爷、暖和、养活"等词,城关话读 31+0,西南乡读 13+0。

(二) 声母方面

中部小片与东乡小片都有 [ts tsʰ s z nz] 与 [tʂ tʂʰ ʂ ʐ ŋ] 的区别,西南小片大部分只有 [ts tsʰ s z nz],没有 [tʂ tʂʰ ʂ ʐ ŋ]。

东乡小片的冀村镇方言古全浊声母并、定、从、澄、群今平声白读为不送气声母，文读为送气声母，如：盘p，盘pʰ，迟tʂ，迟tʂʰ，这与文水方言一致。但"飞≠灰"，又区别于文水方言。

（三）韵母方面

三个方言片的个别韵母稍有差别，从下表可见：

表0-3 汾阳方言内部韵母差异

例字 分片	居	虚	吕	欲	条	小	院	圆
中部方言片	ʮ	ʮ	ʮ	yaʔ	iɯ	iɯ	y	y
西南乡方言片	əʊ	əʊ	əʊ	ʊʔ	iɯɯ	iɯɯ	yu	yu
东乡冀村话	ʮ	ʮ	ʮ	yaʔ	iɯɯ	iɯɯ	y	y

例字 分片	精	清	心	宁	林	云	穷
中部方言片	iẽ	iẽ	iẽ	iẽ	iẽ	yŋ	yŋ
西南乡方言片	iŋ	iŋ	iŋ	iŋ	iŋ	yŋ	yŋ
东乡冀村话	iẽ	iẽ	iẽ	iẽ	iẽ	ỹ	ỹ

其余韵母中，带有[a、ə]元音的韵母西南乡和东乡小片方言舌位稍低，中部小片方言舌位稍高，但这种差异可以忽略不计。

（四）儿化韵方面

中部方言片的儿化韵数量最多、最丰富，西南乡方言片的儿化韵相对少，东乡方言片的儿化韵与中部方言片数量相当。而且中部方言片儿化后，主要元音舌位稍高，如"猫儿"读[muer²²]，"影壁儿"读[i³¹²piər²²]。东乡方言片儿化后，主要元音舌位较低，如"猫儿"读[mɑur²²]，"影壁儿"读[i³¹²piar²²]。

（五）特别说明

笔者在调查中发现，在演武镇这一个乡镇还有内部区别，演武村以北的村庄，其方言接近东乡小片，主要是平声不分阴阳，声韵母与东乡小片一致。演武村以南的村庄，如东大王、西大王、北船头、北上达村、中上达村、南上达村，其地理位置处于汾阳、平遥、介休、孝义的交界地，语音上的特点主要表现为平声不分阴阳，声韵母与中部小片接近。笔者认为就平声不分阴阳这一点来看，其方言基本属于并州片，接近介休、孝义方言，因此暂且将其归为东乡小片，特此说明。实际上造成这种情况的历史原因是，文水靠近冀村镇的八个自然村、汾阳的演武镇以及平遥的香乐镇、介休的北万户堡等村在历史上曾经与汾阳几分几合，这种状况在西南小片中也有，因此，这些地方的方言与汾阳方言有着千丝万缕的联系，难以明确地为其定性，这也正体现了汾阳方言作为吕梁片与并州片交界处方言的特点。

三　城关话音系

本书的描写和讨论以汾阳城关话为主，城关话属于三片中的中部方言片。因城关镇一直以来都是县级政府所在地，属于整个县的政治、经济、文化中心，本地人对城关话有较大认同，所以比较能够代表本地方言的情况。此音系的标音主要以发音合作人李小萍的发音为准，其他发音合作人为辅。

（一）声母

汾阳城关话有 28 个声母（包括零声母）。列举如下：

p 布班编百	p^h 怕盘碰拍	m 门妈梦木	f 放肺扶胡	v 闻万尾物
t 多邓敌毒	t^h 抬同谭踏	n 能南暖纳		l 烂练律立
ts 字精机杂	ts^h 次茶青旗	n_z 泥女倪拗	s 洒史西杀	z 胰医映蝇
tʂ 正遮直竹	$tʂ^h$ 车船畜尺	ŋ 镊扭拧搡	ʂ 声社食商	ʐ 日惹柔热
tɕ 借展卷绝	$tɕ^h$ 缠亲劝屈	nʲ 年牙捏娘	ɕ 蛇星旋学	
k 姑干管国	k^h 渴客宽跪	ŋ 袄饿恶鸭	x 旱河黑咸	
ø 耳染卧远				

声母说明：

（1）[n]与[ɻ ɥ]结合时，声韵之间明显有个[z]，记为[nz]。[n nz ȵ]未形成音位对立，但与[t]组、[ts]组、[tɕ]组具有明显的系统性，因此全部记本音。

（2）[tʂ tʂʰ ʂ ȵ z]舌尖位置靠前，但比[ts tsʰ s nz z]舌位靠后。

（3）[m n ȵ ŋ]都伴随同部位浊塞音成分[b d ɖ g]，实际音值为[mb nd ȵd ŋg]。

（4）声母[k kʰ ŋ x]与[i]相拼时，发音部位稍靠前，实际音值接近[c cʰ ɲ ç]，本书不作区别，仍记作[k kʰ ŋ x]，如"哥[ki³²⁴]、看[kʰi⁵⁵]"。

（二）韵母

汾阳城关话有42个韵母。列举如下：

ɿ低资比蝇	i 鞭饿邪蛇	u过短阔判	y圆靴院楦
ʮ居岁去女			
ʅ治迟正声			
ɚ耳二儿而			
a爬生哑下	ia家猛牙杏	ua挖花瓜抓	ya唠横
ɯ多扯绕贺	iɯ飘庙笑娇		
	iɔ讲凉抢杨	uɔ党壮馍上	
ai待晒摆鞋	iæi街械崖揩	uai怪怀快歪	
ei给来台耐		uei堆腿最灰	
au饱高闹稍	iau刁辽描妖		
ou斗透厚丑	iou九牛球油		
ᵘʋ杜姑库胡			
ã妈三染咸	iã篇点眼练	uã弯栓乱断	yã冤悬全捐
əŋ根本争蒸	iɛ̃今银听明	uŋ温伦红顺	yŋ迅均窘凶
aʔ八达擦杀	iaʔ夹百掐学	uaʔ握刷刮滑	yaʔ穴域曰浴

— 9 —

əʔ 直吃十割　　　ieʔ 立接灭铁　　　uəʔ 畜竹熟入　　　yeʔ 月雪曲决

n̩ 你

韵母说明：

（1）[i u y]三个韵母的舌位都比较低，其实际音值接近[I U Y]。

（2）[ã iã uã yã]中的主要元音[a]鼻化，实际音值为[A]，本书不作区别，统一为[a]。

（3）[əŋ iẽ uəŋ yŋ]中的[iẽ]，明显地和收[-ŋ]韵尾的三个韵母不同，其韵腹是一个舌面前正中鼻化元音，本书记录其实际读音为[iẽ]。

（4）入声韵[iaʔ uaʔ yaʔ]，实际读音中主要元音没有[a]的开口度大，稍微靠近[æ]，本书仍然记作[a]。

（5）普通话中的[u]韵母，在汾阳方言中读为[ᵊʊ]，上齿稍稍接触下唇，前面明显带有[ə]，因此记作[ᵊʊ]，和唇音结合时，[ə]便消失，剩下[ʊ]，如"布"读[pʊ]，"胡"读[fʊ]，本书一律记为[ᵊʊ]。

（6）[n̩]表示[n]自成音节，舌贴上腭前部发鼻音，汾阳方言中只有"你"读此音。

（三）单字调

汾阳城关话有6个单字调。列举如下：

阴平　324　　高猪专尊丁飞

阳平　22　　 穷陈才麻徐唐

上声　312　　古展纸粉买女

去声　55　　 是坐盖怕共树

阴入　<u>22</u>　　 急竹窄歇切发

阳入　<u>312</u>　　月入麦宅俗服

声调说明：

（1）汾阳方言的阴平调曲折不是很大，前低后高，先降后升，升幅比降幅大。

（2）上声也是曲折调，前高后低，先降后升，降幅比升幅大。

（3）去声调型末尾有微升，升幅极小，仍视为平调，记为55。

（4）入声分阴阳，阴入调型其实同阳平，升幅很小；阳入调型同上声。

（四）儿化韵母

汾阳方言中除了儿韵母，也有儿化韵。"儿化"是指"儿尾"化入前一韵母造成的变韵现象。它与"儿尾"的区别是：前者儿韵母已经融入前一音节而整体表现为一个音节，后者仍然是独立的音节。汾阳方言有 42 个韵母，其中[ə]是自成音节的儿韵母，[ŋ ya iæi yŋ yaʔ]5 个韵母没有儿化韵，其余 36 个韵母儿化后演变为 13 个儿化韵母。下面先列儿化韵母，括号内列出该儿化韵母对应的基本韵母，然后列举儿化词。如：

ər（＜ʅ ɿ ɯ）

梨儿[lər²²]　　　　　　池儿[tʂʰər²²]　　　　　　大儿[tər⁵⁵⁻⁵³]伯母

iər（＜ʅ i iɯ iou）

缉皮儿[tɕʰieʔ²²pʰiər²²]　　边儿[piər³²⁴]　　　　　票儿[pʰiər⁵⁵⁻⁵³]

牛儿[ȵiər²²]

ɐr（＜ei əŋ əʔ）

火盖儿[xu³¹²kɐr⁵⁵⁻⁵³]　　一本儿[ieʔ²²pɐr³¹²]　　这儿[tʂɐr³¹²]

iɐr（＜i iẼ ieʔ）

钱儿[tɕʰiɐr²²]　　　　　饼儿[piɐr³¹²]月饼　　　碟儿[tiɐr³¹²]

uɐr（＜uɔ uei au uŋ uəʔ）

药方儿[ieʔ³¹²fuɐr³²⁴]　　对儿[tuɐr⁵⁵⁻⁵³]　　　猫儿[muɐr²²]　　鹿儿[luɐr³¹²]

yɐr（＜iɔ iau yeʔ）

梁儿[lyɐr²²]　　　　　　轿儿[tɕyɐr⁵⁵⁻⁵³]　　　曲儿[tɕʰyɐr³¹²]

ar（＜a ai ã aʔ）

耙儿[pʰar²²]　　　　　　名牌儿[miẼ²²pʰar²²]

床单儿[tʂʰuɔ²²tar³²⁴]　　没法儿[məʔ²²far²²]

iar（＜i ia iã iaʔ）

片儿[pʰiar⁵⁵⁻⁵³]　　　　杏儿[ɕiar⁵⁵]

件儿[tɕiar⁵⁵⁻⁵³]　　　　客儿[tɕʰiar⁵⁵⁻⁵³]客人

uar（＜ua uai uã uaʔ）

瓜儿[kuar³²⁴]　　　　　　画儿[xuar⁵⁵⁻⁵³]

乱儿[luar⁵⁵⁻⁵³]　　　　　桌儿[tʂuar²²]

yar（＜yã）

娟儿[tɕyar⁵⁵⁻⁵³]　　　试卷儿[sʅ⁵⁵tɕyar⁵⁵⁻⁵³]　　园儿[yar²²]

ur（＜u）

圪团儿[kəʔ²²tʰur²²]　　橡儿[tʂʰur²²]　　　　锅儿[kur³²⁴]

yr（＜y）

猪圈儿[tʂᵊʋ³²⁴tɕyr⁵⁵⁻⁵³]　旋儿[ɕyr⁵⁵⁻⁵³]粉　　鞋楦儿[xai²²ɕyr⁵⁵⁻⁵³]

ᵊʋ（＜ᵊʋ　ɻ）

布儿[pᵊʋ⁵⁵⁻⁵³]　兔儿[tʰᵊʋ⁵⁵⁻⁵³]　锯儿[tsᵊʋ⁵⁵⁻⁵³]　鱼儿[zᵊʋ²²]

另外，有些儿化词不符合上述规律，但读音都没有超出上述儿化韵范围，单列如下：

扇儿[ʂər⁵⁵⁻⁵³]　孩儿[xɤr²²]　雀儿[tɕʰiɤr³¹²]　穗儿[suɤr⁵⁵⁻⁵³]

厮儿[sɤr²²]　明儿[miɤr⁵⁵⁻⁵³]　粥儿[tʂuɤr²²]

但有一个儿化词是超出上述范围的，即"稿儿"读[kaur³¹²]，用于"草稿儿""底稿儿"等词中，目前还没有发现与它相同的读音，我们认为可能是受普通话影响的结果，这里也不再单列一条规律，作为例外字留存。

需要说明的是：

（1）ᵊʋ韵母儿化时，卷舌动作是伴随着ə发生的，ʋ的发音是在卷舌之后进行的，因此标为ᵊʋ。

（2）入声韵儿化以后失去了喉塞尾，阴入变如阳平 22，阳入变如上声 312。

（3）去声儿化以后调型由高平变为降调，调值由 55 变为 53。

（五）城关话语音特点

1. 声母特点

1）鼻音声母丰富，[m n nᶻ ȵ ŋ]多来自古明泥疑影母。[nᶻ]来自古泥疑母，如：泥＝倪nᶻʅ²²。[ȵ]来自古泥疑母细音，如：年~纪ȵi²²|砚ȵi⁵⁵。[ŋ]来自古泥母，如：扭ŋou³¹²|镊ŋəʔ³¹²。

2）古晓匣母遇合一与非组遇合三声母相同，都读[f]，如：呼胡壶＝扶肤fᵊʋ²²。

3）古知庄章与精组的分混。开口知二庄组与精组相混为[ts]组，如：柴＝材~料tsʰai²²|站＝暂tsã⁵⁵。开口知三章组与合口知庄章组读[tʂ]组。但止开三的

精庄章组及见系读[ts]组，如：梓=滓=止=己tsʅ³¹²。假开三章组白读与精组相混读[tɕ]组，如：舍~不得=写ɕi³¹²|扯拉~=且tɕʰi³¹²。

4）古精组三四等多读为[tɕ]组，少数遇蟹止组与古见晓组读[ts]组声母，如：聚=句tsʅ⁵⁵|祭=计tsʅ⁵⁵|字=忌tsʅ⁵⁵。精组梗开三四等白读也为[ts]组，如：星~宿sʅ³²⁴|清~汤寡水tsʰʅ³²⁴。

2. 韵母特点

1）韵类分合。咸山合流，宕江合流，深臻曾文梗文通合流，遇合一泥精组与流开一合流为[ou]。系统的文白读主要分布于果假、蟹效、咸山、曾梗摄，白读咸山一三等与果假一三等合流，曾梗三四等与蟹三等止合流，效一三等与果假一三等合流。白读例如：宽心~=科颗kʰu³²⁴|搌~布剪~子=姐tɕi³¹²|闪打~=捨~得ɕi³¹²‖剩~下=世势逝sʅ⁵⁵|蒸~馍馍=知tsʅ⁵⁵|蝇赢=移zʅ²²|星~宿腥=私西sʅ³²⁴|兄sʅ³²⁴：岁sʅ⁵⁵‖熬~年=鹅ŋɯ²²|烧=奢ʂɯ³²⁴。

2）等的分别。果假、蟹、效、咸山、曾梗摄入声一二等不同，三（四）等同一等（除蟹摄外）。以汾阳方言的开口韵为例。

表 0-4 汾阳方言韵母等的分别

	一等			二等				三四等	
	帮系	端系	见系	帮系	端系	知系	见系	知章组	非知章组
果假		多ɯ 左u	河i/ɯ	爬a		茶a	夏a	社i/ɯ	姐茄i
蟹	贝ei	台 ei/ai	爱ei		奶ai	柴ai	街iæi鞋ai	世ʅ	西计ʅ
效	保au	早au	高 ɯ/au	包au	闹au	捎au	交iau	烧ɯ	小摇iɯ
咸山舒		贪ã	看i/ã	班ã		山ã	减iã咸ã	展i/ã	脸件i贬险iã
咸山入		答aʔ	割ʔ	八aʔ		杀aʔ	甲iaʔ瞎aʔ	舌əʔ	腌杰ieʔ
曾梗舒	朋əŋ	能əŋ	肯əŋ	棚ia/əŋ烹əŋ	打a冷əŋ	生a/əŋ	杏ia/əŋ行iɛ̃	声ʅ称əŋ	星赢兴冰iɛ̃

续表

	一等			二等				三四等	
	帮系	端系	见系	帮系	端系	知系	见系	知章组	非知章组
曾梗入	北əʔ/ieʔ	德əʔ	黑əʔ	白iaʔ		拆aʔ	格əʔ客iaʔ	石əʔ色aʔ	极益ieʔ

3）开合口。分开合口的 10 个摄中，果假、蟹止、咸山、臻、曾梗开合口今读有别，宕摄开合口相同。如：刚光kuɔ^{324}|康筐kʰuɔ^{324}|杭黄xuɔ^{22}。

3. 声调特点

1）古平声今分阴阳，古清平今读阴平，古全浊、次浊平今读阳平。古清上、次浊上今读上声。古全浊上、古去声今读去声。古清入今读阴入。古浊、次浊入今读阳入。

2）有一些古舒声入化字，如：佘ʂəʔ^{312}|娶~媳妇子tsʰəʔ^{22}|砌tɕʰieʔ^{22}。也有少数古入声舒化字，如：挖ua^{324}|烙lau^{55}|唠ya^{312}|贼tsei^{324}，这些字无论在单字调还是连读变调中都读舒声。

四 连读变调规律

（一）双音节连读变调

1. 非叠字双音节变调

主要涉及上声字、阳入字、去声字在语流中会发生变调，其他声调基本无变化，不赘述。变调情况见下表：

表 0-5 汾阳方言非叠字双音节连读变调

后字＼前字	非叠字	
	上声 312	阳入 <u>312</u>
阴平 324	31+324 火车 手枪	<u>31</u>+324 石碑 陌生
阳平 22	31+22 火柴 海绵	<u>31</u>+22 药房 杂粮
上声 312	12+312 水果 火腿	<u>22</u>+312 阅览 密码
去声 55	31+55 广告 打扮	<u>31</u>+55 木料 绿豆

续表

后字 \ 前字	非叠字	
	上声 312	阳入 <u>312</u>
阴入 <u>22</u>	31+22　宝塔　粉笔	<u>31</u>+22　及格　直接
阳入 <u>312</u>	12+<u>312</u>　主席　小麦	22+<u>312</u>　阅读　毒药

2. 叠字双音节变调情况，见下表：

表 0-6　汾阳方言叠字双音节连读变调

声调 \ 分类	名词性		动词性
	小称	亲属称谓	
阴平 324	324+0　锅锅　车车	324+0　姑姑　大大	3121+0　听听　揩揩
阳平 22	22+22　床床　门门	22+22　娘娘　爷爷	22+0　量量
上声 312	31+324　板板　桶桶	31+324　姐姐　老老	3121+0　耍耍　走走
去声 55	45+312　袋袋　凳凳	45+312　舅舅　妹妹	53+0　看看　坐坐
阴入 <u>22</u>	<u>22</u>+0　角角　壳壳	<u>22</u>+0　伯伯	53+0　擦擦
阳入 <u>312</u>	31+<u>312</u>　盒盒　碟碟		3121+0　学学

说明：

名词重叠式亲属称谓中有一个特例是"哥哥"，它读为[kuɔ$^{324\text{-}31}$kuɔ^{324}]。

动词的双音节重叠式，前字韵母的主要元音变为长元音（这种动词重叠式实际是"V—V"的省略形式），阳平字前字基本不变调，其他声调的字前字都变调：阴平、上声、阳入字变为 3121，两次转折，音长略加长；去声字由高平调变为降调 53；阴入字也变为 53；入声字变调的同时丢失喉塞尾，韵母的元音有的会变化。后字一般读轻声，也可以儿化。如：听听 [tʰɿː$^{324\text{-}3121}$tʰɿ$^{324\text{-}0}$]/[tʰɿː$^{324\text{-}3121}$tʰər$^{324\text{-}0}$]。

动词重叠式"圪V圪V"是两个双音节词"圪V"的重叠，如：

圪尝圪尝[kəʔ$^{312\text{-}31}$tʂʰuɔ$^{22\text{-}53}$kəʔ$^{312\text{-}31}$tʂʰuɔ^{22}]

圪躺圪躺[kəʔ$^{312\text{-}22}$tʰuɔː$^{312\text{-}31}$kəʔ$^{312\text{-}22}$tʰuɔ^{312}]

需要注意的是，在圪 V 圪 V 里，不仅"圪"有变调，第一个动词的主要元音也要拉长，且非阴平的声调都要变为降调，阳平变 53，去声变 45，上声、阴入变 31 或 <u>31</u>。

（二）三音节连读变调

1. 非叠字变调

同样只涉及上声和阳入字的变调，其他声调一般不变调。一般第三字不变调。可以形成规律的变调情况具体如下：

1）A、C 是非上声非阳入，B 为上声或阳入，B 变为 31 或 <u>31</u>，A、C 不变调。例如：烂水瓮儿[lã⁵⁵ ʂuei³¹²⁻³¹ uɐr⁵⁵]、不及格[pəʔ²² tɕieʔ³¹²⁻³¹ kəʔ²²]

2）A、B 为上声或阳入，C 为非上声非阳入不变调，A 是上声则变为升调 12，A 是阳入则变为 22，B 变为 31 或 <u>31</u>。例如：

保险柜[pau³¹²⁻¹² ɕiã³¹²⁻³¹ kuei⁵⁵]　　日本人[zəʔ³¹²⁻²² pəŋ³¹²⁻³¹ zəŋ²²]

小学生[ɕiau³¹²⁻¹² ɕiaʔ³¹²⁻³¹ səŋ³²⁴]　　学杂费[ɕiaʔ³¹²⁻²² tsaʔ³¹²⁻³¹ fei⁵⁵]

3）A、B、C 全部为上声或阳入，如果是 A+（B+C）格式，C 不变调，A 变为 31 或 <u>31</u>，B 为上声变为升调 12，B 为阳入时要看 C，如 C 为上声则变 31，如 C 为阳入则变 22，例如：

写简历[ɕi³¹²⁻³¹ tɕiã³¹²⁻¹² lieʔ³¹²]

熟火腿[ʂuəʔ³¹²⁻³¹ xu³¹²⁻¹² tʰuei³¹²]

学历史[ɕiaʔ³¹²⁻³¹ lieʔ³¹²⁻³¹ sʅ³¹²]

紫药水儿[tsʅ³¹²⁻¹² ieʔ³¹²⁻³¹ ʂuɐr³¹²]

读十五[tuəʔ³¹²⁻³¹ ʂəʔ³¹²⁻²² uəʔ³¹²]

如果是（A+B）+C 格式，C 不变调，A、B 是上声则变为升调 12，是阳入则变 <u>22</u>，例如：

手写体[ʂou³¹²⁻¹² ɕi³¹²⁻¹² tʰʅ³¹²]

历史学[lieʔ³¹²⁻²² sʅ³¹²⁻¹² ɕiaʔ³¹²]

滑石粉[xuaʔ³¹²⁻²² ʂəʔ³¹²⁻²² fəŋ³¹²]

五十五[uəʔ³¹²⁻²² ʂəʔ³¹²⁻²² uəʔ³¹²]

2. 叠字变调

（1）名词的重叠变调

三字组的名词重叠式有 ABB 式、AAB 式两种。四字组 AABB 式与两字组的变调规律一致。

1）ABB 式的变调

ABB 式中，BB 的变调与两字组名词重叠式的变调规律完全一致，不再赘述，这里主要谈谈 A 的变调，A 为非上声非阳入时不变调，不举例说明。有几个词是例外的，如：双生生[tʂʰuɔ³²⁴⁻⁵⁵sa³²⁴⁻⁰sa³²⁴⁻⁰]双胞胎、窗帘帘[tʂʰuɔ³²⁴li³²⁴⁻⁰li³²⁴⁻⁰]、猪蹄蹄[tʂʋ³²⁴tʰɿ²²⁻⁰tʰɿ²²⁻⁰]、慢坡坡[mu⁵⁵pʰu³²⁴⁻⁰pʰu³²⁴⁻⁰]缓坡。

①A 为上声或阳入，B 为非上声非阳入时，A 变 31 或 <u>31</u>，例如：

土堆堆[tʋ³¹²⁻³¹tuei³²⁴tuei³²⁴⁻⁰]

水窟窟[ʂuei³¹²⁻³¹kʰuəʔ²²kʰuəʔ²²⁻⁰]_{小水坑}

麦穗穗[miaʔ<u>³¹²⁻³¹</u>sɿ⁵⁵⁻⁴⁵sɿ⁵⁵⁻³¹²]

圪橼橼[kəʔ<u>³¹²⁻³¹</u>luəʔ²²luəʔ²²⁻⁰]_{小棒}

②B 为上声或阳入时，A 为上声，变为升调 12，A 为阳入，变为 <u>22</u>，例如：

雨点点[ɿ³¹²⁻¹²ti³¹²⁻³¹ti³¹²⁻³²⁴]

纸盒盒[tsɿ³¹²⁻¹²xaʔ<u>³¹²⁻³¹</u>xaʔ³¹²]

圪蛹蛹[kəʔ<u>³¹²⁻²²</u>yŋ³¹²⁻³¹yŋ³¹²⁻³²⁴]_{昆虫的蛹}

白盒盒[piaʔ<u>³¹²⁻²²</u>xaʔ<u>³¹²⁻³¹</u>xaʔ³¹²]

2）AAB 式的变调

AAB 式中，B 一般不变调，A 是阳平、阴入时也不变调，A 是阳入的情况几乎没有，下面就其他情况的变调进行分析：

①A 为阴平时，第二字变 22，即 324+22，例如：

悄悄话[tɕʰiɯ³²⁴tɕʰiɯ³²⁴⁻²²xua⁵⁵]

花花碗[xua³²⁴xua³²⁴⁻²²u³¹²]

②A 为上声时，第一字变 31，第二字变 12，即 31+12，例如：

火火头[xu³¹²⁻³¹xu³¹²⁻¹²tʰou⁰]_{炕头}

水水药[ʂuei³¹²⁻³¹ʂuei³¹²⁻¹²ieʔ³¹²]

③A 为去声时，第一字变降调 53，第二字变 31，即 53+31，例如：

泡泡纱[pʰau⁵⁵⁻⁴⁵pʰau⁵⁵⁻³¹sa³²⁴]_{一种纱质布料}

面面药[mi⁵⁵⁻⁴⁵mi⁵⁵⁻³¹ieʔ³¹²]_{面状药物}

（2）动词的重叠变调

动词的重叠式主要说的是动词圪 VV 的重叠变调。

这两种格式中"VV"的变调与前面两字组动词重叠式的变调一致，"圪"的声调随 V 的声调而变，当 V 是非上声时，"圪"变为 31，当 V 是上声时，"圪"变为 22。例如：

圪听听[kəʔ³¹²⁻³¹tʰη̩³²⁴⁻³¹²¹tʰη̩³²⁴⁻⁰]

圪坐坐[kəʔ³¹²⁻³¹tsuː⁵⁵⁻⁵³tsuː⁵⁵⁻⁰]

圪耍耍[kəʔ³¹²⁻²²ʂuaː³¹²⁻³¹²¹ʂuaː³¹²⁻⁰]

（3）形容词的重叠变调

三字组形容词重叠式主要也是 ABB 式、AAB 式，AAB 式与名词 AAB 式变调情况一致，ABB 式略有不同。在 ABB 式中，A 不变调，B 如果是非入声则读为 22，如果是入声则读为 22。还有由此衍生的一种形容词重叠式是 A 圪 BB，其变调规律也如此。例如：

绵墩墩[mi²²tuŋ³²⁴⁻²²tuŋ³²⁴⁻²²]绵绵的

甜式式[tʰi²²ʂəʔ²²ʂəʔ²²]甜甜的

白圪墩墩[piaʔ³¹²kəʔ³¹²⁻³¹tuŋ³²⁴⁻²²tuŋ³²⁴⁻²²]白白的

黑圪洞洞[xəʔ²²kəʔ³¹²⁻³¹tuŋ⁵⁵⁻²²tuŋ⁵⁵⁻²²]黑黑的

事实上，笔者认为这种格式的变调不能算严格意义上的变调，因为在这样的重叠式中，BB 只是代表两个相同的音而并无实义，大多存在于口语中，其本字是什么并无一定的规定性，也无可考证，这里所用的字形只是起记音作用。

（三）儿化变调

个别单音节时间名词儿化后要变为 53 调，如：前儿[tɕʰier²²⁻⁵³]、今儿[tɕier³²⁴⁻⁵³]、明儿[mier²²⁻⁵³]将来的某一天。一般的单字儿化不会引起变调。在连读过程中，儿化音节基本用于词尾，因此还是遵循两字组的变调规律。这里主要阐述叠音与儿化同时发生的变调情况。

1. 名词重叠的儿化变调

一般情况是后字儿化，变韵的同时变调。阳平字的重叠前后字都不变调。上声字没有重叠的情况。一般重叠后表示"每一"意义。

1) 阴平字重叠，前字一般不变调，后字变读为 22。如：天天儿[tʰi³²⁴

tʰiar$^{324-22}$]。

2）阳平字重叠，前后字都不变调，例如：人人儿[zəŋ^{22}zɚ^{22}]。

3）仄声字重叠，前字如果儿化则变为53，否则不变调，后字变为312，例如：夜儿夜儿[iɛr$^{55-53}$iɛr$^{53-312}$]_{每天}、月月儿[yeʔ^{312}yɚr^{312}]。

一些称谓名词重叠使用时，如"婶儿"和"驰儿_{姥爷}"，变调情况是前字不变调，后字变轻声，即：婶儿婶儿[ʂɚr^{312}ʂɚr$^{312-0}$]、驰儿驰儿[tɕiar^{312}tɕiar$^{312-0}$]。重叠以后不表"每一"义，都是对亲属的称谓。

2. 单音节形容词重叠的变调

单音节形容词重叠时，格式是"AA儿"，后字要儿化，且加"地[tsɿ^0]"使用。基本没有入声单音节形容词重叠的情况。

1）A为阴平和去声时，前字不变，后字儿化且变为312，例如：

高高儿地[kɯ^{324}kər$^{324-312}$tsɿ^0]　　　慢慢儿地[mã^{55}mar$^{55-312}$tsɿ^0]

2）A为阳平时，前字不变，后字儿化且变为324，这类词很少，例如：

停停儿地[tʰɿ^{22}tʰɚr$^{22-324}$tsɿ^0]_{消停点儿}

3）A为上声时，前字不变，后字儿化且变为22，例如：

好好儿地[xau^{312}xuɚr$^{312-22}$tsɿ^0]

款款儿地[kʰu^{312}kʰuɚr$^{312-22}$tsɿ^0]_{慢慢地、轻悄悄地}

（四）其他音变情况

汾阳方言中的一些虚词一般都读轻声，例如结构助词"的""地""得"，时体助词"咧""来"等。有时在一定语境中结构助词"地"会发生音变，在为了强调而加重语气或语速很慢的情况下，它会读为[tsɿ^{53}]。

汾阳方言中有很多轻声词，什么时候读轻声并无规律性，与普通话中的轻声词一样，是约定俗成的。且轻声词的音高是受前字影响而变化的，如在去声后的字音高最高，能达到4，如"太阳"，而在上声和阳平后的字音最低，大概只有1或2，如"点子"。为了记音方便，我们将明显弱化且调值短于单字调的记为轻声，都标0。

第三节　汾阳方言语法研究概况

据我们的考察，目前能够见到的最早对汾阳方言进行调查研究的是日本学者桥本万太郎，他的《晋语诸方言の比较研究》[①]，是一篇长文。该文主要涉及晋语朔县、五台、汾阳、安邑四县，文中详细描写并分析的是语音部分，记录了 325 个词语，并对四县的时态助词作了细致的描写和比较。该文是桥本先生 20 世纪 50 年代中期在日本找发音合作人进行调查的研究成果，其中汾阳方言的主要发音人是刘桂萍（记音），刘原籍是汾阳县东关街人，属于汾阳城关话，多数情况与我们考察的方言是一致的。但有些读音明显带有官话的成分，可能是因为发音合作人在远离本土的语言环境下，受各种影响而使读音发生变化的结果，例如"打闪闪电"文中记录的是 [da^{3}šan]，这是极文雅的书面音，本地人一般都说[ta$^{312-12}$ɕi^{312}]，是白读音。可见方言调查需要深入本地、深入民众。

此后直到 20 世纪 80 年代，伴随着山西方言研究的火热局面，山西大学的宋秀令老师开始了对汾阳方言较为系统的研究，发表了一系列语法研究文章，可以说对汾阳方言走上晋语研究的舞台奠定了非常好的基础，通过她的研究，人们对汾阳方言有了初步的认识。她以自己的母语城关话作为研究对象，抓住了汾阳方言中比较有特点的一些语法现象进行细致描写，其成果很值得我们借鉴。进入 20 世纪 90 年代以后，除了宋秀令不断刊发文章讨论汾阳方言外，田希诚老师曾经几次去汾阳作田野调查，并撰写了《汾阳县志》第 35 卷[②]，书中描写了汾阳方言语音、词汇、语法的一些内容，并收录了大量汾阳方言的俗语、谚语等资料，非常宝贵。可以说，通过这几位前辈深入的调查描写，我们看到了汾阳方言的基本面貌。其研究

[①] 桥本万太郎：《晋语诸方言の比较研究》，《东京外国语大学亚非文化言语研究所亚非文化研究》，1976—1977 年，第 12—14 别册。

[②] 田希诚：《汾阳县志》，（第三十五卷方言俗语），海潮出版社 1998 年版，第 905—946 页。

成果涉及如下几个方面：

一 构词法研究

　　构词法分为复合法和派生法，尤其是派生法构词是方言中比较有特点的内容，其中包括附加式和重叠式构词法。附加式构词法，讨论较深入的是关于"圪"缀。宋秀令的《汾阳方言的"圪"》①系统地探讨了各类圪头词，将词缀"圪"分为词头和词嵌，认为汾阳方言的"圪"作词头可构成名词、动词、形容词、量词、象声词，作词嵌可以放在 ABB 式形容词中间，也可组成四字格。还比较了带"圪"的同音、近音词。可以说该文的描写是非常细腻的，几乎是穷尽式地搜集了"圪"头词。值得注意的地方是，她认为动词重叠式前的"圪"表示"稍微"的语法意义，是一个独立存在的副词。田希诚也作了如此分析②，但一般晋语研究者都把这个"圪"看作是增加口语色彩的词缀，并非独立存在的副词。关于这一点还需要再探讨，仔细甄别汾阳方言的各种"圪"是否同源。

　　除了对"圪"缀的研究比较深入，附加法的其他方面基本没有涉及，在田希诚所作的方言志部分提到了"卜"缀、"日"缀、形容词词尾"油字"和名词词尾"赖赖字"③。实际汾阳方言的"忽"缀和"卜"缀也不少，这些现象值得再研究。

　　重叠式构词法的研究有宋秀令的《汾阳方言中的叠音名词》④。此文主要描写了名词的重叠式构词，汾阳方言用重叠式构成的名词有很多，作者将其分为双音名词纯叠音式、三音节名词带叠音式与四音节叠音名词，还比较了双音节名词叠音式与同词根"子"尾词、儿化词的异同。这篇文章的特点是语料丰富，但在对语料进行科学分类上还可以再探讨。

---

　　① 宋秀令：《汾阳方言的"圪"》，侯精一、温端政主编《山西方言研究》，山西人民出版社 1989 年版，第 210—220 页。
　　② 田希诚：《汾阳县志》（第三十五卷方言俗语），海潮出版社 1998 年版，第 931 页。
　　③ 形容词词尾"油字"和名词词尾"赖赖字"是田希诚先生在县志中所采用的说法，这里的"字"本字应当是"地[tsŋ⁵³]"。
　　④ 宋秀令：《汾阳方言中的叠音名词》，《山西大学学报》1996 年第 4 期。

二　实词研究

汾阳方言实词研究的成果集中在代词、名词、形容词、数词和量词等方面。

宋秀令专门讨论过汾阳方言的人称代词、指示代词和疑问代词。《汾阳方言的人称代词》[①]一文分别将单数人称代词、复数人称代词、其他人称代词作了逐一描写。其中第一人称代词单数列出十种之多，实际这里包括领格和非领格，还有特殊场合的用法等，作者用不同口气来区别，涉及了语用层面的问题，这也是她作为一个母语研究者的优势。作者将汾阳方言的人称代词作了逐一分析，认为汾阳方言的人称代词保留了近代汉语的特点。文中对第一人称代词的一些解释还不够全面，缺乏对复数词尾的考证，我们将在这些方面作深入的探讨。《汾阳方言的指示代词与疑问代词》[②]概括地反映了汾阳方言中指示代词和疑问代词的语义及作用，并择例分析其复杂性，且认为某些词仍保留了近代汉语，甚至古代汉语的遗迹。指示代词两分，有近指六种用法，远指六种用法，且读音都不同，这实际是"这/那"与其他词合音的结果，但作者没有一一明确分析其合音情况，而是认为用法不同所以读音不同。疑问代词提到了问人、问物、问处所、问动作行为、问数量、问时间、问性状这几种，并分别加以说明。这个分类还是比较粗糙，还可以作更细的划分，比如"甚"与"何"都可以组成一系列的疑问词组，它们之间的差异需作进一步说明。

宋秀令的《汾阳方言的形容词》[③]分为四部分：形容词的分类，按音节多少并结合构词特点分为单音节、双音节、三音节和四音节形容词；形容词的重叠，主要是单音节重叠和双音节重叠；形容词词尾"字"；形容词的组合能力和造句功能。作者认为"字"是形容词词尾，但实际上朱德

---

① 宋秀令：《汾阳方言的人称代词》，《语文研究》1992年第1期。
② 宋秀令：《汾阳方言的指示代词与疑问代词》，《山西大学学报》1994年第1期。
③ 宋秀令：《汾阳方言的形容词》，《语文新论》（《语文研究》15周年纪念文集），山西教育出版社1996年版，第257—272页。

熙①已经分析文水话中的此类用法应该是"地"在唐宋时期用法的继承。我们认为朱先生的分析是正确的。

宋秀令《汾阳方言中的量词和特殊的数量词》②讲了两部分内容：量词和特殊的数量词。量词又分为度量量词、名量词、动量词、带"圪"量词、带"卜"量词、叠音量词、儿化量词，我们看到这里分类的标准是不一致的；文章提到数词和量词"槐"组合时，可以用"数词+啊"表示，读作一个长音节，成为一个合音的数量词，从一到十，到"百、千、万"都能加"啊"组成数量词。据笔者的调查，从一到十是可以这样说的，读音是前一音节的韵尾脱落，主要元音拖长，所谓的"啊"是量词"个"的音变。而到"百、千、万"再这样说就有些牵强。北京话也有此用法，不过数量没有汾阳方言多。我们没有把量词作为专门的一节来讨论，也是考虑宋秀令的文章中已经讨论得很深入了。

三 虚词研究

虚词研究主要包括助词"的"和语气词两个方面。

宋秀令的《汾阳方言中的"的"》③主要讨论了助词"的"字的十种用法，读音都为[tiəʔ¹¹]。表动态的"的"标为"的$_1$""的$_2$""的$_3$"："的$_1$"放在动词后表示动作正在持续，相当于普通话的"着"；"的$_2$"放在动词后，表示动作已经完成，跟普通话的"了"或"下"相近，但不完全相同，还可以用于形容词后，表示肯定；"的$_3$"放在动词后面表示动作的结果。表能愿的"的"标为"的$_4$""的$_5$"："的$_4$"放在动词后表示应该做某件事，一般要与"啦"结合；"的$_5$"放在动词后表示能做某件事，重在表示"能够"。表趋向的"的"标为"的$_6$""的$_7$"："的$_6$"用于动词后表示"去"的趋向；"的$_7$"表示"到"的趋向。还有"的$_8$"

---

① 朱德熙：《北京话、广州话、文水话和福州话里的"的"字》，《方言》1980年第3期。
② 宋秀令：《汾阳方言中的量词和特殊的数量词》，《首届晋方言国际研讨会论文集》，山西高校联合出版社1996年版，第260—265页。
③ 宋秀令：《汾阳方言中的"的"》，《语文研究》1988年第2期。

表示"是""当"或"有"的意思;"的₉"与"揹"组成"揹的"放在动词性词语前,表示"一边……一边"的意思;"的₁₀"是"的的"连用的情况。以上对"的"字的描写是比较详细的,因其读音相同,很容易被认为是同一个词,但实际我们认为这是一系列读音相同用法迥异的同音字,有必要将其一一分析,剖析其本质,才能更加清楚地了解它们的本"字"和本质特点。吴建生曾撰文讨论"的的"连用的情况①,其中涉及了汾阳方言的连用情况,并作了相应的解释,各种"的"语义是不同的,讨论得非常详细,只是所举汾阳方言的例句有些还需斟酌,还需重新审视汾阳方言"的的"连用的情况,将各种"的"的来源讨论清楚。

宋秀令《汾阳方言的语气词》②着重讨论了汾阳方言的单用语气词和两个语气词连用。单个语气词包括"啦""喽""咧""吧""呀""么""来""嘿⁼""的""嚛""哈""吭""散"十三种;两个语气词连用分别是上述前九种与其他语气词的组合使用。这种分类方法比较笼统,如果没有母语感受,不太容易理解他们的语法意义。语气词是比较难把握的一类词,需要结合具体语境分析和揣摩。语气词连用也有一定的规律可循。

四　其他研究

遗憾的是,宋秀令老师的故去让汾阳方言的语法研究戛然而止。除了宋秀令老师的文章外,田希诚先生曾在《汾阳县志》"方言俗语"部分③谈到了关于语法的三点内容:几个特殊的词语、重叠和补语。内容稍显简单。

笔者的硕士毕业论文《汾阳方言时体系统研究》④从时制和体貌的角度分析了汾阳方言,提出汾阳方言的时体系统是完整而有层次的,分为体貌系统和时制系统,体貌系统分四层八类,时制系统三分,并分别对

---

① 吴建生:《晋中方言的"的的"连用和"地的"连用》,《语文研究》2002年第1期。
② 宋秀令:《汾阳方言的语气词》,《语文研究》1994年第1期。
③ 田希诚:《汾阳县志》(第三十五卷方言俗语),海潮出版社1998年版,第931—937页。
④ 李卫锋:《汾阳方言时体系统研究》,硕士学位论文,山西大学,2008年。

时体助词作出细致的描写与分析，总结出时体助词的共现关系。后来觉得，我们当时所采用的分类方法还是可以商榷的，在后来的《汾阳方言的时体助词"咧"》[①]中作了改进，认为汾阳方言中时体助词可以分为动态和事态两种，前者关乎动词的体，后者关乎事件的态。但是对于汾阳方言时间范畴的表达还是需要系统研究，其表达方式及类型仍值得再深入探讨。

除此之外，有关汾阳方言其他语法现象的研究比较少，尤其是句法研究比较薄弱。郭校珍的《山西晋语语法专题研究》谈到各地方言的相关现象列举了汾阳方言的一些情况，可能作者专门对汾阳方言做过调查。

通过对汾阳方言语法研究情况的梳理，我们看到汾阳方言语法研究的成果还是比较多的，但与晋语其他方言比较来看，可能还远远不够，还需要做更加细致和深入的研究。

第四节　本书拟作研究的情况

一　选题意义

山西方言源远流长。从春秋时代的中原霸主晋国，到后来的韩赵魏三国，当时所占疆域，大致涵盖了今地跨五省的晋语区和山西南部汾河片方言区。独特的地理地貌对山西方言形成也有着重要的影响，晋语区基本处在平均海拔五百米以上的高原地带，地理位置险要，交通闭塞，虽然有北方少数民族的不断侵扰，有些词汇留有少数民族语言的痕迹，但其主体的独特性还是得到了充分的保留。开掘这片土地上独特的语言资源，对揭示汉语发展演变的特点有着重要的意义[②]。

[①] 李卫锋：《山西汾阳方言的时体助词"咧"》，《广西民族师范学院学报》2012年第6期。

[②] 乔全生、李小萍：《古老的山西方言，语言演变的"活化石"》，《光明日报》2016年4月3日第7版。

晋语腹地的吕梁片方言①，它包括了吕梁山脉西侧的晋西高原乃至沿黄河以西的陕北高原一些区域，其语音、词汇、语法上都有自己独特之处，与并州片有共性又有差异。除了保留完整古入声字以外，元音高化的轨迹很明显，古语词保留较多，各类代词、助词纷繁复杂，这些都值得深入研究。目前对吕梁片方言的研究侧重语音，对词汇、语法的研究涉及较少，除了史秀菊的《兴县方言研究》、沈明的《岚县方言研究》、邢向东、王兆富的《吴堡方言调查研究》之外，还有一些研究散见于论文和著作中，涉及离石、临县、柳林、中阳、汾阳、方山、清涧、佳县等地，专门针对某一地的语法研究著作尚未见到。事实上，处在这片晋西高原上的方言应该得到更多的关注，因为这里经济交通相对落后，文化保守，受到外界的影响相对较小，因此也更容易保留很多古方言的痕迹，从已有的研究来看，吕梁片方言与唐五代西北方音有千丝万缕的联系，在这一方面也具有重要的研究价值。描写和分析吕梁片汾州小片之汾阳方言的语法，对于晋西方言，整个山西方言乃至汉语北方方言来讲都具有非常重要的意义。

尽管汾阳方言有了很多研究成果，但还有一些内容基本没有涉及，句法方面的研究还需加强，实词与虚词的研究也需要与整个晋语的研究接轨，我们希望通过一部专门的汾阳方言语法研究专著而在一定程度上填补这个空白。

二 本书的研究对象、内容和方法

本书的研究对象是山西汾阳方言语法，但没有准备对汾阳方言语法系统作全面描写，而是选取了几个较有特点的方面进行研究，包括汾阳方言的词法、词类、句法和个别语法范畴，词法主要是构词法，词类包括代词、助词、副词、介词、连词、语气词等，句法包括状中结构、中补结构、疑问句、祈使句，语法范畴重点讨论时间范畴。

本书的首要任务是对方言语法事实进行详细而深入的描写。描写是方

---

① 晋语吕梁片主要分布在山西中西部和陕西北部，共 17 个县市，分为汾州小片（汾阳、离石、方山、中阳、临县、柳林、陕西的佳县、吴堡、清涧）和兴隰小片（兴县、岚县、静乐、隰县、交口、石楼、永和、大宁）。

言学研究最基本的方法之一，借助纯熟的语感和缜密的思维，做到细而不乱、详而有序也是难得。本书力图在描写的基础上尽可能地运用一些先进的语法研究理论，结合本方言的特点，让描写尽量做到精当、准确、细致、合理。

另外，我们采用共时研究与历时研究相结合的方法，对某些方言语法现象的发展演变进行探讨，注重共时平面内的比较和历时纵向的比较。汾阳方言不仅与吕梁片、并州片各方言有着密切的联系，它也继承了近代汉语的一些特点，通过与周边方言或近代汉语的比较，一些语法现象才能得到解释和深入认识，更好地凸显汾阳方言的特点和类型。

三　本书的语法框架和语料来源

本书在语法框架的选用和语法术语的选择上充分考虑了李小凡先生曾提出的"适用性""通用性"和"便捷性"的原则①，采用现今语法学界较为通用的说法，也适当参考类型学的理论和方法，我们认为这样做是合适的，有利于今后的比较研究。例如代词的研究采用了认同度比较高的人称代词、疑问代词、指示代词这样的术语和框架，句类的研究也采用了比较普遍的陈述、疑问、祈使、感叹这样的分类术语。但像动补结构和状中结构的研究，则结合了类型学的一些认识，将"补语"这一汉语语法研究的术语作了自己的分析和归类。这些都是从汾阳方言的实际情况出发作出的适当调整。

本书所采用的汾阳方言语料主要来自两方面：

一是田野调查所得，调查的对象均为六十岁以上老年人，主要发音人为：李小萍，女，1949年生，汾阳市城关镇人，退休工人，小学文化；张文光，男，1942年生，汾阳市三泉镇人，退休干部，高中文化；郝玉花，女，1945年生，汾阳市城关镇人，农民，高中文化。

二是笔者自拟，笔者生于1977年，从2005年开始学习汉语方言学，

---

① 李小凡：《当前方言语法研究需要什么样的理论框架》，《语文研究》2003年第2期。

一直注重对汾阳方言各种场合的语料搜集，并多次进行了专门的田野调查。汾阳方言是笔者的母语，笔者在十九岁以前，一直在汾阳生活和学习，说的都是汾阳城关话。十九岁到二十三岁，离开汾阳到山西大学师范学院读书，四年后又回到汾阳工作，多年来一直说汾阳方言。虽然期间经历了三年硕士生、三年博士生的学习，但一直坚持边工作边学习，能够说地道的汾阳方言，大致具备"活语料"的身份。

此外，其他方言的语料，参考了已发表的文章或著作，必要时通过处在吕梁各地的同学和学生对个别语料进行核实。

附本书符号说明：

1. 标音符号采用国际音标，送气符号用[ʰ]，采用五度标记法的数值标调法，声调右上标。

2. □表示有音无字，如：□ŋəʔ³¹²_{出去疯玩或找活路}。下标小字是解释或普通话的对应说法。

3. 两字或两字以上在字下标单横线"＿＿＿"表示合音。

4. 字下标单横线"＿"表示白读，字下标双横线"＝"表示文读。

5. 字右上角标"="表示同音替代。

6. 句前加"*"号表示此句在汾阳方言中不成立。

第一章 构词法

第一节 关于构词法

现代汉语的构词法包括复合构词法和派生构词法。普通话的构词法一般以复合法为主，派生法为辅。晋语多数方言复合法、派生法使用都比较普遍。我们统计了笔者在《汾阳方言研究》"分类词表"中所列的汾阳城关话词语 4950 条，其中派生词有 2074 条（附加法构词 1638 条，重叠法构词 436 条），占近 42%，这组数据表明汾阳方言构词情况与晋语多数方言基本一致。

由单个语素构成的词称为单纯词，因为只有一个语素构成，不存在语素之间结构形式的问题。合成词由两个或两个以上语素构成，存在语素之间的结构关系，因此需要分析区别。构成合成词的语素有词根和词缀之别，复合式构词显示的是词根与词根之间的关系，附加式构词显示的是词缀与词根之间的关系，重叠式构词显示的是语素或音节的重叠形式。本书主要讨论合成词的构词方式和特点。

在晋语中，有一种单纯词叫"分音词"，也有学者称"嵌[l]词"，这些词的第一个音节基本是"圪""卜""忽"之类，第二个音节以声母[l]开头，这些"圪""卜""忽"不能叫作词缀，而仅仅是构成单纯词的一个音节，汾阳方言的分音词数量有限，且涉及很多语音机制，加上各位前辈学者已经对分音词有了很深入的研究,因此我们不涉及这部分词的讨论。

此外,在谈到构词法时,需要搞清构词与构形的问题,二者最本质的区别是:构形形态是构成同一个词的不同语法形式,构词形态是创造新词。汾阳方言的重叠,既可以创造新词,也可以构成同一个词的不同语法形式。这一章主要讨论构词形态,涉及构形形态的部分会在讨论时加以说明。

方言中一些本字不明的词,视情况讨论,因为有的词语义、词性明确,只是无法找到确切的本字,用同音字代替,无同音字的用"□"号表示。

第二节　复合构词法

一　双音节复合构词法

汾阳方言复合式构词法与普通话差异不大,也包括五种基本的构词方式:主谓、述宾、述补、偏正、联合,只是组成语素有所不同。组成复合式合成词的语素多是名词性和谓词性语素,它们之间的组合关系可以简单列表如下[①]:

表 1-1　复合式合成词结构关系

构成语素	组合成	主谓	偏正	联合	述宾	述补
N+N	N	—	砂鏊	味气	—	—
N+V	N	冬至	春起 春天		—	—
	V	心疼	油炸			
	A		头停 大小相称			
N+A	N	火烧			—	—
	V	眼红				

---

① 表中用"—"标注的部分是表示理论上不能成立的组合,空白格里是表示理论上能够成立的组合,但实际在汾阳方言中没有找到相应的例词。

续表

构成语素	组合成	主谓	偏正	联合	述宾	述补
N+A	A	命苦	墨黑	—	—	
V+N	N	—	搂壶_{茶壶}	—	打春_{立春}	
	V			—	叨牙_{吵架}	
	A			—	诌经_{胡说八道}	
	Adv	—			到底、照旧	
V+V	N	—	装裹_{棺材里铺盖的东西}			
	V	—	拴撬_{=拴在一起}			拗折
	A	—	摆挹_{磨蹭}		讨吃	看见
A+N	N	—	熟铁			
	V	—			瘆人	
	A	—			顺眼	
A+A	V	—		厌烦		
	A	—		黄蔫		
	Adv	—		贵贱、长短		
A+V	V	—	小看			
	A	—	难受			
V+A	A	—	喷香			

除此之外，还有一些数词性与名词性语素的组合，比如数词性语素+名词性语素→名词，如"百叶"；量词性语素+量词性语素→名词，如"尺寸"；名词性语素+数词性语素→名词，如"牌九"。

二　三音节复合构词法

汾阳方言有些三音节词是固定使用，表达一个固定语义，使用扩展法扩展以后语义会有变化，说明它们凝结性较强。这些词的组合规则也遵循基本的构词方式，下面列表说明：

表1-2 三音节复合词组合结构关系

内层＼外层	述宾	偏正		述补		主谓
	1+2	1+2	2+1	1+2	2+1	1+2
偏正	踩太阳日食 拖油瓶儿 耱土地 悠大绳 趋野鬼	羊鼻涕 水蛩婆 茅石板 肋支线肋骨 燎酱泡儿烫伤泡 牛皮癣 软难斗	扫帚儿星 北斗星 头道川 二道川 三道川 山里红 光棍汉 脑门囟 鼻孔眼 鼻梁洼 天花板上颚 脊梁骨儿脊椎 毛孔眼毛孔 连阴雨	扳不倒儿		球没液	N
			小家儿气	猛不防			A
联合		玉葯黍 玉蔓菁 夜虮蜉 蚧蛤蟆	衣帽架 子母扣 神道碑				N
			出产新				A
述宾	虫儿吃牙蛀牙	岔出气 犟睁眼	启明星 穿心风 箩面雨 夹道雨 吸铁石 吃瘊虫 梳妆台 写字台 穿衣镜儿 梳头盒儿 坐地虎 连鬓胡络腮胡			车轧道	N

续表

内层\外层	述宾	偏正		述补		主谓	
	1+2	1+2	2+1	1+2	2+1	1+2	
					骂断街	狗爹崖_{咔咔呼呼}	A
主谓			秋留虫 柳生匠 眼眨毛_{睫毛}				N
附加式		冰疙瘩 黑老鸹_{乌鸦} 臭骨头_{狐臭} 犟脖头 偏疙瘩	忽雷雨 坡子地 面子炭 疙瘩炭 苗子白 尾巴骨儿_{尾骨} 煞卜脚儿_{光脚} 愣头青				N
		可卜拉_{合适}					A
重叠式		茶几几 马扎扎	咕咕种_{布谷鸟} 乖乖蚴_{猫头鹰}				N

注：表中涉及儿化词，儿化之后算一个音节，因此仍按三音节词看待。

第三节　派生构词法

派生法是一种用形态手段构成新词的方法，即"在词基（作为原形的词或语素）上加上形态成分构成新词"①。通常汉语构成派生词的主要手段有附加、重叠。使用超音段手段构词的方法，如四声别义，汾阳方言也涉及少量使用变调手段的构词，例如"钉、咽、瓦、壤、饮"读为去声后成为一个动词性语素，"刨、铺、担、钻、分、将、签、背、磨、量、数"读为去声后成为一个名词性语素。

就我们目前所收集到的汾阳方言词汇来看，圪头词有297个，子尾词

---

① 刘丹青：《语法调查研究手册》（沈家煊主编《西方最新语言学理论译介》之一），上海教育出版社2008年版，第283—286页。

390个，儿化词783个，其他词缀构成的词168个，重叠词436个。这组数据说明汾阳方言的附加式构词所占比例较大，儿化词数量可观。重叠词的数量也不少，这其中包括了构词法和构形法，关系比较复杂，虽然都放在构词法中分析，但我们还是分类说明。此外，方言中还存在复杂的派生法，例如重叠与附加法并用，所产生的词语数量也不少。

一　附加

附加式构词法是将词缀语素缀合到词根语素上，从而构成新词的方法，是汾阳方言常用的一种构词手段。用附加法构成的词是附加式合成词。其中，词根是词义的主要承担者，词缀没有词汇意义，只是一种构词标记。按照李小凡（1998）词缀的作用有成词、转类、变义，也有个别词缀是为了凑足音节，称为衍音作用。①词根是不成词的黏着语素，附加词缀之后变成了词，词缀起到了成词作用，例如：圪蒂[kəʔ^{22}tɿ]^{55}花蒂或瓜蒂。词根是成词语素，附加词缀以后改变了词性，这是转类作用，例如：滚子[kuŋ^{312}tsəʔ^0]粉刷墙壁的刷子。不管词根是黏着语素还是成词语素，附加词缀以后增加了某种修辞色彩，这是变义作用，例如：甜式式[tʰi^{22}ʂəʔ^{22}ʂəʔ^0]甜甜的。如果词根是成词语素，为凑足音节而附加词缀，这时词缀是羡余成分，所起的作用是衍音作用，例如：甜圪式式[tʰi^{22}kəʔ$^{312\text{-}31}$ʂəʔ^{22}ʂəʔ^0]。按词缀的不同作用进行区分是符合语言事实的，但是在分类描写时不好操作。传统语法学把词缀按照其位置分为前缀、中缀、后缀，这是操作性较强的一种分类方法。基于以上认识，我们将这两种对词缀的分类方法结合起来，按照词缀出现的位置大体分为前附式、后附式，因为中缀比较少，就不再另列一种，只附带分析。

汾阳方言附加式构词法常用词缀有"圪""卜""日""忽""儿""上""子""打""家""脑"等，涉及的词类有名词、动词、形容词、量词、拟声词五类，事实上晋语各地所用的词缀稍有不同，但多包括这些词类，在晋语内的一致性比较强。还有两个比较特殊的词缀"油="和"赖="。

---

① 李小凡：《苏州方言语法研究》，北京大学出版社1998年版，第17—18页。

相对而言，汾阳方言的词缀数量应该说是少的。

（一）前附式

汾阳方言也存在"初""第""老"之类的前缀，与普通话用法基本相同，不再赘述。这里主要讨论前缀"圪""日""卜""忽"。

1. "日"

"日"在汾阳方言中用于"日子"义时一般要儿化为[zər³¹²]，如"日儿多啦时间长了"。用于詈语词时读为[zəʔ³¹²]，如"日你祖宗"。用于前缀时也读为[zəʔ³¹²]，声调变化符合连读变调规律。它作为词缀附加在词根语素上有成词、转类、变义的作用，其构词形式基本是"日A"式，A作为一个词根语素，有的可以成词，有的不能成词，组成的词义本身含贬义，但有时可以贬义褒用。这些词数量较少，现将汾阳方言中的这类词列举如下：

日鬼[zəʔ²²kuei³¹²]鼓捣，动词

例：你爸在那儿~喽一天啦，不知道~下甚啦。

日哄[zəʔ²²xuŋ³¹²]哄骗，动词

例：他的钱儿肯定是给人~上走啦。

日噘[zəʔ²²tɕyeʔ³¹²]骂，动词

例：你不做作业，操心你爸回来~你着[tieʔ0]。

日怪[zəʔ³¹kuai⁵⁵]奇怪，动形兼类

例：我就~得不行，那家他到底怎考上大学来咧。

日样[zəʔ³¹iɔ⁵⁵]特别，奇怪，形容词

例：你就可~咧，甚也和人不一样。

日能[zəʔ³¹nəŋ²²]太能干，形容词

例：看把你~的，你自家能修喽？

日恶[zəʔ³¹ŋəʔ²²]厉害，形容词

例：那个①人~得多咧，没啦那家做不喽的活计。

---

① "那个[nəʔ²²xuai³¹²]"合音为"[nai³¹²]"，与之对应的近指说法是"这个[tʂəʔ²²xuai³¹²]"，合音为"这个[tsai³¹²]"。"个"是量词，汾阳方言读[xuai³¹²]，以往研究晋语的学者把"个"写作"块"，本书根据乔全生《晋方言语音史研究》第145页的说法，认为"个"读[xuai³¹²]是对上古音的保留，本字就是"个"。下文同。

汾阳方言没有"日ABC"式，一般也没有重叠式"日A日A"式和"日日AA"式，只有"日日样样"勉强可以说。

2."圪"

"圪"是晋语具有代表性的一个成分，在各地方言中的读音、用法、活跃程度有所差别，书面用字有"疙""屹""胳""纥""圪""扢""蛤"等，研究晋语的学者一般记作"圪"。我们需要思考，这些"圪"类词来源是否一致？为什么会有许多同音异形的书面用字？方言中的"圪"是否具有同样的性质？我们先以汾阳方言为例讨论清楚这三个问题。

第一，"圪"类词来源是否一致，这是一个历时层面的问题。范慧琴（2007）分析了马文忠、李蓝、邢向东等的观点，认为马文忠推测"圪"是古晋方言的遗存，它当初应是从少数民族语言中吸收来的，这仅仅是一种推测，没有充足的论据；认为李蓝、邢向东所持的"圪"类词来源于分音词的观点有一定道理，"但把共时层面上不同的两类词解释为在历时演变中发生了'重新分析'似乎有些勉强"①。她认为分音词的前字和作为词缀、词嵌的成分不一定具有源流关系。我们认为，还是应当先将"圪"类词作一分类再讨论它们的来源问题，也就是说从共时平面上看，晋语的"圪"类词并非是同质的。

第二，异形字的问题，看似只是用字问题，但我们认为也部分反映了"圪"类词的来源问题。白平（2002）提出"圪"并不是有音无义的词头，而是"一群音近的词的一个共同的语音形式"②，并列举了他考证到的一些"圪"类词的本字。我们认为白平老师的看法是有一定道理的，虽然白平老师考证的每一个本字未必完全正确，但部分所谓"圪"类词的前字已经有被人们认可并长期使用的书写形式，没有必要将其硬改写成"圪"字，这些词包括"疙瘩、核桃、胳膊、袼褙、殁羝、蛤蟆、窟窿、囹圄、葫芦、蛤蚌、喉咙、咯噔、栲栳"等，大多是联绵词。我们在汾阳方言中也搜集到这样一些词，将其列出如下：

胳膊[kəʔ³¹pəʔ²²]　　　　胳扭骨儿[kəʔ³¹ŋou³¹kɚ³¹ʋ³¹²]胳膊肘

---

① 范慧琴：《定襄方言语法研究》，语文出版社2007年版，第39—40页。
② 白平：《汉语史研究新论》，书海出版社2002年版，第93页。

胳倾窝儿[kəʔ³¹tɕʰiẼ³¹ur³²⁴]膝盖　胳肩窝儿[kəʔ³¹tɕiã³²⁴ur⁰]胳肢窝

袼褙片[kəʔ³¹piaʔ²²pʰi⁰]袼褙　羖羝[kəʔ²²tʂ³¹²]种羊

核桃[kəʔ³¹tʰau²²]　　　　花骨朵儿[xua³²⁴kəʔ²²tɚ³¹²]

蛤蚌儿[kəʔ²²puɻ⁵³]贝类　　蝌蚪儿[kəʔ²²tɚ³¹²]

蛤蟆[kəʔ³¹ma²²]　　　　蚧蛤蟆[tɕiæi⁵⁵kəʔ³¹ma²²]青蛙

疙瘩[kəʔ³¹taʔ²²]　　　　冰疙瘩[piẼ³²⁴kəʔ³¹taʔ²²]冰块

芥疙瘩[tɕiæi⁵⁵kəʔ³¹taʔ²²]芥菜　倔疙瘩[tɕyeʔ²²kəʔ³¹taʔ²²]倔强的人

土疙瘩[tʰəʊ³¹²⁻¹²kəʔ³¹taʔ²²]土块　出疙瘩[tʂʰuəʔ²²kəʔ³¹taʔ²²]拿糕

掐疙瘩[tɕʰiaʔ³¹kəʔ³¹taʔ²²]揪片　合糊的[kəʔ²²fʊ⁵⁵tieʔ⁰]一种有菜有汤的面

葫芦芦[kəʔ³¹lʊ²²lʊ²²]葫芦　囵囵[kəʔ²²luŋ²²]完整的

窟窿[kəʔ²²luŋ³¹²]　　　　窟窿窿[kəʔ²²luŋ³¹²⁻³¹luŋ³¹²]小窟窿

喉咙[kəʔ²²luŋ²²]　圪堆[kəʔ³¹tuei³²⁴]①地上凸起的土堆；堆状物的单位；动词，堆起来

栲栳子[kəʔ²²lau³¹²tsəʔ⁰]筐箩，指纹的斗

咯噔儿[kəʔ³¹tɚ⁵³]讲话时中间有停顿，叫"打咯噔儿"

既然以上词语是有字可写的，那么我们在下面讨论的"圪"类词时就不再包括这些词，而主要指那些无字可写的[kəʔ³¹²]，统一借用"圪"字形。

第三，所有的"圪"是否同一性质，这是一个共时层面的问题。从汾阳方言的情况来看，所有"圪"的性质并不相同，大致分三类：

① "圪"是一个音节。这其中又分两种情况：一是，在构词过程中，它只是一个音节，本身没有词汇意义，与另一个音节构成一个单纯词，如：圪蹴＝蹲、圪嘟＝量词,一拳头。分音词中的"圪"也是一个音节，分音词本身也是单纯词，唯一不同的就是分音词的第二个音节都是以[l]为声母，又被称作"嵌[l]词"。所以，分音词也包括在这一类中。二是，"圪"作为一个音节，置于形容词及其后缀之间，无实义，只起衬音的作用，去掉它也不改变语义，如"绿圪式式=绿式式"。

② "圪"是一个定位语素，或者叫词缀。它位于词根语素之前，没有词汇意义，有语法意义，具有转类、变义等作用，组成的是附加式合成词，

---

① "圪堆"的"圪"是本字，《说文》："圪，墙高貌也。"《广韵》："圪，高土。"可见"圪"字本来就有"高大""土堆"的意思。

如：圪洞坑、圪缩缩水或畏缩、圪截量词，一段。

③ "圪"是一个独立的词，作副词，用于重叠的动词前，表示"稍微"的语法意义，如：圪看看稍微看一下、圪定醒定醒稍微想一想。

以上分类中，说①类词的第一种由分音词演变而来，有一定道理，但说②类词也来自分音词就有些勉强。第③种用法更与分音词无关。邢向东认为"分音词在先秦时代已产生，在宋元时代成其大势，并广为流播"①，而宋代分音词的记录多于圪头词，也暗示先有分音词，后有圪头词。那么，我们可以这样来看：①②类的带"圪"双音节词可能是在晋语词汇双音化的洪流中，受分音词的影响类推而来。不仅是"圪"头词，"卜"头词和"忽"头词也可能是受带"卜""忽"的分音词的影响类推而来。

这样来看，范慧琴将定襄话的"圪"分别看作"词头""词嵌""词缀"②是有道理的，我们所指的①类词的第一种就相当于她所说的"圪头词"，但没有她所指的范围大，我们把"疙瘩、胳膊"等词从这一类中分出去了。我们指的①类词的第二种相当于她所说的"圪嵌词"，②类词相当于她所说的"圪缀词"。为了称说方便，下面也按照"圪头词""圪缀词""圪嵌词"这样的分类讨论。

讨论之前说明一下"圪"的读音，"圪"在汾阳方言中读作[kəʔ³¹²]，与其他音节组合时会发生连读变调，变调规律是非上前读 31，上声前读 22（下文直接标变调），如"圪针[kəʔ³¹tʂən³²⁴]""圪洞[kəʔ²²tuŋ⁵⁵]"。下文所列例词在本字不明的情况下，一律采用严格的同音字，字右上角注"="，没有同音字的用□表示。

（1）圪头词

汾阳方言的"圪头词"数量其实很少，包括圪头名词、圪头动词、圪头形容词、圪头量词、圪头拟声词等，他们都是单纯词，包括分音词。这类词的基本格式是"圪A"式，也有的词有"圪A子""圪A儿"或重叠式等形式，其中的"A"也仅是一个音节，无实义，必须与"圪"组合起来才能表达单纯词的语义。

---

① 邢向东：《神木方言研究》，中华书局 2002 年版，第 262 页。
② 范慧琴：《定襄方言语法研究》，语文出版社 2007 年版，第 31 页。

第一章　构词法

名词：

圪嘟̄子[kəʔ³¹tʰʊ³²⁴tsə⁰]拳头

例：那家的～那来大，你何地儿哪里能比上咧？

圪须̄[kəʔ³¹sɿ³²⁴]破布条

例：那故子那些布儿都烂成～啦，还能用？

圪大儿[kəʔ³¹tər⁵³]灶火通向烟囱的眼儿

例：俺家的吸灰～堵住啦，斗̄喽一居舍烟。

圪嘣儿[kəʔ³¹pɐr⁵³]一种玻璃制玩具

例：我的琉璃～耍喽一下倒烂啦。

圪狇儿[kəʔ³¹lɐr⁵³]类似松鼠的小动物

例：我刚在地里抓住一只～。

以上例子中有的词可以重叠为"圪AA"式，指较小的事物，如"圪嘟̄嘟̄"指孩子的小拳头，"圪须̄须̄"指更细碎的破布条。

动词：

圪搜̄[kəʔ³¹sou³²⁴]痒痒别人

例：我老老叔叔可特别爱～我咧。

圪支̄[kəʔ³¹tsɿ³²⁴]闭眼

例：那家就没啦看，一直就～着[tieʔ⁰]眼咧。

圪□[kəʔ²²tsuɔ³¹²]浪费

例：看看你～喽多儿粮食咧。

圪杀[kəʔ²²saʔ²²]包圆儿

例：这盘子菜你都～喽吧。

圪区̄[kəʔ³¹tsʰu³²⁴]眯眼看

例：你倒近视啦？怎么老是～住眼看咧？

圪蹴̄[kəʔ³¹tɕiou³²⁴]蹲

例：那家就爱～到[tieʔ⁰]那儿吃饭。

以上动词的第二个音节是记音的①，不能成词，整个动词不可以重叠成"圪A圪A"使用。"圪区̄住眼眯着眼"可说"圪区̄区̄住眼"，语义不变。"圪

---

① 也许此类动词有本字，但目前没有考证出来，只能凭借读音来记词。

蹴⁼下ᵇᵘ下"也可说"圪蹴⁼蹴⁼下",对小孩说话时使用。

形容词：

圪斯⁼儿[kəʔ³¹sɚ³²⁴]痒痒的感觉

例：我看见那故⁼子蚕蛹蛹可～咧。

圪□儿[kəʔ³¹nuɚ⁵⁵]甜腻

例：那块蛋糕甜得还～咧。

量词：

圪节[kəʔ²²tɕieʔ²²]同"个"，贬义

例：那～人是你谁你的什么人咧？

圪嘟[kəʔ³¹tᵊʊ³²⁴]拳头的单位；头；团

例：那家平闲无故就骰打喽我一～。一～蒜/一～面

拟声词：

圪乍[kəʔ³¹tsa⁵⁵]形容很突然的一声响

例：猛不防～地一声儿雷，把我吓死啦！

圪吱[kəʔ³¹tsʅ⁵⁵]尖细的一声

例：我听见～一下，不知道甚响。

圪嘣[kəʔ³¹pəŋ⁵⁵]咬东西的一声响

例：～一伙一下，那家吃得崩喽牙啦。

圪噌[kəʔ³¹tsʰəŋ⁵⁵]清脆的一声

例：～地就咬下来啦还，费甚事咧？

圪铛[kəʔ³¹tsəŋ⁵⁵]金属被敲击的一声响

例：我的得⁼脑～地疼喽一下。

圪嘟[kəʔ²²tᵊʊ³²⁴]水开了翻滚的声音

例：你听见锅儿～起就下米。

圪嚓[kəʔ³¹tsa⁵⁵]硬物掰断的声音

例：那家～地就掰断一根棍子

圪叭[kəʔ³¹pa⁵⁵]硬物落地的声音

例：我听见～地一声儿，可能是瓦儿跌下来啦。

拟声词是模拟声音的词，其中的每个音节都是表音的，没有实在意义，因此也算是圪头词。

（2）圪缀词

圪缀词的数量比较多，包括圪缀名词、圪缀动词、圪缀形容词、圪缀量词。它们的共同特点是："圪"是一个词缀语素，固定用于词根语素前，整个词义是由词根语素承担的。

1）圪缀名词

"圪"在构成名词时基本形式是"圪A"，"圪"作为一个音节与成词或不成词的词根语素结合，组成新词以后，词义仍由词根语素承担，可见"圪"的主要作用是构词。"圪"缀名词不带有附加色彩。按照词根语素能否单独成词，分两种情况：

A. 词根能成词，但词根义与"圪"缀词词义不同。例如：

针缝衣针　　圪针[kəʔ³¹tʂən³²⁴]酸枣树上的刺、荆棘等

例：树上都是～，你赶紧下来吧。

棱边　圪棱[kəʔ³¹lən²²]凸起的一道

例：脊背上给打得都是血～。

叉一种农具　圪叉[kəʔ³¹tsʰa³²⁴]错号

例：看看你的卷子，满上头的～。

疤伤疤　　圪疤[kəʔ³¹pa³²⁴]结的痂；补碗的材料

例：破喽的地方蒂住～啦，快好着[tieʔ⁰]啦。

洞圆形的孔洞　圪洞[kəʔ³¹tuŋ⁵⁵]坑

例：这儿有这来大的～咧哈，操心跌进去[tieʔ⁰]着[tieʔ⁰]。

由这种结构产生的"圪AA"式所指的是与"圪A"式同类名词中较小的那些事物，如"圪疤疤""圪洞洞""圪针针""圪棱棱""圪叉叉"都是指称相对较小的"圪疤""圪洞""圪针""圪棱""圪叉"。

B. "圪"与不成词的词根语素结合成新词，词义的主要承载者是词根语素。例如：

圪枝[kəʔ³¹tsʅ³²⁴]树枝

例：你把那些树儿～都拾上，能烧火用。

圪蒂[kəʔ³¹tʅ⁵⁵]瓜果跟枝茎连接处

例：倭瓜日本南瓜～小的才好吃咧。

圪渣[kəʔ³¹tsa³¹²]渣滓

例：这汤药黑˭里里面的~太多啦，难喝死啦。

圪岔[kəʔ³¹tsʰa⁵⁵]岔路口

例：这儿有一个~，咱们走何厢哪边咧？

当然，也会有"圪A子""圪A儿"，这些词习惯用子尾或儿化式，如：

圪桩子[kəʔ³¹tsuɔ³²⁴tsəʔ⁰]桩子；个子

例：路上又树起那故˭子~桩子，骑车子操心些儿。

圪节子[kəʔ³¹tɕieʔ²²tsəʔ⁰]竹、木的接口处

例：你握的正好是~上。

圪团儿[kəʔ³¹tʰur²²]面食名称，猫耳朵

例：今儿咱们吃~吧。

圪台儿[kəʔ³¹tʰer²²]台阶

例：扶住你娘娘奶奶，下~操心些儿。

以上例子中有的词有"圪AA"重叠式，如"圪枝枝""圪蒂蒂""圪渣渣""圪岔岔""圪团团"，与"圪A"式相比，语义没有改变，但往往是女性、小孩用重叠式较多。只有个别"圪AA"式有语义变化，如"圪节节"表示长条物被截成的一小段，"圪台台"指稍高于平地的台阶或平台。

在"圪A"式前再加一个名词性或形容词性语素构成"B+圪A"结构，属于偏正式合成词，这类词是有层次的："圪A"是里层，有的可以成词，"B+（圪A）"是外层。这里的"圪A"也可以是分音词。例如：

水圪洞[ʂuei³¹²kəʔ³¹tuŋ⁵⁵]水坑

例：操场里地不平，一下雨就那故˭子~。

嗓圪筒[ʂuɔ³¹²kəʔ³¹tʰuŋ⁰]气管

例：吃饭吃得呛到~里啦。

亲圪蛋[tɕʰiɛ³²⁴kəʔ³¹tã⁵⁵]宝贝

例：那家的《~下河洗衣裳》唱得不赖。

窗圪棱[tʂʰuɔ³²⁴kəʔ³¹ləŋ²²]窗台

例：孩儿爬到[tieʔ⁰]~上耍咧，你说怕人咧不咧？

门圪劳[məŋ²²kəʔ³¹lau³²⁴]门后角落

例：笤帚在~里放着[tieʔ⁰]咧。

炕圪劳[kʰuɔ⁵⁵kəʔ³¹lau³²⁴]炕的角落

例：你钻到[tieʔ⁰]~里做甚咧？

浑圪溜[xuŋ²²kəʔ³¹liou³²⁴]赤裸上身

例：这天气脱成~还要感冒喽咧。

以上例子中"浑圪溜"的"圪溜"、"嗓圪筒"的"圪筒"①、"亲圪蛋"的"圪蛋"是不能单独成词的，但"圪"仍应看作一个词缀。上例其他词中的"圪A"都可以成词。

2）圪缀动词

"圪"缀在构成动词时最基本的形式也是"圪A"，A 是动词性语素，加"圪"缀以后，一部分动词词义不变，另一部分动词有时量短、动量小或随意的附加意义。因此，按照新词是否带有附加意义，分为两类动词：

A."圪"缀具备构词能力，不带有附加意义，词根语素有的可以成词，例如：

圪夹[kəʔ³¹tɕiaʔ²²]夹

例：你把支票~到[tieʔ⁰]何地儿啦咧？

圪卷[kəʔ²²tɕy³¹²]卷

例：你把对子对联~起放到[tieʔ⁰]柜顶吧。

圪搅[kəʔ²²tɕiau³¹²]搅动

例：你不用拿上圪节棍子瞎~啦。

圪低[kəʔ³¹tʂ³²⁴]低头

例：你~下得脑做甚咧？

圪瞅[kəʔ²²tʂʰou³¹²]瞅

例：我妈一会儿过来就~一下，不知道不歇心甚咧。

圪钻[kəʔ³¹tsu³²⁴]钻

例：孩儿~到[tieʔ⁰]桌子底下啦。

圪凑[kəʔ³¹tsʰou⁵⁵]凑

例：你~过来做甚咧？

---

① 汾阳方言的"圪筒"不成词，需要前加一个词根语素，除"嗓圪筒"外，还有"袖圪筒""裤儿圪筒"。"圪筒筒"也可以成词，表示卷成筒状的事物，比如：被子圪筒筒。

"夹、卷、搅、低、瞅、钻、凑"可以成词，构成的词与单个的"夹、卷、搅、低、瞅、钻、凑"相比，意义也没有改变，但习惯上还是要加"圪"缀。这类词的重叠式是"AA"式，与普通话的动词重叠式一致，表示动作的时量短、动量小等意义，读音是前一音节拖长，后一音节轻读，如"卷卷"[tɕy:^{312}tɕy^0]，实际是"卷一卷"的省略，在此基础上前面可以再加副词"圪"。需注意的是，这类词中有的词有两种"圪 AA"式，一种是副词"圪"+"AA"式，另一种是重叠式成为名词，如"圪卷卷[kəʔ^{22}tɕy$^{312-31}$tɕy$^{312-324}$]"表示卷起来的东西，也用作量词，"圪钻钻[kəʔ^{22}tsu^{324}tsu^0]"表示一种贴身的内衣，读音没有上面所说的变化，这里的"圪"应该还是词缀。

此外，还有词根语素不成词，只能带"圪"成词的情况，例如：

圪眨[kəʔ^{31}tsaʔ^{22}]眨眼

例：那家老朝我～眼，不知道甚意思。

圪穹[kəʔ^{31}tɕʰyŋ^{55}]曲脊弯腰

例：我孩儿恓惶得～到[tieʔ^0]那儿睡着啦。

圪缩[kəʔ^{31}suaʔ^{22}]缩水

例：这布～咧不咧？

圪哕[kəʔ^{22}yaʔ^{312}]干呕

例：我看见那个饭还～咧。

圪擞[kəʔ^{22}tsou^{312}]哆嗦

例：那家听见吼雷吓得还～咧。

圪捣[kəʔ^{22}tau^{312}]捣乱

例：孩儿～得我甚也不能做。

圪拥[kəʔ^{31}yŋ^{324}]两手互插进袖子

例：那家往那儿一杵，两手一～，一句话也没啦。

圪噷[kəʔ^{22}ɕyŋ^{312}]猪吃食的动作

例：猪儿吃食时儿就是～咧。

上例圪缀词有的可以重叠成"圪 A 圪 A"使用，如同普通话动词的重叠"ABAB"式，语法意义一致，如"圪眨圪眨""圪穹圪穹""圪捣圪捣""圪拥圪拥"，其他例词不能这样使用。

第一章　构词法

B. "圪"缀带有附加意义，表示时量短、动量小或随意等意义，词根语素有的可以成词，单独成词时没有这样的附加义。例如：

圪嗑[kəʔ³¹kʰu⁵⁵]轻轻地嗑

例：我的牙不行啦，吃瓜子就～咧。

圪眯[kəʔ³¹mɿ⁵⁵]小睡

例：我每天吃喽饭就想～上一会儿。

圪□[kəʔ³¹uei²²]坐着慢慢挪

例：我娘我奶奶下不喽炕啦，就能在炕上～啦。

圪㧎[kəʔ²²sai³¹²]慢悠悠走路

例：你咧着急得不行，那家咧还在路上～咧。

圪挑[kəʔ²²tʰiɯ³¹²]暗地里挑拨

例：我就知道背后有人～咧。

圪豁[kəʔ³¹xuəʔ²²]从旁挑拨

例：那家就～你们咧，弄得你们打起来，那家就高兴啦。

圪歇[kəʔ³¹ɕieʔ²²]稍微歇一下

例：咱们～上一阵儿再走吧。

圪抠[kəʔ³¹kʰou³²⁴]小幅度地抠

例：你孩儿的小动作可多咧，不是～这儿就是～那儿。

圪搓[kəʔ³¹tsʰɯ³²⁴]不停地来回擦

例：你把写错的地方慢些儿～吧，说不定能～得没啦喽。

圪挤[kəʔ²²tsɿ³¹²]小幅度地挤

例：这故子人咧，你再～也到不喽前头。

圪遛[kəʔ³¹liou⁵⁵]悄悄溜走；随意遛达

例：还没啦下课倒有人～啦。

圪捌[kəʔ²²lieʔ³¹²]稍微别了一下

例：打球时儿～喽一下，别住腰啦。

圪捏[kəʔ²²ȵieʔ³¹²]稍微捏住点儿

例：你把那俩边边～住些儿就行啦。

圪蹀[kəʔ²²ɕyeʔ³¹²]不停来回走

例：那圪节人不知道在那儿～甚咧？

圪挪[kəʔ²²nɯ²²]慢慢地挪

例：堵喽车啦，半个小时才~喽一米。

圪丑[kəʔ³¹tuəʔ²²]小幅度地用手指杵

例：我妈~我咧，不给我说。

圪撞[kəʔ³¹tʂʰuaʔ²²]小幅度地捅

例：那家一会儿呀~我一伙一下，可眨眼讨厌咧。

圪□[kəʔ²²n̠uai³¹²]没牙慢慢吃东西

例：我娘奶奶没牙啦，吃饭就是~咧。

圪喃[kəʔ³¹nᶎã²²]咀嚼；低声嘟囔

例：你口里~甚咧？

圪撩[kəʔ³¹liɯ²²]时不时地挑逗

例：你老~得人家做甚咧？

圪推[kəʔ³¹tʰuei³²⁴]故意推脱

例：那家做作业就是今儿~到[tieʔ⁰]明儿，明儿~到[tieʔ⁰]后儿。

圪塞[kəʔ³¹səʔ²²]随意塞

例：我爸老是瞎~东西，过喽就忘记塞到[tieʔ⁰]何地儿啦。

圪捻[kəʔ²²n̠i³¹²]小幅度地来回捻

例：绳绳再~得细些儿就更好啦。

圪扨[kəʔ²²nᶎa³¹²]稍微塞紧或压住

例：睡觉时儿把被子~好，不儿着喽凉。

圪揣[kəʔ²²tʂʰuai³¹²]轻轻地揣

例：你瞎~甚咧？

有的词根语素不能成词，但所组成的词仍具有时量短、动量小或随意等附加意义。例如：

圪俟[kəʔ³¹sɿ⁵⁵]稍等

例：你~阵儿吧，那家一会儿才能出来咧。

圪咄[kəʔ³¹tuəʔ²²]小声说

例：你俩在那儿~甚咧？赶紧走吧。

圪匐[kəʔ³¹fʰʋ²²]小睡

例：我刚~住，我妈就给我打电话。

圪捱[kəʔ³¹ȵiæi⁵⁵]稍忍耐一会儿

例：你先～上一下，一会儿饭就行啦。

圪吭[kəʔ³¹kʰəŋ³²⁴]哼哼

例：我孩儿打针时儿～也不～一下。

需要说明的是，上述带有附加义的"圪"缀词有的还可以重叠使用，重叠成"圪AA"式或"圪A圪A"式，语法意义仍表示时量短、动量小或随意等，但不是以上所有的圪缀动词都可以这样重叠，习惯上可以重叠的是：

a   圪搓搓   圪歇歇   圪挤挤   圪遛遛
    圪挪挪   圪揣揣
    圪搓圪搓 圪歇圪歇 圪挤圪挤
    圪遛圪遛 圪挪圪挪
    圪捻圪捻 圪眯圪眯 圪抠圪抠 圪跩圪跩
    圪推圪推

b   圪匐匐   圪侯侯   圪捱捱
    圪侯圪侯 圪匐圪匐

还有一类动词的重叠式，如：

c   圪看看   圪看圪看   ＊圪看
    圪睡睡   圪睡圪睡   ＊圪睡
    圪听听   圪听圪听   ＊圪听

a、b、c三类中"圪AA"式的读音都是第一个A音节拖长，第二个A轻读。A类重叠式的词根语素本身可以成词，b类重叠式的词根语素不能成词，c类是动词的重叠，没有"圪A"式。这三类词都可以使用相同形式的重叠，且整个语义具有"稍微"义，其实仍是指时量短、动量小。虽然a、b、c三类词都有"圪"，但其实"圪"的性质并不同。a和c类中的动词性语素都可以直接重叠成"AA"式使用，也表达动量小、时量短的意义，加上"圪"，成为"圪AA"时，又加了一层"稍微"义，动量更小、时量更短，这里的"圪"其实已经是一个独立的副词。b类中的动词性语素不能成词，不能重叠成"AA"式使用，但可以构成"圪AA"使用，这里的"圪"还是一个词缀，它表达"稍微"的语法意义。那么，也就是说，副词"圪"可能是从带有附加义的"圪"缀独立而来。尤其是"圪A圪A"式，在a、b、c三类词中都有这一格式，此格式中"圪"的性质很难说清是词缀还是副词，我们倾向于它仍是带有附加意义的词缀。宋秀令（1989）、田希诚（1998）等认为用于动词重叠式中的"圪"缀已经不是词缀，而是一个独立的副词。我们认为，需要区别对待"圪A""圪AA"和"圪A圪A"三种格式中的"圪"，如果说在"圪A"式中，"圪"还是一个纯粹的词缀，那么"圪A圪A"式中，它已开始有独立的趋势，到"圪AA"中"圪"已完全独立为一个副词。不过，这样理解的话，还有一个疑问："圪"带附加义的用法又是从何而来？这个问题目前还没有线索，留待以后解决。

3）圪缀形容词

"圪"缀构成的形容词数量较少，多用"圪A"形式，A是一个形容词性词根语素，是语义承担者，这样的圪缀形容词不重叠使用。按照词根语素能否成词，分为两类：

A. 词根可以成词，例如：

圪腻[kəʔ³¹nz̩⁵⁵]肥腻　　例：这肉炒得不好吃，~得不行。

圪参[kəʔ³¹tsa⁵⁵]得瑟，好表现　　例：甚本事也没啦，不知道你~甚咧？

B. 词根不能成词，例如：

圪瘆[kəʔ³¹səŋ⁵⁵]感觉阴森

例：后头院里没人住，刹打刹猛然进去[tieʔ⁰]还~咧。

圪㾊[kəʔ³¹tsʰuəʔ²²]皱巴巴的

例：衣裳堆到[tieʔ⁰]那儿一堆，都~啦。

"圪㾊"重叠为"圪㾊㾊"后变成名词，指褶皱。还有一类带"圪"缀的形容词是"圪AA"式，只有重叠式，见"重叠式形容词"一节。

4）圪缀量词

"圪"缀构成的量词主要是名量词，主要形式是"圪A"式，重叠式是"圪AA"式。按照词根语素能否成词，分为两类：

A. 词根可以单用作量词，也可以加"圪"缀使用，意义没有改变，例如：

圪洼[kəʔ³¹ua⁵⁵]洼

例：我没看见那一~水，一下就踩进去[tieʔ⁰]。

第一章　构词法

圪溜[kəʔ³¹liou⁵⁵]₍溜₎

例：那一~房儿顶子都漏咧，你赶紧看看去[tieʔ⁰]吧。

圪卷[kəʔ²²tɕy³¹²]₍卷₎

例：炕上有一~铺盖，谁的咧？

B. 词根不能单用作量词，必须加词缀才构成量词。这其中有两种情况，一种是兼职量词，圪缀词本身是一个名词，可以用作量词；另一种是专职量词，多为名量词。例如：

兼职量词：

　　　　　　　　　　名词义　　　　　量词义

圪棱[kəʔ³¹ləŋ²²]　不太高的台阶　高起或凸起的条状物单位

例：你奔头上肿起一~，怎来咧？

　　　　　　　　　　名词义　　　　　量词义

圪橹[kəʔ³¹luʔ²²]　粗长的木棒　　粗长木棒的单位

例：那家悠₍拿棍棒打₎喽我一~。

重叠式"圪棱棱"也用来表示小段的凸起，或指双眼皮，"圪橹橹"也用来表示小棒，或小棒的计量单位。

专职量词：

圪撮[kəʔ³¹tʂuəʔ²²]₍一小撮₎

例：你看那家小气得就给喽我一~咸盐。

圪截儿[kəʔ³¹tɕiər²²]₍一段儿₎

例：我妈给喽我一~甜甜棍。

圪掬[kəʔ³¹tɕʰyeʔ²²]₍一捧₎

例：盆儿里再有一~土就够啦。

圪丝儿[kəʔ³¹sər³²⁴]₍一点儿, 表少量₎

例：这~纸够做甚咧？

这些专职量词的重叠式也能作量词，表示更小量，"圪撮撮"指很小的一撮，"圪截截"指很短的一截，"圪掬掬"指一小捧，"圪丝丝"指一点点。

（3）圪嵌词

如前文所述，汾阳方言的"圪"可以作为一个衬音，置于形容词性词

— 49 —

根与它的叠音后缀之间，使整个词韵律和谐。"A+圪+BB"所组成的仍是形容词，而且是描绘性的形容词，含有主观评价，带有褒扬、同情等感情色彩，去掉"圪"也不影响语义表达。如：

红圪咄咄[xuŋ²² kəʔ³¹²⁻³¹ tuəʔ²² tuəʔ²²]=红咄咄 红得非常鲜艳，好看

蓝圪盈盈[lã²² kəʔ³¹²⁻³¹ iẽ²² iẽ²²]=蓝盈盈 蓝得非常清亮

白圪墩墩[piaʔ³¹²⁻²² kəʔ³¹²⁻³¹ tuŋ²² tuŋ²²]=白墩墩 又白又绵的样子

黑圪黢黢[xəʔ²² kəʔ³¹²⁻³¹ tɕʰyeʔ²² tɕʰyeʔ²²]=黑黢黢 非常黑

黄圪锃锃[xuɔ²² kəʔ³¹²⁻³¹ tsəŋ²² tsəŋ²²]=黄锃锃 黄得发亮

绿圪灵灵[luəʔ³¹²⁻²² kəʔ³¹²⁻³¹ liẽ²² liẽ²²]=绿灵灵 水灵灵的绿色

绿圪莹莹[luəʔ³¹²⁻²² kəʔ³¹²⁻³¹ iẽ²² iẽ²²]=绿莹莹 精深一点的绿色

绿圪式式[luəʔ³¹²⁻²² kəʔ³¹²⁻³¹ ʂəʔ²² ʂəʔ²²]=绿式式 翠绿的颜色

肉圪墩墩[zou⁵⁵ kəʔ³¹²⁻³¹ tuŋ²² tuŋ²²]=肉墩墩 形容身材胖得很可爱

脆圪铮铮[tsʰuei⁵⁵ kəʔ³¹²⁻³¹ tsəŋ²² tsəŋ²²]=

脆铮铮 形容食物咬起来声音很清脆或说话声音很清脆

胖圪牛牛[pʰaʔ²² kəʔ³¹²⁻³¹ ȵiou²² ȵiou²²]=胖牛牛 形容胖得可爱

圆圪当当[y²² kəʔ³¹²⁻³¹ tã²² tã²²]=圆当当 非常圆

凉圪飕飕[liɔ²² kəʔ³¹²⁻³¹ sou²² sou²²]=凉飕飕 形容凉的程度感觉正好

慢圪悠悠[mã⁵⁵ kəʔ³¹²⁻³¹ iou²² iou²²]=慢悠悠 形容很慢，优哉游哉的样子

屈圪淋淋[tɕʰyeʔ²² kəʔ³¹²⁻³¹ liẽ²² liẽ²²]=屈淋淋 很穷酸，让人可怜的样子

(4) 小结

这一小节讨论了汾阳方言的"圪"，区别了三种不同性质的"圪"：作为音节的"圪"、作为词缀的"圪"和作为副词的"圪"。"圪"可以作为一个音节和别的音节构成单纯词，也可作为一个词缀和别的词根语素构成合成词，在构成名词、动词、形容词、量词、拟声词时的表现有如下特点：

1) 从形式上看，所构成的名词、动词、形容词、量词、拟声词等各类词都有"圪A"式，"圪A"式是最基本的构成形式。也有"圪A儿""圪A子""圪AA""圪A圪A"等变化形式。

2) 从语义上看，"圪"在圪头词和圪缀名词、形容词、量词和部分圪缀动词中都没有附加意义。而在另一部分圪缀动词中，有动量小、时量短的附加意义。带有"稍微"义的副词"圪"可能就由这种带有附加意义的

"圪"缀独立而来。

3）从功能上看，所构成的新词与普通的名词、动词、形容词、量词、拟声词的用法一致。

3. "卜"

"卜"缀也是晋语中较常见的一个词缀，书写形式还有"不""薄""拨""勃"等，因其余字都涉及汾阳方言中的其他词语，为避免混淆，本书记作同音字"卜"，读[pəʔ^{312}]，连读时会发生变调，规律与"圪"相同。"卜"的性质也有两种：一是作为一个音节，出现在分音词的前字，和"A卜B""A卜BB"式形容词中作衬音；二是作为词缀，和词根语素构成附加式合成词。带"卜"的分音词这里不讨论。只讨论以"卜"为词缀的合成词和以"卜"为词嵌的形容词。

（1）卜缀词

词缀"卜"可作前缀，也可作中缀，本身没有意义，构成的词也不带附加义，可以构成名词、动词、形容词、量词、拟声词，主要起成词作用，成词数量较小。

1）构成名词

在构成名词时，"卜"经常作中缀，形式为"A卜B"，两个词根语素是构成新词的主要语义成分，"卜"缀没有任何意义，但是必须加"卜"才能成词。例如：

肚卜脐[tʰʋ^{55}pəʔ^{31}tsʰɿ^{22}]$_{肚脐}$

例：不敢把～露出来，受喽风咧。

磨卜脐儿[mu^{55}pəʔ^{31}tsʰɚ^{22}]$_{磨眼}$

例：这阵儿的孩儿们连～是甚也不知道。

帽儿卜搐[muɐr^{55}pəʔ^{31}ɕi^{324}]$_{帽檐}$

例：～把眉眼都堵住啦，甚也看不见。

卜丝儿[pəʔ^{31}sɚ^{324}]$_{米虫面虫吐丝结成的穗状物}$

例：面里起喽～啦。

目前发现的能够作前缀的"卜"缀词只有"卜丝儿"一例，也一并列在此处。

2）构成动词

"卜"缀构成动词数量也较少，多数的卜类动词是分音词。构成形式多为"卜A"式，也有"A卜B"式，词义由词根语素承担，"卜"没有意义，但不可缺少，起成词作用。比较例外的是"吃卜榔"，"卜榔[棒]"是分音词，但一般不单用，只用于"吃卜榔"这样的词组中，这里一并列出。例如：

卜蹚[pəʔ³¹tã³²⁴]跑

例：不敢在汽路儿上瞎~么，这故子车咧。

卜捷[pəʔ³¹tɕieʔ²²]快跑

例：你爸前头走啦，你赶紧~上追去[tieʔ⁰]吧。

卜调[pəʔ³¹tʰiɯ²²]搅动

例：鸡儿把鸡食~得满院都是。

跌卜叉[tieʔ²²pəʔ³¹tsʰa³²⁴]劈叉

例：你会~不会咧？

吃卜榔[tsʰəʔ²²pəʔ³¹luɔ³²⁴]吃大亏

例：不听老人言，你就等着[tieʔ⁰]~吧。

3）构成形容词

"卜"缀构成的形容词数量也不多，形式主要是"A卜B"式。所有的"卜"缀形容词都有程度加深的附加义，这个附加义虽不能肯定是"卜"本身带有的，但至少是"A卜B"这个格式带有的。在句中使用时需要后附"地[tsɿ⁰]"，一般用于谓语位置，不用于定语位置。这一格式的AB是一个形容词性词根语素，承担新词的主要语义，可以独立成词，"卜"作中缀，"A卜B"比AB这样的形容词所表达的程度要深，"卜"去掉以后也失去了程度加深义，例如：

热卜闹[zaʔ²²pəʔ³¹nau⁵⁵]很热闹　例：俩人叨呷聊得~地。

利卜索[lɿ⁵⁵pəʔ³¹saʔ²²]很利索　例：我二嫂做甚活计也是~地。

4）构成量词

"卜"缀构成的量词数量有限，基本形式是"卜A"式，A是可以单独作量词使用的，加"卜"缀没有改变词义，因此"卜"在这些词中只是凑音节的衍音作用，例如：

卜溜[pəʔ³¹liou⁵⁵]溜、行　例：墙根底长得一~蘑菇。

卜滩 [pəʔ³¹tʰã³²⁴]滩　　例：你害下这一~也不收拾。

卜串 [pəʔ³¹tsʰũ⁵⁵]串　　例：我寻见一~铜钱儿。

卜令⁼ [pəʔ³¹liɛ̃⁵⁵]一连串　例：这一趁子这段时间感冒的孩儿们一~。

卜气 [pəʔ³¹tsʰɿ⁵⁵]一口气　例：一~倒把作业写完啦么，还等甚着[tieʔ⁰]咧？

"一卜令⁼、一卜串"这样的词组在去掉"卜"使用时，一般用子尾式"一令⁼子、一串子"，"一卜气"去掉"卜"后用儿化式"一气儿"。

5）构成拟声词

"卜"缀构成的拟声词数量很少，基本形式是"卜A"式，A是一个模拟自然界声音的词根，无本字，一般用同音字代替，没有同音字的用"囗"代替并标音。"卜"所起的作用是凑足音节，无实义。使用时需要在拟声词后加"地"作状语，也可单独作谓语。如：

卜沓 [pəʔ³¹tʰaʔ²²]物品摔落的声音

例：那家手里没啦捉稳，~，跌到[tieʔ⁰]地下啦。

卜嗵 [pəʔ³¹tʰuŋ⁵⁵]重物掉下的声音

例：我听见~地一声，不知道甚跌下去[tieʔ⁰]啦。

卜嚓 [pəʔ³¹tsʰaʔ²²]脚踩水发出的声音

例：红红专门穿的雨鞋踩水咧，~地溅喽我一身。

卜呲 [pəʔ³¹tsʰɿ⁵⁵]气体泄漏的声音

例：刚吹起的气球~地一下，跑喽气啦。

以上例句中均列举了这种拟声词单用的情况，在实际中重叠用法较多，详见重叠部分的讨论。

（2）卜嵌词

"卜"作为一个音节，用于两种情况：一是作分音词前字，二是作衬音。

1）在"A+分音词"形式中，A是一个形容词性词根语素，是语义的承担者，其后加以"卜"开头的分音词，共同构成一个性质形容词。在句中使用一定要加"地"。例如：

硬卜拉 [n̠ia⁵⁵pəʔ³¹laʔ²²]很硬

例：才仨月的孩儿得⁼脑倒能挺起来啦，~地。

干卜拉 [ki³²⁴pəʔ³¹laʔ²²]很干

例：院里的柴晒喽好多日儿啦，早~地啦。

可卜拉[kʰəʔ²²pəʔ³¹laʔ²²]很合适

例：我妈给我做的衣裳~地。

骨⁼卜拉[kuəʔ²²pəʔ³¹laʔ²²]收拾得整齐

例：这个人做甚也是收挽得~地。

活卜俩⁼[xuəʔ²²pəʔ³¹lia³²⁴]很活泼

例：那个人一说吃饭就~地，一说做活就死蔫半垂慢吞吞的样子。

捷卜俩⁼[tɕieʔ²²pəʔ³¹lia³²⁴]反应很敏捷

例：这个儿孩儿可有眼色咧，做甚也是~地。

以上例子中"硬、干、可、活"都是可以单独作形容词使用的，单用时没有程度深的语义，"骨、捷"一般不单用作形容词。需注意的是，这几个分音词的词义与"A+分音词"式的意义没有多大联系，"卜拉[pəʔ³¹laʔ²²]"指"拨开"的意思，"卜俩[pəʔ³¹lia³²⁴]"指"蹦起来"的意思，所以分音词的两个音节更像是后缀，表示程度深的意义。且"可卜拉""骨⁼卜拉"还可以说"可卜拉拉""骨⁼卜拉拉"，意义基本不变。

2）"卜"可以置于形容词词根语素与叠音后缀之间，起衬音作用，构成口语色彩浓重的形容词生动形式"A 卜 BB"式，在句中使用时一般需后附"地"，如：

灰卜处处[xuei³²⁴pəʔ³¹tʂʰəʋ⁵⁵tʂʰəʋ²²]灰溜溜的

例：那家老是穿得~地。

甜卜奈奈[tʰi²²pəʔ³¹nai⁵⁵nai²²]很甜腻，贬义

例：这个饼儿~地，吃得吃腻儿腻味咧。

滑卜溜溜[tʰi²²pəʔ³¹nai⁵⁵nai²²]很滑

例：鱼儿都~地，不好手抓咧。

辣卜嗖嗖[laʔ²²pəʔ³¹sou²²sou⁰]很辣，褒义

例：今儿的菜炒得~地，好吃哈！

稳卜塌塌[uəŋ²²pəʔ³¹tʰaʔ²²tʰaʔ⁰]很稳重

例：这个儿孩儿~地。

平卜塌塌[pʰiẼ²²pəʔ³¹tʰaʔ²²tʰaʔ⁰]很平常

例：一辈子顺风顺水就好，~地也算的咧。

扁不塌塌[pã³¹²pəʔ³¹tʰaʔ²²tʰaʔ⁰]很扁

例：这一个品种就~地，好养活。

有的可以省略为"A卜B"式，还可以去掉"卜"，语义会稍有变化，主要是附带的感情色彩发生了变化，如"滑卜溜溜""辣卜嗖嗖""稳卜塌塌""平卜塌塌""扁不塌塌"等附带喜爱、赞赏等感情色彩，"滑卜溜地=滑溜地""辣卜嗖地=辣嗖地""稳卜塌（地）=稳塌地"没有褒贬的感情色彩，"平塌地=平卜塌（地）""扁塌地=扁卜塌（地）"则带有贬斥、不喜欢、看不起等感情色彩。如：

你们着急得不行，人家可不着急，坐到[tieʔ⁰]那儿稳卜塌地。

人家孩儿甚会儿也是稳塌地，不是那个烧烫_{不稳重}孩儿。

四十的人啦还不起山_{事业没起色}，一辈子就这个平卜塌。

这一回的头发怎么烫得扁塌地咧？不好看。

（3）小结

汾阳方言的"卜"也是分两种性质，一是音节，二是词缀，卜类词的特点是：

1) 从数量上看，比起圪类词，"卜"能够构成的单纯词、合成词数量少很多，涉及的词类有名词、动词、形容词、量词、拟声词。数量稍多的是形容词。

2) 从语义上看，多数卜类词都没有附加义，只有形容词附加"程度深"这样的语义。

3) 从形式上看，动词和量词多用"卜A"式，名词和形容词多用"A卜B"式，形容词还有"A卜BB"式。

4) 从功能上看，卜类名词、动词、量词、拟声词用法与一般名、动、量、拟声词用法一致。需要注意的是"卜"嵌形容词，在使用时需要后附"地"，且有感情色彩的变化。

4."忽"

"忽"缀也是晋语中常见的前缀，汾阳方言中读为[xuəʔ³¹²]，语流中变调规律与"圪""卜"相同，成词数量较少，一般的构成形式是"忽A"式，"忽"无实义，所组成的词多为动词，有反复性动作的附加义。除了"忽雷雨_{雷阵雨}"是名词，"忽刺_{突然}"为形容词，其余均为动词，汾阳方言全部忽缀动词列举如下：

忽吸 [xuəʔ³¹ɕieʔ²²]吸一下停一下

例：我爸有鼻炎咧，老是~鼻子。

忽闪 [xuəʔ³¹ʂəʔ²²]一闪一闪

例：前头那挂车的大灯老~。

忽悠 [xuəʔ³¹iou³²⁴]悠来荡去

例：你不敢~绳子啦，~得我下不来啦。

忽绕 [xuəʔ³¹ʐɯ⁵⁵]绕来绕去

例：你~得我都晕开啦。

忽摆 [xuəʔ²²pai³¹²]摆来摆去

例：过吊桥的时候，桥~得我就不能走。

忽摇 [xuəʔ³¹iɯ²²]左右摇晃

例：这个孩儿捣蛋得多咧，坐到[tieʔ⁰]椅子上就是~咧。

忽颠儿 [xuəʔ³¹tiar³²⁴]上下颠簸

例：这路儿，~得人还不好活咧。

忽眨 [xuəʔ³¹tsaʔ²²]不停地眨眼睛

例：眼里进喽东西喽，~几下眼，流出泪来就好啦。

忽搧 [xuəʔ³¹ɕi³²⁴]扇来扇去

例：拿上圪节扇儿紧股儿来一直~甚咧？

忽撩 [xuəʔ³¹liɯ²²]不停撩逗别人

例：你就老是~孩儿们吧哈。

忽揎 [xuəʔ³¹ɕy³²⁴]不停怂恿别人

例：我们~得那家买喽一个新手机。

忽影 [xuəʔ³¹ʐ̩⁵⁵]闪了一下，没看真切

例：前头有圪节人~喽一下，好像是老三。

忽挑 [xuəʔ²²tʰiɯ³¹²]不停地挑拨

例：你俩吵架就是他~的来。

忽参 [xuəʔ³¹tsa⁵⁵]不停得瑟

例：才去喽一回北京，看把那家~得不知道姓甚啦。

忽跶 [xuəʔ³¹tʰaʔ²²]趿拉着穿鞋

例：你先~上我的鞋去吧。

忽谝[xuəʔ³¹pʰiaʔ²²]经常随口胡说

例：那个人呀，就能~，一圪丝儿也不实在。

此外，还有几个拟声词，与"卜"缀拟声词的构成、用法都相近，但"忽"缀拟声词所表示的声音都有忽然出现的意思，如：

忽沓[xuəʔ²²tʰaʔ²²]物品被摇晃发出的声音

例：门子~地响喽一下，可能是风吹的。

忽嗵[xuəʔ²²tʰuŋ⁵⁵]重物掉下的声音

例：我听见~地一声，跑出去[tieʔ⁰]散,甚也没啦。

忽呲[xuəʔ²²tsʰɿ⁵⁵]忽然闪过的声音

例：我刚荷起书来，那家~就夺上走喽。

忽隆[xuəʔ²²luŋ⁵⁵]墙坍塌的声音

例：后生们~地一伙就把墙墙推倒啦。

忽欻[xuəʔ²²tʂʰua⁵⁵]倾盆而倒的水声

例：好好地一盆子水人家~地就都倒啦。

通过对汾阳方言"圪""卜""忽"的分析，我们看到三者在构词能力上有差别，"圪"的构词能力最强，圪类词数量最多，"卜"的构词能力中等，卜类词数量较少，"忽"的构词能力最弱，忽类词数量最少，可以总结为：圪>卜>忽。这与晋语其他方言情况基本一致，在多数方言点，"圪"的构词能力是最强的。

（二）后附式

汾阳方言派生法中的后附式主要涉及的词缀是"子""儿""家""打"这四个，他们与普通话中的情况并不完全相同，而且汾阳方言的儿化现象非常丰富，值得探讨。此外，还有"油̆地"和"赖̆赖̆地"两个特别的词缀值得关注。

1."儿"

汉语方言中关于"儿化"的讨论很多，如何定性、如何称说、如何分类，都有很多的不同意见，专门的论述也非常之多，这里不展开论述。综合一下各家的看法，基本有这样的共识：

第一，从儿化词的来源看，不是所有的儿化词都来源于词缀"儿"的虚化，有的是源于"日""里""人"等音变，应该区别不同来源。

第二，从语义演变上看，汉语的"儿"经历了由"实"到"虚"的演变过程，使用范围不断扩大，意义也不断虚化。据王媛媛的考察[①]，魏晋南北朝时期，"儿"主要还是用于"表人称呼"；到唐宋时期"儿"的使用范围发生了跨范畴的泛化，唐代普遍泛用于动物名词，宋代开始大量泛用于无生命体名词、抽象名词、时间名词、数量短语；元代"儿"始用于副词；明代"儿"始用于形容词、动词短语；清初"儿"的虚化达到顶峰，无论是在书面语还是口语中"儿"的虚化用法都随处可见。"儿"的语义也从最初表实义的"小儿"，渐变为表小指爱，又虚化为纯粹的名词词缀，没有实在意义，附带了口语色彩。这些变化不同程度地保留在了方言中。

第三，从语音形式上看，意义的虚化导致了语音上的弱化，从独立的音节到"儿尾"再到化入前一音节的"儿化"，在方言中表现出各种不同形式的"儿化"现象。据王福堂研究[②]，儿化韵多见于官话方言区，其次是相连的吴方言、徽州方言和赣方言区，以及南部的粤方言区，其他方言区也有零星分布。儿化韵的形式一般是南方方言鼻音化，北方方言擦音化。晋语中既存在"儿尾"，又存在"儿化"，蒋平、沈明[③]认为"儿化"是"儿尾"的语流变体，并将晋语里的儿化韵分为三类：拼合型、融合型和替代型，我们认为比较符合客观事实。

第四，从性质上看，儿化词中的"儿"应该看作是一个词缀，只不过其语音形式比较特殊，与前一音节合成了一个音节。从构词的角度看，"儿"作为词缀是名词化的标记，前附词根语素可能是名词性、动词性、形容词性、数词性、量词性语素，合音成为可以单说单用的名词，"儿"没有实义，带有口语化色彩。但如果"儿"附着于可以成词的动词、形容词或短语后，带有其他附加意义时，应该看作是一种构形手段。

根据以上认识，我们分析汾阳方言的儿化词。在第一章介绍音系时已经说过汾阳方言的儿化韵一共有13个，分四组，其儿化韵的形式是拼合型，

---

① 王媛媛：《汉语"儿化"研究》，博士学位论文，暨南大学，2007年，第58—60页。
② 王福堂：《汉语方言语音的演变和层次》（修订本），语文出版社2005年版，第150页。
③ 蒋平、沈明：《晋语的儿尾变调或儿化变调》，《方言》2002年第4期。

即合音以后卷舌儿尾直接作为或取代前邻语素的韵尾成为儿化韵的韵尾,与前邻语素的韵腹元音拼合在一起,韵腹元音可能会随之产生一些变化。从语音形式上看,汾阳方言的"儿"缀已经与前一音节化而为一,应视为"儿化"。按照乔全生的论述[①],晋语儿化韵数量从北到南递增,汾阳处于山西中部偏西,儿化韵数量属于中间状态,但也构成了大量的儿化词。

（1）汾阳方言儿化词的来源

如上所述,并非所有的儿化词都来源于"词根+儿缀",汾阳方言儿化词的来源有四种,一种是真正的"儿缀",一种是来源于"日",一种来源于"里",还有一种"儿"是对古汉语表人称呼的保留。赵元任指出北京话口语中的儿化音由"儿""里""日"而来[②],李思敬认为现代汉语北方话中除了"儿""里""日",还有"了"也是一个来源[③]。王福堂认为有些"儿"是"日""里"的语音讹变[④]。就汾阳方言的情况来看,应该是符合事实的。汾阳方言来源于"日"的儿化词主要是一些时间名词,例如:

前儿[tɕʰier⁵³]前天　　先前儿[ɕi²²tɕʰier⁵³]大前天

今儿[tɕier⁵³]今天　　明儿[mier⁵³]明天以后的某一天

后儿[xər⁵³]后天　　　外后儿[uei⁵⁵xər⁵³]大后天

百儿[piar⁵³]百天　　　生儿[ʂar⁵³]生日

汾阳方言一般儿化词的变调规律是合音之后整个音节的声调与合音前词根语素的音节声调相同,而以上时间名词的变调规律有所不同,整个音节的声调与合音前的声调没有关系,而是基本都读为降调53。汾阳方言的"日"单字读为阳入[zəʔ³¹²],并非降调53,而北京话的"日"读为去声降调,因此这些儿化词可能是受官话影响的结果。

除了以上时间名词的"儿"来源于"日",汾阳方言中还有"这儿[tʂer³¹²]这里""那儿[ner³¹²]那里"的"儿"来源于"里"。名词的里变儿化现象在汾阳方言中少见,只有"这儿、那儿"。汾阳方言还有表示"这里"

---

① 乔全生:《山西方言"儿化""儿尾"研究》,《山西大学学报》（哲学社会科学版）2000年第2期。
② 赵元任:《汉语口语语法》,吕叔湘译,商务印书馆1979年版,第117页。
③ 李思敬:《汉语"儿"音史研究》,商务印书馆1986年版,第91页。
④ 王福堂:《汉语方言语音的演变和层次》（修订本）,语文出版社2005年版,第151页。

义的"这[tʂɯ³²⁴]"和表"那里"义的"那[nɯ³²⁴]",从使用人群看,一般是年轻人用"这儿",年长者用"这[tʂɯ³²⁴]"。我们认为后一组用法应该是汾阳方言较古的层次,可能是由"这里""那里"变化而来,前一组用法是受官话影响的结果。

此外,汾阳方言还有一些词的"儿"实际来自"人",如"客儿[tɕʰiar⁵³]"指"客人","各儿[kɐr⁵³]"指"各人"。"人"读为[ər²²]的情况,在汾阳方言中还有"人家"一词,读[ər²²la⁰]或[ər²²na⁰],如"丈人家"读为[tʂuɔ⁵⁵ər²²na⁰],"门第人家"读为[mən²²tʰ⁵⁵ər²²la⁰]。

以下我们要讨论的是除上述来源之外的真正意义的儿化词。

(2)"儿"缀的构词作用

汾阳方言的儿化词数量较多,我们从两个角度看待这些儿化词,即构词和构形角度。有些儿化词中的"儿"所起的作用是构词,属于构词法的范畴,有些"儿"所起的作用是构形,属于形态范畴,我们分开阐述。按照儿化词虚化过程中的词类扩散顺序:本义"小儿"——引申为具有某种特征或从事某一职业的人——动物名词(幼崽—形体小的动物——一般动物)——无生命体名称——抽象名词——时间名词——数量短语——副词——动词、形容词构形。副词、动词、形容词中加"儿"缀,应该是构形形态,其余属于构词的范畴。

从构词角度来看,在汾阳方言中"儿"缀是一个名词词缀,通过"词根+儿缀"的形式构成新词。只有很少数量的词根是可以成词的名词性语素,儿化以后词义改变,有小称义。例如:

眼[ɲiã³¹²]眼睛或孔——眼儿[ɲiar³¹²]小孔

锄[tʂʰəʋ²²]大锄头——锄儿[tʂʰəʋ²²]小锄头

车[tʂʰɯ³²⁴]汽车——车儿[tʂʰər³²⁴]一般指马车或玩具小车

除此之外,词根一般是一个不成词语素,口语中不可单说单用,必须与其他语素组合成词。这些词根语素可以是名词性、动词性、形容词性,组合成一个名词。从语义来看,词根语素是语义的承担者,"儿"无实义,也没有附加色彩,不表小称。分类说明:

1)词根为名词性语素,"词根+儿缀"组成儿化名词,口语中必须儿化,不儿化不成词。按照词义分类如下:

A. 词根义与"小儿"有关,但"儿"缀不表小,如:孩儿[xɐr²²]。表女孩的"女儿[n̥ᶴʊ³¹²]"勉强可以算是表小称。相对应表男孩的"厮儿[sɐr²²]"则绝无小称义。

B. 表动物统称的名词，如：

猫儿[muɐr³²⁴]　　猪儿[tʂʊ³²⁴]　　狗儿[kər³¹²]
驴儿[lʊ²²]　　　马儿[mar³¹²]　　鸡儿[tsər³²⁴]
蝌蚪儿[kəʔ³¹tər⁵³]蝌蚪　羖□羊+历儿[kəʔ²²lʊ⁵³]山羊

C. 无生命体名称，如：

房儿[fuɐr²²]　碾儿[uɐr⁵³]　　锄儿[tʂʰʊ²²]　　镜儿[tsər⁵³]
帽儿[muɐr⁵³]　裤儿[kʰʊ⁵³]　　袄儿[ŋuɐr³¹²]　扇儿[sər⁵³]
谷儿[kuɐr²²]　葱儿[tsʰuɐr³²⁴]　杏儿[ɕiar⁵³]　　瓜儿[kuar³²⁴]
核儿[kʰuɐr³¹²]　枣儿[tsuɐr³¹²]　　树儿[ʂʊ⁵³]
抽屉儿[tʂʰouʰ³²⁴tʰər⁰]　簸箕儿[pu⁵³tʂʰər⁰]　门楼儿[mən²²lər⁰]
铁匙儿[tʰieʔ²²sər⁰]　砂鳌儿[sã³²⁴ŋər⁵³]　夹算儿[tɕiaʔ²²piɐr⁵³]
石榴儿[ʂəʔ³¹liɐr⁰]　取灯儿[tɕʰyeʔ²²tər⁵³]火柴

以上例子中双音节词口语中必须采用儿化形式，其构成形式也是"词根+儿缀"，"儿"没有任何实义和色彩义，但不可或缺，所构成的词多是指那些形体比较小的无生命体。

D. 抽象名词，如：

头儿[tʰər²²]　歌儿[kər³²⁴]　客儿[tɕʰiar⁵³]　信儿[ɕier⁵³]
样儿[yɐr⁵³]　分儿[fər³²⁴]　撇儿[pʰier³¹²]　钱儿[tɕʰier²²]

E. 称谓名词，如：

大儿[tər⁵³]伯母　婶儿[ʂɐr³¹²]　姨儿[ziɐr²²]
大姑儿[ta⁵³kʊ⁰]　二姑儿[ər⁵³kʊ⁰]　老婆儿[lau³¹²pur⁵³]太姥姥

称谓名词中的双音节词，与前述双音节儿化词是同样的构词机制，必须采用儿化形式。此外，像"大姑儿"之类的称呼，如果只有一个姑姑或非亲缘关系的姑姑，则称"姑姑"，不说"姑儿"，姥姥也不说"婆儿"，称"婆婆"。

2）词"为非名词性语素，"词根+儿缀"也组成儿化名词，词根语素可以成词，分类说明：

A. 词根为动词性成词语素，加儿缀以后成为与动做相关的名词，这与北京话中的情况一致，儿化有区别词性的作用。例如：

　　画[xua⁵⁵]——画儿[xuar³¹²]　　盖[kei⁵⁵]——盖儿[kɐr⁵³]
　　锁[su³¹²]——锁儿[sur³¹²]　　生[ʂəŋ³²⁴]——生儿[ʂar³¹²]

B. 词根为形容词性成词语素，加儿缀以后成为名词，词义也有改变。儿化有区别词义和词性的作用。例如：

　　黄[xuɔ²²]——黄儿[xuɐr³¹²]发糕　　乱[luɯ⁵⁵]——乱儿[luar⁵³]祸事
　　千[ki³²⁴]——千儿[kar³²⁴]萝卜～　　错[tsʰɯ⁵⁵]——错儿[tsʰər⁵³]

当然，也有双音节形容词性语素加儿缀的情况，组成一个形容词，必须儿化，这类词数量较少。例如：

　　没准儿[məʔ²²tʂuer⁵³]　　哈⁼喇儿[xa³²⁴lar⁰]食物变傻变味

C. 词根为一个数词，加儿缀以后变成新的名词，表人的排行，一般是从"三"开始，直到"八"。例如：

　　三儿[sar³²⁴]　　四儿[sər⁵³]　　五儿[uɐr³¹²]
　　六儿[liər⁵³]　　七儿[tɕʰiɐr²²]　　八儿[par²²]

其他词一般都用于称呼家中排行老几的人，只有"八儿"有时会用于对举的句子中：

　　我没钱儿音同七儿，有八儿咧。

3）词根为量词性语素，"词根+儿缀"组成儿化量词，例如：

　　件儿[tɕiar⁵³]　　段儿[tuar⁵³]　　半儿[pur⁵³]
　　串儿[tʂʰur⁵³]　　根儿[kɐr²²]
　　这些儿[tʂəʔ²²ɕiər³²⁴]/[tʂəʔ²²kʰər³²⁴]

这些儿化量词语义上没小称义，上述例子中除了"根儿"的词根可以单独作量词，其他的例子都是不可以单独作量词使用的。

（3）"儿"缀的构形作用

从构形角度来看，"儿"缀加在动词、形容词、人名之后，附加了色彩义，分类说明：

1）儿缀附加在动词后①，主要指的是附加在动词重叠式之后，动词

---

① 像"唱歌儿"这类的述宾式动词，在汾阳方言中更像一个短语，因为"唱"和"歌儿"都是可以独立成词的，且这类词中的儿缀实际还是附加在名词性语素"歌"后，起构词作用。

重叠表示动量小、时量短、程度轻、重复少等意义，这是重叠赋予该形式的意义，"儿"所起的作用只是增强口语化色彩，可加可不加，并不影响语义的表达。这里的动词一般是单音节的，双音节动词重叠不会儿化。例如：

看看儿[$k^hi:^{55}k^hər^0$]=看看　　耍耍儿[$ʂua^{312}ʂuar^0$]=耍耍

闻闻儿[$vəŋ^{22}vər^0$]=闻闻　　听听儿[$t^hŋ^{324}t^hər^0$]=听听

坐坐儿[$tsu:^{55}tsur^0$]=坐坐　　热热儿[$ẓa:^{55}ẓar^0$]=热热 _{动词，把食物加热}

2）儿缀附加在形容词重叠式后，一般是单音节形容词重叠，第二个音节一定要附加"儿"才可以使用，重叠的意义是程度加深，附加"儿"后对所形容的事物有喜爱、亲昵等感情色彩，语气柔和，并且在口语中一定要加助词"地[$tsŋ^0$]"使用，甚至还可以再加助词"的"在句中作定语。例如：

悄悄儿地[$tɕ^hyu^{324}tɕ^hyɐr^{22}tsŋ^0$]　　例：孩儿睡着啦，你们~吧。

高高儿地[$kɯ^{324}kər^{22}tsŋ^0$]　　例：你把手举得~，老师就看见你啦。

满满儿地[$mu^{312}muɐr^{22}tsŋ^0$]　　例：那家给我倒喽~的一杯子，我可喝不喽。

早早儿地[$tsau^{312}tsuɐr^{22}tsŋ^0$]　　例：我妈每天~就锻炼去[$tieʔ^0$]啦。

远远儿地[$y^{312}yɐr^{22}tsŋ^0$]　　例：你~看住孩儿耍就行啦。

慢慢儿地[$mã^{55}mar^{22}tsŋ^0$]　　例：学不会不怕，~来咧么。

款款儿地[$k^hu^{312}k^huɐr^{22}tsŋ^0$]　　例：这个东西就怕磕碰，你放的时候~哈！

细细儿地[$sŋ^{55}sər^{22}tsŋ^0$]　　例：我爱吃切得~的面家家 _{面条}。

停停儿地[$t^hɯ^{22}t^hər^{22}tsŋ^0$]　　例：~，不要乱动！

3）儿缀附加在一些人名之后，增加了喜爱、亲昵的感情色彩，尤其是部分单音节小名之后，必须加儿缀才能称说，全名之后可加可不加。例如：

艳儿[iar^{53}]　　　　凤儿[$fər^{53}$]　　　　娟儿[$tɕyar^{53}$]

赖厮儿[$lai^{53}sɐr^0$]　　铁蛋儿[$t^hieʔ^{22}tar^{53}$]

张爱花儿[$tʂuɔ^{324}ai^{53}xuar^{324}$]

2. "子"

"子"作为一个词缀，汾阳方言读音为[tsəʔ⁰]，轻声声调随着前一音节会发生高低变化。"子"缀常附着在前一词根语素上，构成名词，我们称由其构成的名词为子尾词。从词根的结构类型来看，有单音节词根、双音节分音词、复合词、圪头词、不成词语素等。从词根的性质来看，有名词性、动词性、形容词性语素、数量短语等。从"子"缀的语法意义上看，它主要是构成名词的标记，起构词作用，与重叠相比较，它所指的事物相对较大。重叠名词、儿化名词和子尾名词的比较会在后文详述。下面主要讨论子尾词的构成形式。

（1）"单音节语素+子"，词根语素如果是可成词的，构成的子尾词义与词根义有所不同，这时"子"尾有转义作用。如词根语素不可成词，与"子"尾结合组成名词，"子"尾有构词作用。分类说明：

1）名词性语素+子：

成词语素+子：

  车子[tɕʰi³²⁴tsəʔ⁰] 皮子[pʰʅ²²tsəʔ⁰]

  面子[mi⁵³tsəʔ⁰] 里子[lʅ³²⁴tsəʔ⁰]

不成词语素+子：

  胰子[zʅ²²tsəʔ⁰] 身子[ʂən³²⁴tsəʔ⁰]

  麦子[miaʔ³¹²tsəʔ⁰] 蝇子[zʅ²²tsəʔ⁰]

"车"表示汽车，"车子"表示自行车，词义发生了变化，"子"尾有转义作用。"蝇"必须加"子"才能成立，"子"尾有成词作用。

2）动词性语素+子：这里的动词性语素皆是可成词语素，构成子尾名词，表示动作所需的工具。例如：

  推子[tʰuei³²⁴tsəʔ⁰]剃头工具 扳子[pã³²⁴tsəʔ⁰]扳手 舀子[tsʰu³¹²tsəʔ⁰]

  刷子[ʂuaʔ²²tsəʔ⁰] 滚子[kun³¹²tsəʔ⁰]粉刷工具 掸子[tʰã³¹²tsəʔ⁰]

  攮子[nuɔ³¹²tsəʔ⁰]匕首 起子[tsʰʅ³¹²tsəʔ⁰]蒸馒头用的发酵面

3）形容词性语素+子：这里的形容词性语素也是可成词语素，构成子尾名词，表示具有其所形容状态和特点的人或事物。例如：

  冷子[lən³¹²tsəʔ⁰]冰雹 胖子[pʰaʔ²²tsəʔ⁰]

  瞎子[xaʔ²²tsəʔ⁰] 拐子[kuai³¹²tsəʔ⁰]瘸子

第一章　构词法

（2）"双音节语素+子"，构成名词，这里的双音节语素可以是一般的合成词、双音节分音词、附加式合成词、不成词语素等。分类举例：

1）一般合成词+子：

折叠子[tʂəʔ²²tieʔ³¹tsəʔ⁰]合页　　猪食子[tʂʰʋ³²⁴ʂʔ³¹tsəʔ⁰]

戏台子[sʅ⁵⁵tʰei²²tsəʔ⁰]　　　　风匣子[fəŋ³²⁴xaʔ³¹tsəʔ⁰]

2）附加式合成词+子：

圪桩子[kəʔ³¹tʂuɔ³²⁴tsəʔ⁰]拳头　　圪岔子[kəʔ³¹tsʰa⁵⁵tsəʔ⁰]三岔口

圪刷子[kəʔ³¹ʂuaʔ²²tsəʔ⁰]小刷子　圪棱子[kəʔ³¹ləŋ²²tsəʔ⁰]地面凸起的棱

3）分音词+子：

圪咧⁼子[kəʔ³¹lieʔ²²tsəʔ⁰]麻花状物　圪栳子[kəʔ³¹lau³¹²tsəʔ⁰]手指纹的一种；深笸箩

卜藜子[pəʔ³¹lʅ²²tsəʔ⁰]扫街的大笤帚　卜捯⁼子[pəʔ³¹lieʔ²²tsəʔ⁰]跟斗

4）不成词语素+子：

冰琉子[piɛ̃³²⁴liou⁵⁵tsəʔ⁰]　　菜园子[tsʰei⁵⁵y²²tsəʔ⁰]

尖足子[tɕi⁵⁵tɕyeʔ²²tsəʔ⁰]

冷蛋子[ləŋ³¹²tã⁵⁵tsəʔ⁰]　　　犁铧子[lʅ²²xua²²tsəʔ⁰]

野⁼鹊子[i²²tɕʰia²²tsəʔ⁰]喜鹊

女婿子[nz̩ʋ³¹²sʅ⁵⁵tsəʔ⁰]　　　小舅子[ɕiɯ³¹²tɕiou⁵⁵tsəʔ⁰]

外甥子[uei⁵⁵sa³¹tsəʔ⁰]　　　　媳妇子[ɕieʔ²²fʋ⁵⁵tsəʔ⁰]

以上例词不加"子"尾不能成词，尤其是像"小舅子""女婿子""外甥子"这样的词，"小舅"不能成词，"舅子"也不成词，必须是"小舅子"才成词。

5）量词语素+子：

一沓子[ieʔ²²tʰa²²tsəʔ⁰]　　两摞子[lia³¹²lɯ⁵⁵tsəʔ⁰]

三串子[sã³²⁴tʂʰu⁵⁵tsəʔ⁰]　　一伙子[ieʔ²²xu³¹²tsəʔ⁰]

以上例词加"子"尾表示主观量大，也可以用重叠形式，如"一沓沓"，表示主观量小。

（2）一些特殊的子尾词。汾阳方言有一些子尾词在句中用于定语、状语、补语位置，数量不多，应该算是子尾名词的活用，分别举例说明：

这故⁼子[tʂəʔ³¹kʋ⁵⁵tsəʔ⁰]这么多　例：你买下~饼子，能吃喽？

那故⁼子[nəʔ³¹kʋ⁵⁵tsəʔ⁰]那么多　例：我家还有~废纸咧，你过拉来吧。

尽故⁼子[tʂəʔ³¹kᵊʊ⁵⁵tsəʔ⁰]全都　　例：这甚的些饭咧？~菜，油星星也没啦。

以上三例中的"故⁼子"无法找到合适的普通话词语对应，好像也并不成词，需要与前面的指示代词组合起来才能表达，在句中作定语，但有时候也会当作一个词来用，只是无法完全对译：

甚的故⁼子人们咧？吃喽饭就都跑啦。什么人们呀？吃了饭都跑了。

此外，还有：

可底子[kʰəʔ²²tɿ³¹²tsəʔ⁰]一直以来，从来

例：我~就和他不惯。我从来和他不熟。

一匍身子[ieʔ²²pʰu³¹²ʂəŋ³²⁴tsəʔ⁰]全身心

例：大人们都是~就在孩儿们身上咧。

一齐乎子[ieʔ²²tsʰɿ²²fᵊʊ²²tsəʔ⁰]全部

例：你给我~算一下总账有多儿。

一卜令⁼子[ieʔ²²pəʔ²²liɛ̃⁵⁵tsəʔ⁰]一连串

例：这一向~感冒的孩儿们。

棱子瓣子地[ləŋ²²tsəʔ²²pã⁵⁵tsəʔ²²tɿ⁰]大块儿的

例：你那个菜切得~，给人怎吃咧？

婆子妈子地[pʰu²²tsəʔ²²ma²²tsəʔ²²tɿ⁰]婆婆妈妈的

例：男人们么，老是~，像甚咧？

3. "家"

"家"在汾阳方言"读[tɕia³²⁴]，作为词缀意义还是比较实，叫"准词缀"更合适。它一般表示"……的（一类）人"，有时这个意义不那么明显，但作为后缀必须出现。这类词数量不多，是一个封闭类，有的"家"会与前一音节发生合音。

第一种是在类化的身份名词后出现，表示这一类人，如：

老汉家[lau³¹²ɕi⁵⁵tɕia³²⁴]老头儿　=老汉家[lau³¹²ɕiæ⁵⁵]老头儿

老婆家[lau³¹²pʰu⁵⁵tɕia³²⁴]老太太　=老婆家[lau³¹²pʰua⁵⁵]老太太

外路家[ueiʔ⁵⁵lou⁵⁵tɕia⁰]外地人　　西路家[sɿ²⁴lou⁵⁵tɕia⁰]本地对吕梁山上人的称呼

外地家[ueiʔ⁵⁵tɿ⁵⁵tɕia⁰]外地人　　本地家[pəŋ³¹²tɿ⁵⁵tɕia⁰]本地人

自家[tsɿ⁵⁵tɕia⁰]自己　　　　　　　行家[xuɔ²²tɕia³²⁴]懂行的人

晋语一些方言中有"后生家""婆姨女子家"这类的说法，在句中使用时隐含具备这样身份的人不该做某事的意思，汾阳方言也有这类词，如"女子赖赖﹤女孩家﹥""侯厮儿赖赖﹤后生家﹥"用"赖赖"隐含女孩、男孩这样的人不该做某事；或者说"女人家家""男人家家"用"家家"隐含成年女人、男人不该做某事的意思。

第二种是用在男性在家中排行的后面，可以称说该人的媳妇，但一般不用"老王家"来称说某人的媳妇，如：

大的家[tuɯ⁵⁵tia⁰]﹤老大媳妇﹥　　　　二的家[ər⁵⁵tia⁰]﹤老二媳妇﹥

第三种是用在婚姻一方的名词之后，表示某一方的亲属、家人，如：

男的家[nã²²tia⁰]﹤男方家人﹥　　　　女的家[nʐʅ³¹²tia⁰]﹤女方家人﹥

丈人家[tʂuɔ⁵⁵ər²²na⁰]　　　　妈家行[mã³²⁴la²²xuɤ³²⁴]﹤娘家﹥

汾阳方言也有用在姓氏或人名后的"家"，如"春生家""三妞家"，此时"家"表示的是"某人家"，完全是实义，我们认为这时它并不是词缀，且这些词是开放类的。不属于我们这里讨论的以"家"为后缀的附加式合成词。

4."打"

"打"在晋语中也是一个普遍存在的词缀，根据邢向东的分析，在神木方言中它有几种作用[①]：一是作为动词后缀，二是作为体貌助词，在汾阳方言中除了作动词，也可用作动词后缀，读[ta³¹²]，构成形式是"动词+打"，整个词带有"随意、不经意"的色彩义，从性质上说这应当属于构形形态，不属于构词范畴，从体貌上讲属于"随意貌"，表示动作行为的随意状态，但这种"随意貌"并不是所有的动词都适用，而是有限制的，所以其虚化程度还不是很高。在所有"打"缀词中，大概分为两类，一类是"打"还带有一些实义，另一类是"打"完全虚化，没有实义。如果从前面的动词语素去分析的话，会发现其实所有的词缀"打"都已经虚化到没有实义。动词语素如果是表示具体动作，且表示接触性较强的意义，那么"打"缀似乎也带些实义，如果动词语素表示比较抽象的动作，那么"打"缀的意义就比较空灵。这可能从另一个角度反映出"打"的虚化轨迹：较

---

① 邢向东：《神木方言研究》，中华书局2002年版，第522、609页。

具体的动作义——与动作性较具体的动词结合成新词,意义开始虚化——与动作无关,只带色彩义,意义完全虚化。

(1) 动词语素表示的动作较具体、接触性较强,整个词义表示随性地做某事,例如:

碰打[pʰəŋ⁵⁵ta⁰]不能自主地被碰撞　　挤打[tsʅ³¹²ta⁰]不能自主地被挤来挤去

捎打[ʂau³²⁴ta⁰]随意地顺手牵羊　　摔打[ʂuaʔ²²ta⁰]生气时随意地打孩子

拍打[pʰiaʔ²²ta⁰]随意地拍　　撂打[tu³²⁴ta⁰]生气时不管拿着什么东西都重重地放置

甩打[ʂuai³¹²ta⁰]两手随意地甩来甩去　　磕打[kʰəʔ²²ta⁰]不经意地磕碰

跑打[pʰau³¹²ta⁰]到处乱跑,或指跑关系

乱打[tuəʔ²²ta⁰]随意地用手指点来点去,引申为指指点点

戳打[tʂʰuaʔ²²ta⁰]随性地碰撞别人,可引申为随意顶撞、教训别人

抖打[tou³¹²ta⁰]随便地抖落东西,引申为看似随意实则故意地炫耀

(2) 动词语素表示的意义是较抽象的动作,整个词义表示随意地、不经意地、胡乱地做某事。例如:

串打[tʂʰu⁵⁵ta⁰]随意逛荡　　试打[sʅ⁵⁵ta⁰]随便试试

哨打[sau⁵⁵ta⁰]随意地冷嘲热讽　　蹑打[ŋəʔ²²ta⁰]随便到处闲荡

瞭打[liɯ⁵⁵ta⁰]随便看看　　筛⁼打[sai³²⁴ta⁰]随走路时身子摇摆,或指随便地扭秧歌等

唱打[tʂʰuɔ⁵⁵ta⁰]不经意地、随便地唱　　谝打[pʰiaʔ²²ta⁰]随便地侃大山

跳打[tʰiɯ³¹²ta⁰]随便地跳舞　　扭打[ŋou³¹²ta⁰]随便地扭

跌打[tieʔ²²ta⁰]吃饭时不经意地掉东西　　吹打[tʂʰuei⁵⁵ta⁰]胡乱地吹牛

克⁼打[kʰəʔ⁵⁵ta⁰]虐待　　斗打[tou⁵⁵ta⁰]施展自己

趄打[kuaʔ²²ta⁰]到处乱跑　　散打[sã⁵⁵ta⁰]游散解闷儿

蹦打[pəŋ⁵⁵ta⁰]随意蹦跳,或指主动显示自己以引起别人重视

(3) "打"缀词可以有两种重叠形式"VV打打"式和"V打V打"式。两种形式不同之处是,"VV打打"式带有形容词性质,用来描摹某种情态,后面要加"地","V打V打"式仍是动词性的,只是表示动作的随意性增强。例如:

戳戳打打[tʂʰuaʔ²²tʂʰuaʔ²²ta⁰ta³¹²]

例:你年纪大啦,不用出去[tieʔ⁰],~地,碰住你咧。

戳打戳打[tʂʰuaʔ²²ta⁰tʂʰuaʔ²²ta⁰]

第一章　构词法

例：孩儿们不经事，就得出去[tieʔ⁰]~咧。

乱乱打打[tuəʔ²²tuəʔ²²ta²²ta³¹²]

例：不用~地，对人不礼貌。

乱打乱打[tuəʔ²²ta²²tuəʔ²²ta⁰]

例：你小试拿棍子~，看看冰冻住啦没咧。

5. "油⁼"和"赖⁼赖⁼"

汾阳方言有两个词尾比较特殊，一个是用于形容词后面的"油⁼"，一个是用于名词后面的"赖⁼赖⁼"，他们都需要加"地[tsʅ⁰]"使用①，组成"形容词+油⁼地""名词+赖⁼赖⁼地"这样的结构。下面介绍二者的意义和用法。

（1）"形容词+油⁼地"

这个"油⁼"字应当是记音字，本字不明，读[iou²²]，并没有实义，是一个构词语素，"油⁼地"也不成词，只用于一些性质形容词的后面，有程度加深的语法意义，这个组合可以在句中作补语、谓语、定语、状语。如：

光油⁼地[kuɔ³²⁴iou²²tsʅ⁰]光光的

例：那家俩把一桌子菜吃得~。

欢油⁼地[xuã³²⁴iou²²tsʅ⁰]很活泼的

例：俺家的狗儿夜来昨天还~咧，今儿蔫溜地啦。

平油⁼地[pʰiẽ²²iou²²tsʅ⁰]平平的

例：这个儿桌子面面桌面~。

稳油⁼地[uŋ³¹²iou²²tsʅ⁰]稳稳的

例：俺孩儿早就走得~啦。

展油⁼地[tɕi³¹²iou²²tsʅ⁰]展展的

例：那家一不称心就~睡得地下啦②。

干净油⁼地[kã³²⁴tɕiẽ⁵⁵iou²²tsʅ⁰]非常干净的

---

① 田希诚老师在《汾阳县志》第35卷"方言俗语"（第932页）中描写"字（即我们所说的'地'）"为形容词词尾，又说"油字"也是形容词词尾，"赖赖字"是名词词尾，感觉有点矛盾，也许是笔误。

② "展⁼油⁼地"本身是形容某事物非常平展，带有褒义，但用于此句是褒义贬用，表示对"他"的不满。

例：早晨才给你穿的～的衣裳，又污啦。

精明油˭地[tsɿ³²⁴mȵ²²iou²²tsɿ⁰]非常清醒的，不糊涂

例：俺婆婆姥姥快九十啦，还～咧。

依˭窝˭油˭地[zɿ³²⁴u²²iou²²tsɿ⁰]有序的，整齐的

例：人家那个儿孩儿做活～。

宽套油˭地[kʰu³²⁴tʰau⁵⁵iou²²tsɿ⁰]宽敞的

例：新窑儿里～，你愿意怎折腾咧。

从以上例子中可以看出，这个结构的语义多是附带一种正面的、愉快的、积极的感情色彩，表达说话人对所修饰的事物非常肯定、赞赏的语气。这里的"单音节形容词+油˭地"还可以重叠为"单音节形容词+油˭油˭地"使用，如"光油˭油˭地、展油˭油˭地、平油˭油˭地"，很少说"稳油˭油˭地、欢油˭油˭地"。"AB式形容词+油˭地"也与"AABB"式形容词相当，如"干净油˭地=干干净净地""精明油˭地=精精明明地""依˭窝˭油˭地=依˭依˭窝˭窝˭地""宽套油˭地=宽宽套套地"。汾阳方言中并不是所有形容词都可以进入这一结构，像"切˭踏˭可爱油˭地、忙乱油˭地"肯定不能说，什么样的形容词能够进入这一结构，目前还没有找到规律。

汾阳方言中还有类似的词缀如"瓜˭[kua²²]"，用于特定的几个形容词之后，有程度加深的语法意义，也需要加"地"使用，如"展瓜˭地展展的""顺瓜˭地平顺的""对瓜˭地完全正确的"。

从"油˭"和"瓜˭"所能构成的词来看，"油˭"比"瓜˭"虚化程度高些，但二者成词的数量都有限。

（1）"名词+赖˭赖˭地"

"赖˭"也是一个记音字，本字不明，读为[lai⁵⁵]，重叠后用于个别名词之后，使用时也需要加"地"，不能单独成词，也可以用"XY家家地"来替换，表达说话人对某人的行为的不满意、不赞成，这个组合可以在句中作主语，如：

女子赖˭赖˭地[nᶻʋ³¹²tsəʔ²²lai⁵⁵lai⁵⁵tsɿ⁰]女孩家

例：～还抽烟咧？

男人赖˭赖˭地[nᶻʋ³¹²tsəʔ²²lai⁵⁵lai⁵⁵tsɿ⁰]男人家

例：～也不知道让送˭谦让些儿老婆。

孩儿赖═赖═地[xɤr²²lai⁵⁵lai⁵⁵tsɿ⁰]孩子家

例：～，老是大人说话呀，插上你的口。

侯厮儿赖═赖═地[xou²²sər⁵⁵lai⁵⁵lai⁵⁵tsɿ⁰]男孩家

例：～，老撩逗人家女子们做甚咧？

从以上例句可以看到，说话人认为某人的动作行为不合乎"女子""男人""孩儿""侯厮儿"应有的样子，所以用这样的词语来表达不满意、不赞成。能够进入这一结构的名词目前搜集到的仅限这几例，表明"赖═赖═"也是一个虚化程度很低的词缀。

（三）附加法小结

通过上述分析，我们看到汾阳方言附加法构词的大致情况，总结如下：

第一，前附式构词所形成的词类比较多样，名词、动词、形容词、量词、拟声词都涉及，能产性较强。

第二，后附式构词主要集中在名词的构词上，词类虽单一，但是产词数量很大，尤其儿化词在附加式构词中是数量最多的（据《汾阳方言研究》，儿化词783个，子尾词390个）。

二　重叠

汾阳方言中，重叠是使用较多的一种语法手段，有重叠式构词和词的重叠式。我们在区别二者时把握的原则是：重叠式构词，是语素的重叠，词根语素不成词，或即使成词，也与词根义没有联系，词义多带有小称、喜爱等附加色彩，属于构词法的范畴，所构成的词是封闭性的；词的重叠式，是对词的重叠使用，通过重叠式而附加了某些语法意义，属于构形范畴，这种模式是开放性的。即使这样，可能也会有一些词难以判断其归属。我们按照朱德熙先生的提法[①]，分基式和重叠式，如："盆"为基式，"盆盆"为重叠式。字母符号 A、B 表示实语素，X、Y 代表词缀或衬音。这其中带"圪、卜、忽"的应该算是重叠法与附加法并用的情况。下面以词类为纲分别阐述其构成形式。所有例词所标的声

[①] 朱德熙：《语法讲义》，商务印书馆1982年版，第25页。

调均为变调。

（一）重叠式名词和名词的重叠式

1. 叠式名词

汾阳方言有发达的重叠式名词。重叠是晋语中名词表达小称义的重要手段，儿化表小称义的数量远不如重叠。

重叠式名词的构成形式有 AA 式、ABB 式、AXX 式（附带 XBB 式、XYY 式）、AAB 式，构成语素有名词性、动词性、形容词性和量词性的，用来指称事物，大多表小称。我们按构成形式分别说明。

（1）AA 式

这种构词形式在晋语中较普遍，但在汾阳方言中不是所有单音节名词、动词、形容词或语素都可以重叠为新的名词，应该说还是比较封闭的类。

1）基式为名词性语素，一般不成词，重叠式是名词，分两类：一类基式是亲属称谓语素，一类基式是普通名词性语素，例如：

伯伯[piaʔ^{22}piaʔ^0]　　姑姑[kʰu^{324}kʰu^0]　　爹爹[ta^{324}ta^0]

娘娘[n̠ɕio^{22}n̠ɕio^{22}]奶奶　爷爷[i^{22}i^{22}]　　婆婆[pu^{55}pu^{312}]姥姥

以上亲属称谓词多为背称或儿语面称。这些重叠式都用于表示类化的亲属称谓，例如"姑姑"表示的是与父亲同辈的女性长辈，包括与父亲无血缘关系的女性朋友等。如果称呼与父亲有血缘关系的女性长辈，且有排行之分，则需要使用"大姑儿""二姑儿"之类的形式。总之，这样的构词形式常用于背称。

凳凳[təŋ^{55}təŋ^{312}]小凳　　　　碟碟[tieʔ^{22}tieʔ^{312}]小碟

盘盘[pʰu^{22}pʰu^{22}]小盘　　　　罐罐[ku^{55}ku^{312}]小罐

壶壶[fʰu^{22}fʰu^{22}]小壶　　　　盆盆[pʰəŋ^{22}pʰəŋ^{22}]小盆

勺勺[ʂəʔ^{22}ʂəʔ^{312}]小勺　　　　盒盒[xaʔ^{22}xaʔ^{312}]小盒

帘帘[li^{22}li^{22}]小帘子　　　　　袋袋[tei^{55}tei^{312}]小型袋子

籽籽[tsʅ^{312}tsʅ^{324}]种籽　　　　眼眼[iã^{312}iã^{324}]小眼儿

刀刀[tau^{324}tau^0]小刀　　　　　锅锅[ku^{324}ku^0]小锅

屁屁[tuəʔ^{22}tuəʔ^{22}]果实的根部或物品的末尾

以上重叠式名词的词根多不能单说，必须用重叠、子尾、儿化等形式，重叠的语法意义是表小称，或所指称事物本身就是小型的。当然，也有个别重叠式名词不表小称，只是特指一种事物，例如"火火"特指灶台，"水水"特指液体状物。

2）基式为动词性语素，可以单说，表示一种动作行为，重叠式是名词，表示这种动作行为所凭借的工具。例如：

垫垫[ti^{55}ti^{312}]小形垫子　　　插插[tsʰaʔ^{22}tsʰaʔ^{0}]衣服口袋

刷刷[ʂuaʔ^{22}ʂuaʔ^{0}]小刷子

抬抬[tʰei^{22}tʰei^{22}]陪嫁品。结婚时要装在箱子里有人抬到男方家，叫抬抬

戳戳[tʂʰuaʔ^{22}tʂʰuaʔ^{0}]小印章　　　铲铲[tsʰã^{312}tsʰã^{324}]小铲子

盖盖[kei^{55}kei^{312}]小盖子　　　剪剪[tɕi^{312}tɕi^{324}]小剪子

以上例子中所指的工具有的是比较小形的，如"盖盖、刷刷"，有的是特指与动作相关的某种物品，如"插插、抬抬"。所以动词语素重叠构成的名词并不一定都表小称。

3）基式为形容词性语素，有的可以单说，有的不能，重叠式是名词，表示带有词根语素所表示的特点的事物。例如：

黄黄[xuŋ^{22}xuŋ^{22}]蛋黄　　红红[xuŋ^{22}xuŋ^{22}]胭脂红　　甜甜[tʰi^{22}tʰi^{22}]糖块儿

豁豁[xuaʔ^{22}xuaʔ^{0}]豁口　　尖尖[tɕi^{324}tɕi^{0}]细长物靠近末端的位置

单单[tã^{324}tã^{0}]单据之类　　弯弯[uã^{324}uã^{0}]拐弯处或弯曲的部分

以上例子中"黄、红、甜、尖、弯、单"都是可以单说的形容词，"豁"是形容词性语素。重叠以后成为名词，不表小称，但所指事物都是特定的，或较小形的。

4）基式为一个量词，重叠式是名词，有的词义与量词意义无关，有的是以该量词为计量单位的事物，均表小称。这类重叠数量较少。例如：

口口[kʰou^{312}kʰou^{324}]小裂缝，小瓶口　　颗颗[kʰu^{312}kʰu^{324}]颗粒状的小疙瘩

本本[pəŋ^{312}pəŋ^{324}]小本子

（2）ABB式

这种格式中A和B都是实语素，按照A和B代表的不同语素分类说明。

1）A和B都是名词性语素，BB重叠以后大部分可成词，A+BB从结构关系和语义上看是偏正式合成词。A+B在其他方言中能成词，但是在汾阳方言中不成词。根据BB是否成词分为两类，如：

  a 豆角角[tou^{55}tɕia^{22}tɕiaʔ^0]豆角   炭窑窑[tʰã^{55}iɯ^{22}iɯ^{22}]普通人家堆放炭的地方
    麦穗穗[miaʔ^{312}sʅ^{55}sʅ^{312}]麦穗   药锅锅[ieʔ^{312}ku^{324}ku^0]熬药的小砂锅
    醋壶壶[tsʰou^{55}fʋ^{22}fʋ^{22}]醋壶   窗帘帘[tʂʰuɔ^{324}li^{22}li^0]窗帘

这一组的 BB 都可以成词，A 显示的是事物的属性。这类词数量较多。

  b 门槛槛[məŋ^{22}tɕʰi^{312}tɕʰi^{324}]门槛   石狮狮[ʂəʔ^{312}sʅ^{324}sʅ^0]石狮子
    油馓馓[iou^{22}saʔ^{22}saʔ^0]一种油炸的环状面制食品

以上例子中 BB 都不可成词，整个词义由 A 和 BB 共同组成。这一类数量较少。

 2）A 是形容词性语素，B 是名词性或量词性语素，重叠式是名词。同样是 A+B 不能成词。根据 BB 是否成词也分为两类，如：

  a 窄条条[tsaʔ^{22}tʰiɯ^{22}tʰiɯ^{22}]细长条布或纸   侯勺勺[xou^{22}ʂəʔ^{22}ʂəʔ^{312}]小勺子
    慢坡坡[mu^{55}pʰu^{324}pʰu^0]缓坡   斜眼眼[ɕi^{22}ȵiã^{31}ȵiã^{312}]斜眼儿
    拐把把[kuai^{312}pa^{55}pa^{312}]拐弯处   辣角角[laʔ^{312}tɕiaʔ^{22}tɕiaʔ^0]辣椒
    干馍馍[ki^{324}muɔ^{22}muɔ^0]馒头干
    毛蹄蹄[mau^{22}tʰ^{22}tʰ^{22}]婴儿穿的与裤子连在一起的袜子

以上例子中"窄条条"的"条条"可以作名词和量词。ABB 式是词而非短语，如"辣角角"不是指"辣味的豆角"，而是专指"辣椒"，也就是说 ABB 式组成了一个新词，而非两个词义相加的短语。

  b 洋码码[iɔ^{22}ma^{312}ma^{324}]外语文字   秃舌舌[tʰuəʔ^{22}ʂəʔ^{22}ʂəʔ^{312}]舌头短的人
    豁唇唇[xuəʔ^{22}tʂʰuŋ^{312}tʂʰuŋ^{324}]兔唇

以上例子同样 A 和 BB 不可拆解，BB 不成词，AB 也不成词。

 3）A 是动词性语素，B 是名词性语素，重叠式是名词。同样是 A+B 不成词。如：

  笑靥靥[ɕiɯ^{55}i^{312}i^{324}]酒窝   卧牛牛[u^{55}ȵiou^{22}ȵiou^0]灶火里通向烟囱的地方
  背锅锅[pei^{324}ku^{22}ku^0]驼背   合钵钵[xəʔ^{312}pəʔ^{22}pəʔ^0]拔罐用的罐子，也指拔罐的动作
  炖鸡鸡[tuŋ^{55}tsʅ^{324}tsʅ^0]鸡蛋羹
  抿拐拐[miẽ^{312}kuai^{312}kuai^{324}]做一种叫"抿尖"的面食时用"工具
  套袖袖[tʰau^{55}ɕiou$^{55-45}$ɕiou$^{55-312}$]套袖儿
  罩牌牌[tsau^{55}pʰai^{22}pʰai^0]小孩儿的罩衣

以上例子都是专指某一事物的名词，其中有些词的 BB 可以成词，但语义

与 A BB 所指不同，如"背锅锅"指驼背，"锅锅"指的是小锅；"合钵钵"指拔罐用的罐子，"钵钵"指的是小杯子；"抵拐拐"是做面食用的工具，"拐拐"是指瘸子；"套袖袖"是指套袖儿，"袖袖"是袖子的儿语；"罩牌牌"是罩衣，"牌牌"指佩戴的胸章之类的东西。

4）A 是名词性语素，B 是谓词性语素，重叠式是名词。BB 有的可作名词，有的不成词，如：

鞋刷刷[xai²² ʂuaʔ²² ʂuaʔ⁰]鞋刷　　门搭搭[məŋ²² taʔ²² taʔ⁰]椭圆形铁勾环连起来的门搭

泥糊糊[nz̩²² fʋ²² fʋ²²]很稠的泥　　土堆堆[tʰᵊʋ³¹² tuei³²⁴ tuei]较小土堆

针尖尖[tʂən³²⁴ tɕi³²⁴ tɕi⁰]针尖儿　　墓生生[mᵊʋ⁵⁵ ʂəŋ²² ʂəŋ⁰]遗腹子

5）A 和 B 都是非名词性语素，重叠式是名词。BB 不成词，这类词数量很少。如：

双生生[tʂʰuɔ⁵⁵ ʂa²² ʂa⁰]双胞胎　　折叠叠[tʂəʔ²² tieʔ²² tieʔ³¹²]合页儿

结磕͇磕͇[tɕieʔ²² kʰə²² kʰə⁰]结巴的人　　糊塌塌[fʋ⁵⁵ tʰaʔ²² tʰaʔ⁰]用枣和面做的一种饼

簸箕箕[pu⁵⁵ tsʰɻ²² tsʰɻ⁰]小簸箕

其中，"簸箕箕"重叠式表示小称，不表小称时用儿化"簸箕儿"。"结磕͇磕͇"重叠式是名词，不重叠的"结磕͇"是动词。"折叠叠""双生生""糊塌塌"只有重叠式。

（3）AXX 式、XBB 式和 XYY 式

这三种重叠式都构成名词，看似相同，实则构成语素不同：AXX 式中 A 是实语素，X 是虚语素或衬音；XBB 式中 X 是虚语素，BB 是实语素；XYY 式中 X 和 Y 都是单纯表音的，合起来构成一个词。例如：

1）AXX 式：

斜旗旗[ɕi²² tsʰɻ²² tsʰɻ²²]斜切成平行四边形的一种面食

切板͇板͇[ɕieʔ²² pã³¹² pã³²⁴]正切成薄短条形的面食

毛杂杂[mᵊʋ²² tsa²² tsa³¹²]一种毛毛虫

麻噻͇噻͇[ma²² xai²² xai²²]常在灯下的一种小绿虫

箭拍͇拍͇[tɕi⁵⁵ pʰiaʔ²² pʰiaʔ⁰]竹算子

这种格式语义重心在 A 语素上，后面的重叠式没有实义或只是衬音，起构词作用，二者共同构成一个名词。

2）XBB 式：

卜须须[pəʔ³¹sʅ³²⁴sʅ⁰]细小的毛边　　卜搚搚[pəʔ³¹ɕi³²⁴ɕi⁰]帽檐儿

圪搓搓[kəʔ³¹tsʰɯ³²⁴tsʰɯ⁰]一种用手搓制成的面食　圪团团[kəʔ³¹tʰu²²tʰu²²]面食,猫耳朵

圪钻钻[kəʔ³¹tsu³²⁴tsu⁰]上身贴身穿的内衣　　圪蛹蛹[kəʔ²²yŋ³¹²yŋ³²⁴]昆虫的蛹

圪刷刷[kəʔ³¹ʂuaʔ²²ʂuaʔ⁰]小刷子　　圪枝枝[kəʔ³¹tsʅ³²⁴tsʅ⁰]小细枝

圪蒂蒂[kəʔ³¹tʅ⁵⁵tʅ³¹²]小瓜蒂　　圪洞洞[kəʔ³¹tuŋ⁵⁵tuŋ³¹²]小坑

圪棱棱[kəʔ³¹ləŋ²²ləŋ²²]小棱

这种格式的 X 是一个词缀语素，没有实义，后面的 BB 是实语素的重叠，有动词性的，有名词性的，二者结合起来成为一个名词，表小称或指称形状较小的事物。有的 XB 式是可以成立的，如"圪钻、圪搓、圪团、圪刷"都是动词，"圪枝、圪蒂、圪棱、圪洞"都是名词，重叠式是在基式 XB 基础上的重叠，表小指爱。有的 XB 式不成词，需用重叠式或其他形式，如"卜须须、卜搚搚、圪蛹蛹"。

3）XYY 式：

卜椤椤[pəʔ³¹luo³²⁴luo⁰]拨浪鼓　　卜藜藜[pəʔ³¹ɻ²²ɻ²²]大笤帚

圪樏樏[kəʔ³¹luəʔ²²luəʔ⁰]小木棒　　疙瘩瘩[kəʔ³¹taʔ²²taʔ⁰]细碎疙瘩

旮旯旯[kəʔ³¹la⁵⁵la³¹²]窄小的旮旯　圪榄榄[kəʔ²²lã³¹²lã³²⁴]细木棍

这种重叠格式有的是用来表小称，如"圪樏樏、疙瘩瘩、旮旯旯、圪榄榄"；有的 XY 在其他方言中可能是分音词，但在汾阳方言中不能直接成词使用，而是需要重叠或者加其他语素，如"卜椤椤、卜藜藜"。

（4）AAB 式：

这种格式的 A、B 都是实语素，AA 重叠式修饰或限定 B 语素，成为一个偏正式复合名词，A 可以是名词性、形容词性、动词性语素，B 一般是名词性语素。按照 AA 重叠式能否成词来分类说明。

1）AA 式能成词，例如：

甜甜水[tʰi²²tʰi²²ʂuei³¹²]糖水　　娘娘庙[niɔ²²niɔ²²miɯ⁵⁵]观音庙

格格纸[kəʔ²²kəʔ²²tsʅ³¹²]带格的稿纸　　火火头[xu³¹²xu¹²tʰou⁰]炕头

花花碗[xua³²⁴xua²²u³¹²]小花碗　　豆豆菜[tou⁵⁵tou³¹tsʰei⁵⁵]各种豆子做的凉菜

泡泡纱[pʰau⁵⁵pʰau³¹ʂuei³²⁴]一种纱料　对对眼[tuei⁵⁵tuei³¹ȵiã³¹²]对眼儿

毛毛钱儿[mau²²mau²²tɕiɚ²²]以角为单位的零钱

第一章 构词法

绸绸袄儿[tṣʰou²² tṣʰou²² ŋuɐɹ³¹²]丝绸上衣

这里的 AA 式一般是名词性的，AAB 式的词义由 AA 与 B 合成。B 可以是一个儿化名词，如"钱儿、袄儿"。之所以认定以上例子是词，主要是因为在汾阳方言中以上例词都是固定搭配的，整个语义合起来表示一种事物，从内部结构看，中间不能插入虚词成分"的"或"和"。

2）AA 式不能成词，例如：

人人书[zəŋ²² zəŋ²² ʂʊ̩³²⁴]小人书　　温温水[uŋ³²⁴ uŋ²² ʂuei³¹²]温水

绵绵纸[mi²² mi²² tsɿ³¹²]很绵的纸　　和和饭[xu²² xu²² fã⁵⁵]和子饭

当当儿中[tuɔ³²⁴ tuɐɹ⁵⁵ tʂuŋ⁰]当中间　　爬爬字[pʰa³³ pʰa²² tsɿ⁵⁵]歪七扭八的字

这里的 AA 式不能单用，它们多是描摹状态或起修饰性作用的，重叠式在口语中有的可以儿化，如"当当儿中"。

2. 名词的重叠式

名词的重叠使用，是将本身就可以作名词的语素重叠，并赋予其构形意义。汾阳方言名词的重叠式主要是 AABB 式。A 和 B 都是名词，并且二者语义相近、相同或相反，重叠以后表达一类事物的总称或指涵盖全部、遍及各处的语法意义。例如：

盘盘碟碟[pʰu²² pʰu²² tieʔ²² tieʔ³¹²]泛指一桌饭菜

花花样样[xua³²⁴ xua²² ciɔ⁵⁵ iɔ³¹²]各种各样

棱棱堰堰[ləŋ²² ləŋ²² i⁵⁵ i³¹²]指各种边棱处

锅锅沿沿[ku³²⁴ ku²² i⁵⁵ i³¹²]指锅的各处

头头点点[tʰou²² tʰou²² ti³¹² ti³²⁴]指相关的各处

衣衣裳裳[i³²⁴ i²² ʂuɔ⁵⁵ ʂuɔ³¹²]指各种衣物

沟沟岔岔[kou³²⁴ kou²² tsʰa⁵⁵ tsʰa³¹²]泛指各处沟壑

门门窗窗[məŋ²² məŋ²² tʂʰuɔ³²⁴ tʂʰuɔ⁰]所有门窗

菜菜蔬蔬[tsʰei³²⁴ tsʰei²² ʂʊ̩³¹² ʂʊ̩³²⁴]指各种蔬菜

蹄蹄腿腿[tʰɿ²² tʰɿ²² tʰuei³¹² tʰuei³²⁴]指小孩的腿

被被褥褥[pɿ⁵⁵ pɿ³¹² zuʔ²² zuʔ³¹²]泛指床上用品

病病痛痛[piẽ⁵⁵ piẽ³¹² tʰuŋ⁵⁵ tʰuŋ³¹²]泛指各种病痛

袍袍褂褂[pʰau³²⁴ pʰau²² kua⁵⁵ kua³¹²]指以前的长袍马褂之类

猫猫狗狗[mau³²⁴ mau²² kou⁵⁵ kou³²⁴]泛指家里豢养的动物

汤汤水水[tʰuɔ³²⁴tʰuɔ²²ʂuei²²ʂuei³¹²]指汤羹类饭菜

人人马马[zəŋ²²zəŋ²²ma³¹²ma³²⁴]指陪葬用的纸人纸马

上述例子均为汾阳方言固定的用法，并非所有的名词都可以这样使用。不重叠和重叠的语义有所区别，例如"衣裳"指上衣，"衣衣裳裳"则指各种衣物，包括上衣和裤子等。

（二）重叠式动词和动词的重叠式

1. 重叠式动词

重叠式动词比较少，在汾阳方言中构成格式为 ABB 式，其中 A 是动词性语素，B 是名词性语素，重叠式组成述宾式动词。例如：

歇凉凉[ɕieʔ²²liɔ²²liɔ²²]在阴凉地里休息　　勾垄垄[kou³²⁴luŋ³¹²luŋ³²⁴]种地勾垄

晒阳阳[sai⁵⁵ɕiʔ²²ɕiʔ²²]晒太阳　　叨呷呷[tau³¹²ɕiaʔ²²ɕiaʔ²²]聊天

翻架架[fã³²⁴tɕia⁵⁵tɕia³¹²]翻花绳

之所以认定以上例子是词而非短语，是因为这里的 BB 多不成词，只有 ABB 才成词，个别 AB 也成词，如"叨呷呷"可以说"叨呷"，但"呷呷"不是一个词。"翻架架"里的"架架"是花绳，与"架架木制或金属的架子"不是一回事。当然，在汾阳方言中也有一些述宾短语是 ABB 结构，如"蒸馍馍"是一个短语，"蒸"和"馍馍"都是词，与"蒸包子"是一样的结构。

2. 动词的重叠式

有关动词的重叠式是汾阳方言中比较常见的，这属于构形形态，动词重叠的构形意义是表示动量小、时量短等义。构形形式有 AA、ABAB、圪 A 圪 A、AABB 四种。

（1）AA 式

汾阳方言中多数的单音节动词都可以进入这一格式，例如：

看看[kʰiː⁵⁵kʰi⁰]　　坐坐[tsuː⁵⁵tsu⁰]

问问[vəŋː⁵⁵vəŋ⁰]　　写写[ɕiː³¹²ɕi⁰]

要要[ʂuaː³¹²ʂua⁰]　　听听[tʰɻ̩ː³²⁴tʰɻ̩⁰]

热热[zaː⁵⁵zaʔ⁰]　　挤挤[tsɻ̩ː³¹²tsɻ̩⁰]

以上例子，AA 中的第一个音节末的尾音要拖长，原因是 AA 其实是"A 一 A"的省略，"一"被省略了，但音长没有省略。遇到前一音节是以鼻辅音收尾的音节，则将鼻音延长，如"问问"。这个格式与"圪 AA""A 给

（一）下"语法意义一致，都表示动量少、时量短等义。

与 AA 式同义的还有"AA 儿"式，就是将第二个音节儿化，除了语音，没有任何不同。西南乡人用"AA 儿"式稍多些。

（2）ABAB 式

与北京话动词重叠式相似，AB 是一个双音节复合式动词，重叠后也表示动量少、时量短、程度轻等意义，例如：

洗涮洗涮[sʅ³¹suã⁵⁵sʅ³¹suã⁵⁵]洗洗　　定醒定醒[tʅ⁵⁵sʅ³¹tʅ⁵⁵sʅ³¹]稍反应一下

摸揣摸揣[mə²²tʂʰuai³¹mə²²tʂʰuai³¹²]摸摸

叨呷叨呷[tau³¹ɕiaʔ²²tau³¹ɕiaʔ²²]聊聊

（3）圪 A 圪 A 式

这种格式是附加式动词"圪 A"的重叠，"圪 A"本身就带有"稍微"的附加义，重叠以后表示动量更少、时量更短。A 一般是单音节动词，也有个别双音节动词可以进入这一结构。从语义上看，圪 A 圪 A=圪 AA=AA，这里 AA 读音如同前述（1），"圪 A 圪 A"中的第一个 A 读音如同 AA 的第一个音节，尾音要延长。例如：

圪看圪看[kəʔ³¹kʰi⁵⁵kəʔ³¹kʰi⁵⁵]=圪看看

例：电视～就行啦，不敢看上没完哈！

圪歇圪歇[kəʔ³¹ɕieʔ²²kəʔ³¹ɕieʔ²²]=圪歇歇

例：告给你妈～再做吧。

圪躺圪躺[kəʔ²²tʰuo³²⁴kəʔ²²tʰuo³¹²]=圪躺躺

例：瞌睡得不行，来我～嘿。

圪遛圪遛[kəʔ³¹liou⁵⁵kəʔ³¹liou⁵⁵]=圪遛遛

例：吃喽饭咱们上街～嘿。

圪挤圪挤[kəʔ²²tsʅ³²⁴kəʔ²²tsʅ³¹²]=圪挤挤

例：你们～就都坐下啦。

圪定醒定醒[kəʔ²²tʅ⁵⁵sʅ³¹tʅ⁵⁵sʅ³¹]

例：你先不用讲后头的，来我先把前头讲喽的～。

圪叨呷叨呷[kəʔ²²tau³¹²ɕiaʔ²²tau³¹ɕiaʔ⁰]

例：我俩想～么，<u>那家</u>就闹害得不行。

上例中"圪定醒定醒""圪叨呷叨呷"读音不变。

如圪缀动词中所述,"圪"缀在"圪+单音节动词性语素"中是具有构词作用的,"圪 A 圪 A"的"圪"同样是构词,但在"圪 ABAB"和"圪 AA"中"圪"已成为一个副词,表"稍微"义。

以上(1)(2)(3)中的重叠式,多用于将来时或未然态的句子中,说话者提议尝试一下某个动作或进行某件事,将要发生的动作时间不长、动量较小,例句见(3)中所示。

(4)AABB

基式 AB 是双音节动词,重叠式也是动词,表示反复多次的意思,有时候可用作形容词来形容某种状态,标志是在其后加"地"使用。例如:

搂搂抠抠[lou^{22}lou^{22}kʰou^{22}kʰou^{324}]_{搜罗各种事来做}

例:我妈一天起来~,看见可忙咧。

拉拉扯扯[la^{324}la^{22}tʰɕi^{31}tʰɕi^{324}]

例:你俩~地,做甚咧?

说说笑笑[ʂuəʔ^{22}ʂuəʔ^{22}ɕiɯ^{55}ɕiɯ^{312}]

例:刚才你俩还~地,怎么我一来就不说话啦咧?

敲敲打打[tɕʰiau^{324}tɕʰiau^{22}ta^{22}ta^{312}]

例:我看见你~喽半天,你要做甚咧?

缝缝补补[fəŋ^{22}fəŋ^{22}pʋ^{324}pʋ^{312}]

例:旧个儿_{过去}谁家不是新三年旧三年,~又三年?

磕磕碰碰[kʰəʔ^{22}kʰəʔ^{22}pʰəŋ^{55}pʰəŋ^{312}]

例:孩儿们在一搭儿来耍,~难免。

勾勾搭搭[kou^{324}kou^{22}taʔ^{22}taʔ^{22}]

例:那俩人~地,是不是好上啦咧?

(三)重叠式形容词和形容词的重叠式

1. 重叠式形容词

重叠式形容词的主要构成形式是 ABB 式,AAB 式数量很少。汾阳方言在使用重叠式形容词或形容词重叠式时经常在后面加助词"地",且不能用程度副词来修饰。举例说明。

(1)ABB 式构成的是性质形容词,A 是形容词性语素,BB 是叠音词缀,ABB 的主要语义由 A 语素承担,BB 不表实义,作用有两个,一是表达程度深，二是不同的叠音词尾会附加不同的感情色彩。例如：

甜式式[tʰi²²ʂəʔ²²ʂəʔ²²]甜得恰到好处　　甜歪歪[tʰi²²uai²²uai²²]甜得发腻

胖牛牛[pʰaʔ²²ȵiou²²ȵiou²²]胖得可爱　　胖歪歪[pʰaʔ²²uai²²uai²²]胖得厉害，太胖了

凉飕飕[liɔ²²sou¹¹sou¹¹]凉得舒服　　凉哇哇[liɔ²²ua⁵⁵ua¹¹]太凉了

红丹丹[xuŋ²²tã¹¹tã¹¹]红得很好看　　红外外[xuŋ²²uai⁵⁵uai¹¹]太红了，不好看

绿式式[luəʔ³¹ʂəʔ²²ʂəʔ²²]绿得恰到好处　　绿外外[luəʔ³¹uai¹¹uai¹¹]太绿了，不好看

绵墩墩[mi²²tuŋ¹¹tuŋ¹¹]绵得很舒服　　粗筛筛[tsʰou³²⁴sai¹¹sai¹¹]太粗糙

脆增增[tsʰuei⁵⁵tsəŋ¹¹tsəŋ¹¹]脆得爽口

寡嚓嚓[kua³¹²tsʰaʔ²²tsʰaʔ²²]太虚情假意或味太淡

以上例子中的 BB 本字不详，多为表音成分。左边一列均是表达喜爱、褒扬的感情色彩，右边一列表达的是厌恶、反感之类的贬义色彩。A 所搭配的 BB 不是随意的，基本是固定的。如"歪歪、外外、哇哇、嚓嚓"等多带贬义，"式式、丹丹、墩墩"等多带褒义。且 ABB 多有不重叠的形式 AB 式，此时 B 的发音要拖长一个音节，以此表达程度深，实际是 ABB 的省略。男性多用 AB 式，女性、孩子、老人多用 ABB 式。使用时一定要加"地"。如：

　　我吃见那个儿菜脆增增地，待好吃咧。

　　那个人说话老是寡嚓嚓地，叫人不爱听。

　　那个儿袄儿红式式地，穿上也好看，那圪节红外地，不好看。

需要注意的是有些颜色词也有 ABB 结构，如"浅灰灰""淡红红"，他们是比"浅灰""淡红"还淡的颜色，并不等同，且汾阳方言中这样的 AB 式是可以成立的。

此外，还有 XBB 式，即"圪 BB"，数量较少，其中的 BB 有实义，但多数本字不详，使用时一定要加"地"，例如：

　　圪屈屈[kəʔ³¹tɕʰyeʔ²²tɕʰyeʔ²²]受委屈的样子

　　例：看把孩儿～地，怎啦咧？

　　圪绷绷[kəʔ³¹pəŋ³²⁴pəŋ³²⁴]绷着脸的样子

　　例：你老是～地，谁敢和你说话咧？

　　圪射射[kəʔ²²ʂəʔ³¹ʂəʔ³¹²]好表现自己的样子

　　例：那个人就爱～地往老师跟前圪凑。

　　圪铮铮[kəʔ³¹tsəŋ³²⁴tsəŋ³²⁴]自我感觉良好的样子

例：红红穿喽身新衣裳，走路还~地咧。

（2）AAB 式

ABB 式构成的也是性质形容词，数量较少，有的 AB 能成词，有的不能成词，重叠式表示程度更深，用于强调。交际时不加"地"。例如：

干干净[kã³²⁴kã³²⁴tɕiɛ̃⁵⁵]很干净

例：狗儿把一盆子菜舔喽个儿~。

正正好[tʂəŋ⁵⁵tʂəŋ³¹²xau³¹²]正好

例：这圪瘩布儿做孩儿的衣裳~。

可可嵌[kʰəʔ²²kʰəʔ²²tɕʰiã⁵⁵]很合适

例：桌子放到[tieʔ⁰]这行儿~。

可可儿齐[kʰəʔ²²kʰɚ²²tsʰɿ²²]正好

例：我给喽你~的钱儿，不用找。

捉捉准[tʂuaʔ²²tʂuaʔ²²tʂuŋ³¹²]很准

例：我猜喽个儿~。

"可可儿齐"也说"可可齐"，意思一样。"干净、正好"可以成词，其余不能成词。

2. 形容词的重叠式

AABB 式、ABAB 式、AA 儿式、A 里 AB 式、AXBB 式等几种形式都是形容词的重叠用法，还有一种表否定的"不 AA"式。几种重叠式共同特点是进入句子时多数需要后附"地"才能成立，即使在作定语时，也需要后附"地"再加定语标记"的"使用。吕梁片多数方言有此特点。

（1）AABB 式

根据 AB 能否单说分为两种：

AB 能单说，是性质形容词，重叠后表程度加深，有强调意味。如：

精精明明[tsɿ³²⁴tsɿ²²mɿ²²mɿ²²]很清楚明白

依依窝窝[zɿ³²⁴zɿ²²u²²u²²]形容收拾得井井有条

忙忙乱乱[muɔ²²muɔ²²luɯ⁵⁵luɯ³¹²]非常忙乱

严严偶偶[ŋĩ²²ŋĩ²²ŋou³¹²ŋou³²⁴]包装得非常严密

齐齐整整[tsʰɿ²²tsʰɿ²²tʂəŋ²²tʂəŋ³¹²]很整齐

结结实实[tɕieʔ²²tɕieʔ²²ʂəʔ²²ʂəʔ³¹²]很结实

切̄切̄踏̄踏̄[tɕʰieʔ²²tɕʰieʔ²²tʰaʔ³¹tʰaʔ³¹²]形容很可爱的样子

有些重叠式可以换作"AB 油地",前面附加法中已有阐述。

少数 AB 不能单说,重叠后也表示程度深,如:

呆呆痴痴[tai³²⁴tai²²tʂʰɿ²²tʂʰɿ²²]痴呆的样子

例:我妈这阵儿~地,何地儿能看喽孩儿咧?

疑疑惑惑[zɿ²²zɿ²²xuəʔ²²xuəʔ²²]非常疑惑的样子

例:我总觉煞~地,不知道何地儿不对劲儿。

(2) ABAB 式

其中的 AB 常常是一个表示程度深的形容词,重叠以后程度加深,需要加"地"使用。如:

熏甜熏甜[ɕyŋ⁵⁵tʰi²²ɕyŋ⁵⁵tʰi²²]非常甜

例:今儿买的西瓜~地。

酸臭酸臭[su³²⁴tʂʰou⁵⁵su³²⁴tʂʰou⁵⁵]非常臭

例:这饭放喽几天,~地啦,不能吃啦。

喷香喷香[pʰiẽ⁵⁵ɕiɔ³²⁴pʰiẽ⁵⁵ɕiɔ³²⁴]非常香

例:甚花儿~地咧?

(3) AA 儿式

这种格式在"'儿'缀的构形作用"中已经分析过,此处不赘述。

(4) A 里 AB 式

这种格式中 AB 是一个形容词,重叠式口语色彩浓重,表达不喜欢、厌恶的感情色彩,句子中需后附"地"。例如:

邋里邋遢[laʔ²²lɿ²²laʔ³¹tʰaʔ²²]邋遢

例:人活得~地喽,做甚也不精干。

暮里暮糊[mᵊʋ⁵⁵lɿ⁰mᵊʋ⁵⁵fʋ²²]糊涂

例:你一天起来~地,要下脑子做甚咧?

小里小气[ɕiɯ³¹²lɿ⁰ɕiɯ³¹tsʰɿ⁵⁵]小气

例:那个人~地,谁也不爱和他交。

(5) AXBB 式

这一格式的分析见"圪嵌词"和"卜嵌词"的讨论。不再赘述。

（6）不AA（儿）式

这一格式中的"不"是带实义的，表否定，A均为表积极意义的性质形容词，"不AA（儿）"表示"不是那么A"，能用在这一格式的AA不多，仅有以下几例，如：

不大大[pəʔ²²tuɨ⁵⁵tuɨ³¹²]

例：我丢喽的那个儿狗儿长得~，可切踏˭可爱咧。

不高高儿[pəʔ²²kuɨ³²⁴kər⁰]

例：你还记得那家咧？那阵儿长得~，黑卜塌塌地。

不深深[pəʔ²²ʂəŋ³²⁴ʂəŋ⁰]

例：文湖里的水~，就到胳倾窝儿˭膝盖。

不远远儿[pəʔ²²y³¹yər³²⁴]

例：这儿离神头~，一会儿就到啦。

（四）重叠式量词和量词的重叠式

1. 重叠式量词

量词与名词具有相似性，汾阳方言重叠式量词的语义特征和构词形式也与名词类似。一般没有重叠式的动量词，只有重叠式名量词和借用量词。名量词和借用量词在来源上都与名词有关系，形式有AA式和XAA式。

（1）AA式

这种格式的名量词为专职量词。A是一个量词性语素，不是都可以单用，反之，不是所有的量词性语素都可以通过重叠成为名量词，这其中的规律不明显，具有约定俗成性。AA式大部分表达主观或客观上的量小或少，也有不表达小称义的。例如：

一捆捆（柴）　　一窟窟（水）　　一口口（人）

一沓沓（纸）　　一剂剂˭（面）　　一行行（字）

一溜溜（名字）　一出出（买卖）　一串串（钥匙）

一茬茬（孩儿们）一枝枝（醋溜儿沙棘）　一层层（塑料儿）

以上例子中"捆、窟、沓、剂、出"都不可单用。"一茬茬"表示"同龄的一帮子"，其重叠式与小称无关，其他例子都与小称有关。

借用量词多借自名词，表示计量的容器或事物较小，或所形容的事物量小，例如：

第一章 构词法

一樽樽（酒）　　一瓶瓶（醋）　　一勺勺（油）
一罐罐（咸菜）　一碟碟（瓜子）　一盘盘（花生）
一对对（红蜡）　一包包（甜甜）　一袋袋（红薯）

以上例子皆表小称，例如"一袋袋红薯"中"袋袋"表示小袋子，"一袋子红薯"中"袋子"表示大袋子。不是所有的重叠式借用量词都有相应的非重叠式，如"一罐罐咸菜"，不可说"一罐咸菜"，只能用表大称的"一罐子咸菜"，而"一樽樽酒"和"一樽酒"，"樽樽"是很小的酒杯，"樽"是指一般的小酒杯，没有"一樽子酒"的说法，因为"樽"就不可能是大杯子。

（2）XAA 式

这种格式的 X 是一个词缀，无实义，包括"圪、卜"①，XAA 式有小称义，有的来源于 AA 式量词，如：

一卜溜溜（树儿）一卜摊摊（瓜子皮）一卜串串（珠珠）
一卜来来（葡萄）一圪枝枝（醋溜儿）一圪牙牙（饼儿）一小块儿月饼

以上例子除"卜来来"之外，"卜溜溜、卜摊摊、卜串串、圪枝枝、圪牙牙"都有相应的 AA 式，且还可以说"一卜溜、一卜摊、一卜串"。

有的来源于附加式名词，如：

一圪嘟嘟（剩饭）　　一圪丝丝（吃的）　　一圪捌捌(麻花儿)

以上例子 XAA 都借自附加式名词，本身表小称，非重叠式 XA 或"XA 儿"也是量词，如"一圪嘟、一圪丝儿、一圪捌"。

2. 量词的重叠式

量词的重叠式用法有 AA 儿代式、"一 A 一 A""一 AA 一 AA"式等，表示"每一"或"逐一""连续不断"等语法意义。

（1）AA 儿式

A 是一个时间名词或量词，重叠加儿化音以后，增加了"每一"的语法意义，例如：

天天儿　　年年儿　　月月儿　　夜儿夜儿 每天
人人儿　　事事儿　　家家儿　　门儿门儿 每门功课

---

① 晋语一些地区 XAA 式的词缀还有"忽"，汾阳方言中还未见到。

时间名词重叠式，有"每天、每年、每月、每日"的意思。一些量词重叠式表示"每个人、每件事、每家每户、每门（功课）"。个别量词需儿化后重叠，如"夜儿夜儿、门儿门儿"。但不是所有的量词都可以用此重叠式，仅限于上述例子。

（2）一 A 一 A、一 AA 一 AA 式

这些格式表达的是"逐一""连续不断"的语法意义，不用在名词前，一般用作修饰语，如：

你们一个一个都懒得甚也不想做。

你把那些点心一盒盒一盒盒都揲到[tieʔ⁰]墙墙圪劳劳墙壁的角落里吧。

我才把黑ˉ里里面的恶心东西一圪丝儿一圪丝儿都抠出来。

以前这行儿甚也没啦，这一阵儿盖得一圪溜一圪溜，都是房儿。大多数的量词都可以置于"一 A 一 A"的格式中，这里的 A 不局限于单音节量词，可以是各种格式的量词。

（五）重叠式拟声词和拟声词的重叠式

1. 重叠式拟声词

拟声词是模拟人或自然界各种声音的词，基本没有本字，所以以下例词中多用同音字代替。重叠式拟声词主要有 XAA 式，其中 X 是词缀，包括"圪、忽、卜"，AA 是重叠的词根，调值一般都为 22，有的 XA 本身就是一个拟声词。这里的 XA 有的是分音词，有的是附加式合成词。如：

圪嘣嘣[kəʔ³¹pəŋ²²pəŋ²²]咬脆食物的声音

圪噌噌[kəʔ³¹tsʰəŋ²²tsʰəŋ²²]清脆的声音

圪铿铿[kəʔ³¹tsəŋ²²tsəŋ²²]金属被敲击的声音

卜嚓嚓[pəʔ³¹tsʰaʔ²²tsʰaʔ²²]脚踩水的声音

卜棱棱[pəʔ³¹ləŋ²²ləŋ²²]拨浪鼓敲击的声音

卜嗵嗵[pəʔ³¹tʰuŋ²²tʰuŋ²²]物体掉落水中的声音

卜铃铃[pəʔ³¹liẽ²²liẽ²²]铃铛响声

忽沓沓[xuəʔ³¹tʰaʔ²²tʰaʔ²²]物品被摇晃发出的声音

忽隆隆[xuəʔ³¹luŋ²²luŋ²²]雷声

忽呲呲[xuəʔ³¹tsʰɿ²²tsʰɿ²²]鞋底摩擦地面的声音

XAA 式表示某种声音有持续,而 XA 只表示响一声。也有的 XAA 式与 XA 式无关,如"忽呲"表示某物突然出现或人突然发出一个动作的声音,"忽呲呲"表示走路时不抬脚,拖鞋走发出的声音,也是连续的声音。这种格式的拟声词一般用于句中作补语或状语,一般也需要在其后加"地"。如:

我爷爷的牙口还行喽,咬豆豆还咬得圪嘣嘣地咧。

你不能好好走路?老是听见忽呲呲地拖着[tieʔ⁰]走咧。

2. 拟声词的重叠式

很多的拟声词都可以重叠使用,表达不同的语法意义。主要形式有两叠式和六叠式,其主要区别在于重叠少的表示声音舒缓而连续,重叠多的表示声音短促而持续。分类说明。

(1) 两叠式,指已有拟声词使用时重叠两次,表示声音舒缓、连续,有的单音节拟声词会儿化后再重叠,调值为 22,XA 和 XAA 格式的重叠,A 也都读 22 调(入声也都舒化,读为 22 调),句中使用时一般要加"地",作补语或状语。如:

咳儿咳儿[kʰer²² kʰer²²]好几次的咳嗽声

例:夜来黑间就听见孩儿~地咳嗽啦。

丝儿丝儿[sər²² sər²²]被辣到而嘴里发出的声音

例:<u>一个辣角角</u>就把我辣得~地。

咕咕[kᵊʊ²² kᵊʊ³²⁴]捂嘴笑声

例:我是在这儿忙,<u>那家俩</u>是在那儿~地笑。

忽沓忽沓 物品被摇得快散架的声音或拉风箱的声音

例:我听见我妈~地拉风箱咧。

圪嘣圪嘣 用牙咬碎硬物的声音

例:你~地吃甚咧?

卜棱卜棱 拨浪鼓或硬物被敲的声音

例:你看孩儿自家~地耍卜榔榔 拨浪鼓咧。

忽隆隆忽隆隆 打雷或其他巨大声音

例:今儿老听见山那厢 那边~地,不知道怎啦。

(2) 六叠式。已有单音节拟声词重叠六次,表示声音持续时间较长、频率高,各词之间停顿较短,一二四五字的调值为 22,三六字调值为 55。

从说话人的态度看，对此声音表示反感。如：

  喳喳喳，喳喳喳_{七嘴八舌说话的声音}   喃喃喃，喃喃喃_{不停唠叨的声音}

  哼哼哼，哼哼哼_{生病不舒服或故意撒娇引人注意的声音}

拟声词来自对人或自然界声音的模拟，因此通过阳平的悠长与去声的短促来表示声音的急缓，这是语言象似性的表现。

三　重叠式名词、子尾名词、儿化名词的比较

  汾阳方言中，儿化名词数量最多，重叠名词次之，子尾名词最少。其中，很多重叠式名词、子尾名词、儿化名词都有共同的词根，这些"同根"词之间有联系，也有区别。从构成形式上看，有的词根可以构成这三种形式，有的词根只能构成其中两种形式。下面根据同一词根构成名词的形式来比较。

  （一）具备三种形式的同根词比较

  在汾阳方言中，不是所有的词根都同时具备三种构词形式，具有此特点的词根多为名词性语素，也有少数形容词性或动词性语素。三种形式之间的区别，有的只是表小表大的不同，有的具有区别词义的作用，即三种形式所指不同。据此，分为两类说明。

  1. 三种形式所指理性意义基本相同，附加义不同：重叠式表小指爱，子尾式表大，儿化式通常是一类事物的统称，有的需在特定语境中使用。如：

眼眼_{小眼儿}	眼子_{较大的眼儿}	眼儿_{小窟窿的统称}
房房_{小房子}	房子_{比"房房"大的房子}	房儿_{房子的统称}
板板_{小木板}	板子_{大木板}	板儿_{主要指材质为木头的事物}
盖盖_{小盖子}	盖子_{大盖子}	盖儿_{盖子的统称}
耙耙_{小耙子}	耙子_{大耙子}	耙儿_{耙子的统称}
凳凳_{小凳子}	凳子_{较大凳子}	（一人）凳儿_{只供一人坐的凳子}
面面_{粉末状物，心喜}	面子_{粉末状物，心厌}	（胡椒）面儿_{胡椒粉}
碟碟_{小碟子}	碟子_{大碟子}	（手）碟儿_{手掌大小的碟子}

重叠式多表小，表喜爱的意义在有些词语中表现比较明显，如"面面"和"面子"实质都是粉末状物，但前者表达喜爱或满意，后者表达厌恶或

不满。

2. 三种形式具有区别词义的作用，各有所指。

布布_{指碎布块布条之类}　　布子_{指揩抹打扫用的布子}　　布儿_{指布料}

本本_{指小本子}　　本子_{指写字用的大本子}　　本儿_{指做生意的资本}

门门_{指家具上的门，如柜门儿}　　门子_{较大的门，引申为渠道}　　门儿_{办法之类，如窍门儿}

刀刀_{指小刀，削铅笔刀}　　刀子_{指细长形的刀子，如剃头刀或匕首}　　刀儿_{指一般的菜刀}

对对_{指两个小的一样的}　　对子_{指对联}　　对儿_{指一对儿，两个}

锅锅_{指小锅}　　锅子_{指驼背的人}　　锅儿_{指一般做饭的锅}

桌桌_{指小桌子，如炕桌儿}　　桌子_{指一般的桌子，稍大}　　桌儿_{指用于供献的油炸面食}

车车_{指孩子的玩具车}　　车子_{指自行车}　　车儿_{指马车、驴车之类}

样样_{指式样，也说好样样，好模样的意思}　　样子_{指模板，如鞋样子}　　样儿_{指模样儿、好样儿之类}

老老_{一般对父亲朋友的统称，或只有一个叔叔时用}　　老子_{父亲}　　（二）老儿_{有亲缘关系的叔叔}

姑姑_{一般对父亲女性朋友的统称，或只有一个姑姑时用}　　姑子_{尼姑}　　（大）姑儿_{有亲缘关系的姑母}

圪芦芦_{葫芦}　　圪芦子_{指液体洒落衣物上留下的印记}　　圪芦儿_{西葫芦}

圪嘟＝嘟_{小骨朵或小拳头}　　圪嘟＝子_{拳头}　　圪嘟＝儿_{花骨朵}

总的来说，虽然三种形式所指事物不太相同，但重叠式还是表小指爱，子尾式所指事物比重叠式大，儿化式有的也表某种事物的统称。

（二）具备两种形式的同根词比较

汾阳方言中有些词根可以构成其中两种形式，据此分类说明。

1. 具备重叠式与子尾式的同根词，二者所指事物理性义基本相同，重叠式表小指爱，子尾式不表小。如：

钵钵_{指小的盛器}　　钵子_{指一般的杯类盛器}

瓶瓶_{指小瓶子}　　瓶子_{指一般的瓶子}

钉钉_{小钉子}　　钉子_{大钉子}

钩钩_{小钩子}　　钩子_{大钩子}

窗窗_{指小窗户}　　窗子_{泛指所有的窗户}

皮皮_{指小块的外皮}　　皮子_{蔬菜水果的外皮}

点点_{指小点点}　　点子_{指大的点}

豆豆_{指小豆子}　　豆子_{指大点的豆子}

管管_{指细小的管子}　　管子_{指粗大的管子}

勺勺_{小勺子}　　　　　勺子_{大勺子}
枝枝_{指小树枝}　　　　　枝子_{指大树枝}

需要注意的是，有些词根也能够分别构成重叠式和子尾式，但词义根本不同或无关，或因词根本身是同形异义的同音字，或是本义与引申义的区别。如：

单单_{指小纸条}　　　　　单子_{床单}
金金_{指锡箔纸}　　　　　金子_{指黄金}
包包_{指装物的小包}　　　　包子_{指包馅的蒸食}
斗斗_{小盒子}　　　　　斗子_{磨面时盛面的工具}

2. 具备子尾式与儿化式的同根词，这样的词较少，如：

锥子_{一般的锥子}　　　　锥儿_{专指纳鞋底所用的锥子}
席子_{指炕席}　　　　　席儿_{指酒席}

以上例子都没有重叠式，"锥子"和"锥儿"是统称与专指的关系。一般说"凉席儿"才指炕上铺的凉席，"席儿"专指酒席，"席子"指炕席，意思都不同。

3. 具备重叠式与儿化式的同根词，有的重叠式和儿化式理性意义相近，如：

墙墙_{墙壁，指的是墙的面}　　墙儿_{指整个一堵立体的墙}
壶壶_{小壶}　　　　　壶儿_{用于"酒壶儿、楼壶儿、茶壶儿"等}
丝丝_{指细小的丝儿}　　　丝儿_{并不一定是很细的丝儿}
仁仁_{指小的果仁}　　　　仁儿_{用于"五仁儿、花生仁儿"等}

以上例子中"墙墙"和"墙儿"之间不是小称义的区别，而是平面与立体的区别，其余三例的重叠式都有小称义，儿化式所指比重叠式大。

有的重叠式和儿化式词义并无关联，分别指称不同的人或事物。如：

黄黄_{蛋黄}　　　　　黄儿_{发糕}
钱钱_{压扁的黄豆片}　　　钱儿_{钱，货币}
大大_{排行老大的孩子}　　大儿_{伯母}
牛牛_{小虫子}　　　　　牛儿_{牲畜牛}
婆婆_{姥姥}　　　　　（老）婆儿_{太姥姥}

以上例子中"婆婆"和"老婆儿"的"婆"读不送气声母，指婆母和老婆时"婆"读送气声母。

（三）小结

三种构成形式具有同样的词根语素，在表义、使用环境等方面不同：从语义来看，重叠式多表小指爱，子尾式稍大，儿化式显示中性特征。但并非所有的词都遵循此规律。从使用的语境看，儿童语言中多用重叠式，成人语言中多用儿化式。

第二章　词类（上）

本章内容主要涉及一些封闭性词类，汾阳方言中的开放性词类，如名词、动词、形容词、拟声词等词类的语法意义和语法特征与普通话相类，这里不讨论。汾阳方言封闭性词类包括代词、副词、介词、连词、助词。我们在第二章讨论代词和副词两类实词，在第三章讨论介词、连词和助词三类虚词。

第一节　代词

一　人称代词

汾阳方言的人称代词分三身代词和非三身代词。三身代词表现比较丰富，非三身代词用途也较多，我们分开讨论。其中各种人称代词的语法意义和语法功能已经在笔者的《汾阳方言研究》中作过介绍，本书不再赘述。

（一）第一二人称代词

表2-1　汾阳方言人称代词

		主宾语位置		领属位置
		单数	复数	
第一人称	常用	我ŋi³¹²/ȵi³¹²	我们ŋʔə²²məŋ³²⁴	普通名词前：我的/俺ŋəŋ³¹² 们家儿的/我们的/咱们的（书、表）、们的（书）
		咱 tsʰa²²/tsa²²	咱们 tsʰa²²məŋ²²/tsa²²məŋ²²	亲属称谓前：俺ŋəŋ³¹²（爸/爹、妈） 普通称谓前：俺ŋəŋ³¹²/我们家儿/咱们家儿（孩儿、大人）、我们（老师、同学、头儿）
	其他	咱们家儿tsʰa²²miar²²/tsa²²miar²² 我们家儿ŋʔə²²miar²² 们məŋ³¹²		处所前：俺ŋəŋ³¹²（村里、家）、咱（村里、家）、我们/俺ŋəŋ³¹²家（单位、居舍、院里）
第二人称	常用	你n̩³¹²	你们 ȵi³¹²məŋ⁰/n̩³¹²məŋ⁰	普通名词前：你的/□ŋer³¹²（们）的/你们的（书、表）
		□ŋer³¹²	□们ŋer³¹²məŋ⁰	亲属称谓前：你ȵi³¹²（爸/爹、妈） 普通称谓前：你ȵi³¹²/你们家儿（孩儿、大人）、你们（老师、同学、头儿）
	其他	你们家儿ȵi³¹miar²²		处所前：你ȵi³¹²（村里、家）、你们/你ȵi³¹²家（村里、单位、居舍）

1."我""俺"和"们"

宋秀令曾详细列出汾阳方言的第一人称单数有10种形式与用法，11种读音[①]。现在看来，这些形式并非全部是纯粹的第一人称单数，它们之间的差异和用途还需再加以甄别，有的是地域差别，有的是年龄差别，有的是语境差别。

（1）"我"和"俺"

据我们调查，汾阳方言最常用的第一人称单数形式是"我"，处于主宾语位置和普通名词前作定语，有两读[ŋi³¹²]和[ȵi³¹²]，二者属于本地内部差别，城关话和西南乡话多说[ŋi³¹²]，东乡话多说[ȵi³¹²][②]。"我"用于

[①] 宋秀令：《汾阳方言的人称代词》，《语文研究》1992年第1期。
[②] 总体来说，整个汾阳目前说[ȵi³¹²]的较少，说[ŋi³¹²]的较普遍，也可能是城区方言强势覆盖。

普通名词前作定语需要加结构助词"的",如"我的书、我的车子",也可以组成的字短语直接作论元,如"我的不在啦""那家把我的弄坏啦"。"俺[ŋəŋ³¹²]"用于亲属称谓前、与自身相关的家乡、家族名词前,如"俺爹、俺爷爷、俺孩儿、俺村里、俺家①",是一个领格形式,不需要在名词前加定语标记。

这种区分领格与非领格的情况在晋语中并不少见,据史秀菊研究②,山西晋语区与官话区人称代词存在专职的领属格是普遍现象,并指出汾阳方言第一人称领格形式[ŋəŋ³¹²]是"我们"的合音,平遥话领格形式[ŋɑ⁵³]是"我家"的合音,盂县话领格形式[ŋə̃⁴¹²]也是"我们"的合音,从各方言的实际读音来看不无道理。更重要的是,汾阳方言的这种情况可能是一种存古现象:

吕叔湘(1985)、冯春田(2000)都曾指出,"俺"作代词的情况在宋代形成,"我"作非领格,"俺"作领格,这种格局多在金元时代文献中。这一格局与汾阳方言的情况正对应。并且吕先生认为"俺"来自"我们"的合音,虽然太田辰夫(1987)曾认为"略有疑问",但目前还没有更好的解释。吕先生也进一步解释,"俺"《广韵》"于验切",古音应读[ʔǐɛm];"我"《广韵》"五可切",古音应是[ŋɑ],二者声韵母都不同。宋元时代,"我"脱落声母,而元音没有合口化。"俺"字可与"我"[a]加[-m]尾相当。到了元、明之际,受咸、深摄收[-m]尾的字大量转入山、臻摄收[-n]尾的影响,"俺"也变成了[an],北京话中把"俺"跟"您"废除,恢复使用"我们""你们"③。从"我们"合音为"俺",再恢复使用"我们",这一过程中,很多北方方言并没有像北京话那样废除"俺",而是继续沿用了元代的传统,仍表现为领格"俺"非领格"我",如:

---

① "俺家"此处是实指"我们家里"的意思,宋秀令(1992)指出"俺家"也被女孩或小孩用于第一人称,笔者调查之后发现"俺家"除了指实义,作为代词只出现在定语位置,用复数代单数,不能作主宾语,虚化程度还不高,不能算是一个完全意义上的代词,应算作准代词。
② 史秀菊:《山西方言人称代词复数的表现形式》,《方言》2010年第4期。
③ 吕叔湘:《近代汉语指代词》,学林出版社1985年版,第85页。

这里我也赶忙追进城去找俺爸爸想法子去。(老残游记 4.14)①

汾阳方言的情况也是领格"俺"非领格"我",并且也有"我们"用于领属语位置的情况,如"我们老师、我们单位、我们居舍",但不说"俺老师、俺单位、俺居舍"。这样来看,汾阳方言中"俺"和"我们"作领格时的互补分布与普通话用法一致,如史秀菊所说:"用单数形式直接修饰亲缘关系称谓,用复数形式直接修饰社会关系称谓和所有处所名词,单复数作定语都不用结构助'的'。"②只不过普通话用的是"我"和"我们"。当然,"俺"在这里并不一定表示单数,只是采用了单数形式,"我们"在这里也不一定表示复数,只是采用了复数形式。

由此分析,汾阳方言中的"俺[ŋəŋ³¹²]"也是来自"我们"的合音,与今天汾阳方言表复数的"我们[ŋəʔ²² məŋ³²⁴]"读音有不同,可能是到元明时代,"俺"只用于"亲属称谓和自身相关的故乡、家族前"这一范围,"我们"又回到一般领格位置,并占领大量地盘,前字"我"的读音发生促化,但二者互不干涉,各有分工。如今的"俺"是沿用了元代的领格用法,"我们"用于一般领格位置是后起的用法。所以第一人称复数形式经历了这样的演变:我们＞俺＞我们。

(2)"们"

汾阳方言中"们"一般为年轻女性或小女孩使用,带有撒娇的意味,读为[məŋ³¹²],相当于第一人称单数"我",常用于主宾语位置,可与"我"自由替换,在定语位置使用较少,不用于亲属称谓或与家族相关的名词前,只用于一般名词前,如"们的书",意为"我的书";或用于区别归属人时,如"这是们的",意为"这是我的"。

范慧琴描写定襄话的"们"没有太多语用限制,源于"我们"省略"我"③。这种情况也见于临县方言第一人称"弭"由"我弭"省略"我"而来。那么汾阳方言的"们"应该也是由"我们"省略"我"而来,保留了"我"的声调,或者说是受第一第二人称单数声调系统的影响而读上声,

---

① 例句转引自吕叔湘《近代汉语指代词》,学林出版社 1985 年版,第 86 页。
② 史秀菊:《山西晋语区与官话区人称代词之比较》,《晋中学院学报》2010年第 4 期。
③ 范慧琴:《定襄方言语法研究》,语文出版社 2007 年版,第 61—63 页。

且"们"语用限制很严格，远不及"我"。

2."咱"

（1）"咱"的用法

汾阳方言除了"我/我们"，主宾语位置上还可以用包括式"咱/咱们"，"咱"字两读[tsa²²]和[tsʰa²²]，老人们多说[tsʰa²²]，年轻人多说[tsa²²]，但也并非很严格地区分人群，语义完全一致，可以自由替换。"咱"用于主宾语和定语位置，基本用法应该是表复数，表示第一人称单数"我"应是扩展出来的用法，如：

（1）你去吧，咱不想去啦。

（2）咱和人家说喽多儿回啦，人家不来理咱呀。（我和人家说了很多次了，人家不搭理我呀。）

（3）你妈早把钱儿给喽咱啦，你不用管啦。

（4）咱校里今年招的学生可不少咧哈。

（5）咱不和那些小人计较，咱大人大量。

例（1）（2）（3）中的"咱"表示单数"我"，例（4）（5）表复数"我们"。例（2）整个句子带有不满的情绪，宋秀令认为"咱"本身就带有不满情绪的语气[①]，但是其他例句中并没有此现象，所以可以认为是句式的作用而不仅仅是"咱"的作用。甚至像例（4）这样的句子还带有一种自豪的语气，应该也不仅仅是"咱"的作用。例（5）是劝慰别人的说法，用"咱"显得关系非常亲近，也非不满情绪。

"咱"还可以表示泛指，如：

（6）各人有各人的想法，咱把咱的事做好就行啦。

（7）人家吃肉，咱喝汤，命就这个命。

此外，汾阳方言中也可以说"咱俩"，意即"你和我"，如"咱俩都是属蛇的。""咱们"的基本用法是包括式的复数形式，但在一些语境中它表示了单数，如有人要欺负说话者，说话者就这样回击："咱们可不是好惹的，不喽你试试。"说者用"咱们"并非有好几个人在帮他，其实只有他自己，这里表单数不是它本身意义决定的，而是语用上的临时意义。

[①] 宋秀令：《汾阳方言的人称代词》，《语文研究》1992年第1期。

汾阳方言也说"咱家",但表示的是实义,包括说话人在内的一家人,如:

(8)咱家的车挡喽人家的路儿啦。

(9)咱家的人都是<u>那个</u>犟脾气。

(10)咱家<u>没啦那个</u>样儿的耙儿。

我们目前尚未发现"咱家"虚化为第一人称代词作主宾语的情况,即使像例(8)中的"咱家"也是有"咱们家里"这样的实义,且没有宋秀令(1992)文中提到的傲慢语气。

可见"咱"和"咱们"的原本用法都是第一人称复数包括式,只不过在长期的使用中,"咱"的复数用法渐渐消磨,又加上"咱们"带明显的复数标记"们","咱"的复数意义渐渐让位于"咱们",而"咱"生发出表示单数"我"的意义,如今虽然"咱"并未完全消磨掉复数意义,但已形成"咱—咱们"这一对单复数形式。

(2)关于"咱"的几个问题

首先,关于"咱"的来源。吕叔湘提出过"咱"是"自家"的合音①,一般也都认可这个观点。吕先生提出"自家"有三个意义:一是跟"别人"相对,跟"自己"同义,常用在"你""我"等字后面作同位语;二是等于"我自家",与"他"相对,其实就是第一人称"我",这个意义现代已不用;三是"自家"可以有泛指的作用,和"你我"的意思。这三个意义与"咱"都相合,语音上"自家"合音为"咱[tsa]"也讲得通。

对照这三点,我们看汾阳方言里的表现。汾阳方言的"咱"没有第一义,但汾阳方言有一个反身代词"自家"表示自己,与吕先生所说"自家"第一义相同。"自家"可以独立使用,也可以前加"我、你、他"表示三种人称的反身代词,还可以说"独自家",也可表示泛指,如:

(11)孩儿会自家洗涮_{洗漱}?——洗不喽也叫他自家瞎洗去[tieʔ⁰]吧。

(12)自家的事情自家做。

其余"咱"表单数"我",如前例(1)(2)(3),第三义泛指,如前例(6)(7)。表示"你我"汾阳方言用"咱俩"。由此可见,汾阳方言的"自家"

---

① 吕叔湘:《近代汉语指代词》,学林出版社1985年版,第97—101页。

继承了近代汉语"自家"的第一义，其余两义由"咱"系的词来承担。范慧琴提出定襄方言的"咱"是"咱们"的合音①，这大概是因为定襄话中没有"咱们"一词。但是汾阳方言中有"咱们"一词，所以我们可以认定汾阳方言的"咱"也是来源于"自家"合音，不过也保留了"自家"一词。

其次，关于"咱"的读音。汾阳方言的"咱"可以读送气音与语音系统演变规律不是很相符。其实"咱"读送气音的情况很多方言中都有，邢向东谈到山西方言西区的临县、离石、岚县，南区的闻喜、吉县、万荣、运城、永济的"咱"都读送气音②。我们看到乔全生、王晓燕记录中阳方言的"咱"也读送气音③。但邢先生指出这些地区有共同点，都是古全浊声母今仄声送气的方言。汾阳方言是古全浊声母今平声送气、仄声不送气的。"自家"的"自"是从母仄声，属于全浊声母，汾阳方言读不送气音，"自家"合音为[tsa]是可以解释的，但声调变成了阳平，怎么解释呢？我们认为，汾阳方言"自家"的合音最初还是读[tsʰa²²]，后来才变成不送气声母，大概是受普通话的影响。从汾阳方言古全浊声母字的演变规律来看，大多数都是符合"今平声送气、仄声不送气"的规律，只有少数例外字，如"佩瀑仆沓突"等，"咱"也有可能是例外。还有一点，年老的人多读送气音，年轻人多读不送气音，大概也是因不送气音较晚近，受普通话影响较多。

此外，关于"我咱""你咱"。这个问题的讨论大致有两种观点：一是认为相当于"我自家""你自家"，持此观点的如吕叔湘（1985）、乔全生（1986、2003）、宋秀令（1992）；二是认为相当于"我给咱、你给咱"的省略，持此观点的是邢向东（2000）、范慧琴（2007）。我们认为不同方言中即使是同一个词也可能并非完全同源，"我咱""你咱"在近代汉语中有相当于"我""你"的用法，并保留在很多方言中，但在有些方言中放弃了"我咱""你咱"，有的生发出别的用法，这也是有可能的。汾阳方言中的情况是城关话一般不说"我咱""你咱"，靠近离石、中阳的西乡方言有这种说法，如：

---

① 范慧琴：《定襄方言语法研究》，语文出版社 2007 年版，第 63—64 页。
② 邢向东：《神木方言研究》，中华书局 2002 年版，第 556 页。
③ 乔全生、王晓燕：《中阳方言的人称代词》，《山西大学学报》2003 年第 1 期。

（13）我咱买菜嘿⁼。（=来咱买菜嘿⁼/来我买菜嘿⁼。）

这样的情况用于商请句中，城关话与之相对应的说法是括号中的句子。城关话还有"我给咱、你给咱"的说法，可以省略"给咱"，如：

（14）来我给咱做饭嘿⁼。（=来我做饭嘿⁼/来咱做饭嘿⁼。）

（15）你给咱拣角角来吧。（=你拣角角来吧。）

与括号中的句子相比，没有了"给咱"，也可以成立，尽管也是商请语气，但给人感觉不太亲切。这里的"给咱"意义其实已经很虚了，常常表示一种亲近的意思，虽然不表示"给我做某事"的意思，但它应该是从表实义的"给咱们"而来，它不像"我给你……""你给我……"这样的句子表示给别人做某事这类的实义，而是一种虚化的语气意义。与历史上的"我咱""你咱"并不是一回事。范慧琴提到定襄方言也是如此，并进一步指出"各地方言有所差异，邢所说的情况比较明显，实义成分较多，乔所说的情况'咱'的意义有些模糊，似乎已经虚化了。这并不奇怪，各地方言发展有快有慢是正常的，它们可能属于不同的层次。这个过程应该是'给'的弱化消失，然后'咱'虚化，带上某种语气意义"[①]。另外，如果"我咱"是"我自家"义，就应该能用于各种句类，但事实上"我咱"一般只用于商请。所以我们认为邢向东的意见是有道理的。

3. "我们家儿""咱们家儿"和"你们家儿"

汾阳方言中有一系列带"们家儿"的代词，如"我们家儿[ŋəʔ²²miar²²]""咱们家儿[tsʰa²²miar²²]/[tsa²²miar²²]""你们家儿[n̩³¹²miar²²]""□们家儿[ŋer³¹²miar²²]""人家们家儿[ər²²la⁰miar²²]"，"们家儿"的语义大致相当于"们"，是一个复数后缀，扩展用法也可表单数，但是它与"们"又不同，具体每个词的用法下面我们逐一说明。

（1）语义和用法

"我们家儿"，也有说"俺们家儿[ŋən³¹²miar²²]"的，相当于说"我们"，但实际句子中经常用作单数第一人称，使用人群一般都是女孩或年轻媳妇儿，带有撒娇的意味，带有点不满、自谦等语气，可作主宾、定语。如：

（16）我们家儿不会么，你们笑甚咧 我不会做，你们笑什么呢？

[①] 范慧琴：《定襄方言语法研究》，语文出版社2007年版，第70—72页。

（17）你把<u>我们家儿</u>说成甚啦咧你把我说成啥了？

（18）你们坐着[tieʔº]吧，<u>我们家儿</u>喽要赶紧回嘿咧你们坐着吧，我呢，得赶紧回去了。

（19）<u>我们家儿</u>的车子还在外头咧，麻烦你给<u>我们家儿</u>推回来吧我自行车还在外头呢，麻烦你给我推回来吧！

"咱们家儿"相当于说"我"或"咱们"，一般也是年轻女性使用，带有不满、自谦、不好意思等语气，可作主宾、定语。如：

（20）你们串去[tieʔº]吧，<u>咱们家儿</u>还得洗涮咧你们逛去吧，我还得洗衣服呢。

（21）你甚会儿去单位行喽，给<u>咱们家儿</u>把包包捎回来吧你什么时候去单位上的话，给我把包包捎回来吧。

（22）下将来啦，<u>咱们家儿</u>的车子还在外头跺着[tieʔº]咧下雨了，我的自行车还在外头放着呢。

（23）<u>咱们家儿</u>孩儿们不能和人家好学生比我家孩子们不能和人家好学生比。

"你们家儿"相当于说"你（们）/你家"，这个词使用人群不再限于女性，但女性用于娇嗔口气，男性则用于詈语中，或与"俺们家儿"对举时使用，对举时带有羡慕、不满、嫉妒等语气，可作主宾、定语。如：

（24）<u>你们家儿</u>呀咧，结婚也不告我们你呀，结婚也不告诉我们？

（25）我们正要给<u>你们家儿</u>送过东西去[tieʔº]咧，<u>你们家儿</u>倒过来啦我们正准备给你送东西过去呢，你已经过来了。

（26）<u>你们家儿</u>大人怎生你来咧你家大人怎么生你来着？（骂人时用）

（27）人家<u>你们家儿</u>孩儿们可听说咧，<u>俺们家儿</u>的匪得死咧人家你家孩儿们可听话呢，我家的调皮得要命。

"□ŋer³¹²们家儿"相当于说"你"，一般是年轻女性使用，用于主语位置，也带有撒娇、亲切的语气，如：

（28）<u>□们家儿</u>呀咧，说的故子甚咧你呀，说的些啥呀？

（29）<u>□们家儿</u>可失笑儿咧，咱们这来惯啦还客气甚咧你可真逗，咱们这么熟悉了还客气啥呢？

"人家们家儿"相当于说"人家们"或"别人们"，不限于女性使用，也常用于对举中，带有对别人的羡慕语气，如：

（30）<u>人家们家儿</u>就都能考好，你怎么才考下这圪丝儿分咧人家们就都能考好，你怎么才考了这么点分数呢？

（31）去喽人家<u>们家儿</u>规矩<u>些儿</u>哈，不用给人家杂沓下一居舍 _{去了别人加规矩点儿，不要给人家折腾下一屋子}。

从以上描写中，我们可以看到带"们家儿"后缀的词有共同点，除了"你们家儿、人家们家儿"外，其余多为女性使用，带有各种感情色彩，可以说是有标记的人称代词。"们家儿"的复数意义多数被消磨掉了，多用于单数，"你们家儿、人家们家儿"中的"们家儿"还带有些"家"的实义。此外，汾阳方言中还有第三人称"那家们家儿[ȵia^{324}miar^{22}]"表示"他们"，疑问代词"谁家们家儿[ɕya^{22}miar^{22}]"或"谁家们家儿[ʂuei^{22}ia^{22}miar^{22}]"的说法，表示"哪些人家"的意思。

（2）关于"们家儿"

"们家儿[miar^{22}]"在汾阳方言中作为一个复数后缀存在，但多数情况下，复数意义已经被消磨掉了。我们认为[miar^{22}]这一读音来自"们家[mən^{22}tɕia^{324}]"的合音。"们"是较早层次的复数词缀，"家"由表实义的"家庭、家族"等意义虚化而来，叠加在汾阳方言里又加了儿化，"们家"声韵相合变成了[miar^{22}]，声调取"们"的阳平调。这样判断的理由如下：

第一，汾阳方言人称代词复数形式为"们"，如"我们、你们、那家们、人家们"。而周边方言中，汾阳以西的临县、离石、兴县、中阳方言中有使用"弭"的情况，再往西的陕北晋语少数方言有用"弭"作复数词尾的，大多是用"每"，而汾阳以东、以南的地方都没有发现使用"弭"的情况，大致上"弭"类词语从东到西的分布是：们—弭—每。"弭、们、每"等都是同质的，只是不同时代、不同方言的读音有所不同：吕叔湘记录唐代文献就有"弭、伟"当作"们"用的情况[1]，"们"始见于宋代文献，元代文献多用的是"每"；冯春田指出复数词尾"们"早期写作"弭""伟"，实际上是各地方言的不同读音[2]；李小平专门论述了临县方言中的亲属领格代词"弭"是具有复数性的[3]，实际也用于"我弭"

---

[1] 吕叔湘：《近代汉语指代词》，学林出版社1985年版，第54页。
[2] 冯春田：《近代汉语语法研究》，山东教育出版社2000年版，第60页。
[3] 李小平：《山西临县方言亲属领格代词"弭"的复数性》，《中国语文》1999年第4期。

格式中,表示"我们"。也就是说汾阳方言的"们"对应西区方言的"弭",但也不能十分肯定汾阳方言[miar^{22}]里的声母[m]就一定来源于"们"而非"弭"。我们认为来源于"们"的主要原因是汾阳方言的复数词尾是"们",这样体系性更强,当然,不能排除汾阳方言曾经也用过"弭"作复数词尾。

第二,临县、离石、兴县、中阳、孝义、文水方言中有"X 弭/们家"的情况,对应汾阳方言的"X[miar^{22}]",通过下表[①]可见:

表 2-2 汾阳周边方言各人称"弭/们家"类词读音

	第一人称	第二人称	第三人称	其他代词
汾阳	我们家儿ŋə^{22}miar^{22} 咱们家儿tsʰa^{22}miar^{22}	你们家儿n̩^{312}miar^{22} □们家儿 ŋer^{312}miar^{22}	那家们家儿 n.ia^{324}miar^{22}	人家们家儿ər^{22}la^{0}miar^{22} 谁家们家儿ɕya^{22}miar^{22} 谁家们家儿ʂuei^{22}ia^{22}miar^{22}
中阳	□们家mie^{24}mi^{1}tɕiA^{0} 咱们家tsʰA^{55}mi^{1}tɕiA^{0}	□们家 niA^{24}mi^{1}tɕiA^{0}	兀家们 uəʔ^{24}tɕiA^{24}mi^{1}	人家们家ə̃^{55}tɕiA$^{24-0}$mi^{1}tɕiA^{0}
离石	咱们家 tsʰɛ^{44}m̩^{44}tɕia^{24}	□们家 niɛ^{44}m̩^{44}tɕia^{24}/ia^{24}	兀家们 uəʔ^{24}tɕia^{24}m̩^{44}	人家们家aŋ^{44}iŋ^{44}m̩^{44}tɕia^{24}
兴县	弭弭家mi^{324}miA^{0}	你家弭家 niɛ^{324}miA^{0}		
临县	咱弭家tsʰA^{44}mi^{1}tɕiəʔ^{0}	你弭家 niA^{312}mi^{1}tɕiəʔ^{0}		
孝义	俺们家儿ŋa^{31}miar^{53} 咱们家儿tsa^{11}miar^{53}	你们家儿 n.ie^{11}miar^{53}	他们家儿 tʰa^{11}miar^{53} 兀家们家儿 uəʔ^{2}ia^{11}miar^{53}	人家们家儿ra^{11}miar^{53}
文水	我们家ŋəʔ^{22}mə^{0}tɕia^{0}	你们家 nie^{21}mə^{0}tɕia^{0}		

从表中可以看出,汾阳方言的[miar^{22}]大致对应这些方言中的"弭/们家",

[①] 表中所列读音中阳方言引自乔全生、王晓燕(2013)记载,离石方言引自杨萌(2012),兴县方言引自史秀菊、双建萍、张丽(2014),临县方言引自李小平(1999),其余方言来自笔者调查。表中空格处是未有记载。中阳和离石方言虽然原文作者都写作"们",但标注都是"弭"的读音,可视为"弭""们"同质。

尤其是并州片的孝义话，几乎与汾阳方言是一一对应的关系，而且这些方言中的"X 弭/们家"的词都带有特别的感情色彩，都是有标记的，用法也与汾阳方言是相对应的。从中阳、离石、临县的"弭/们家"[m̩^{44}tɕiA^{24}]——兴县的"弭家"[miA^0]——汾阳、孝义的[miar^{22}]，应该是同一路径的发展。尤其是紧邻汾阳的文水，属于并州片，不用"弭家"，直接用"们家"。以"们"作复数词尾的方言用的是"们家"，以"弭"作复数词尾的方言用"弭家"。因此，我们可以推测，汾阳方言的[miar^{22}]应该是"们[mən]+家[tɕia]"合音为[mia]后，再儿化，声调应是取了"们"的阳平调，其他方言中"弭/们"皆读阳平，这样最终合并为[miar^{22}]，应写为"们家儿"。范慧琴认为，临县方言中的"咱弭家"中"弭"是较早的层次，"家"是新的层次[①]。我们认为"家"与复数意义无关，而是从其本义虚化而来的用法，类似于"老人家""姑娘家"这类，在吕梁片方言中进一步虚化为没有实义的词缀，这一点从汾阳方言个别"X 们家儿"词仍带有些"家"的实义可以看出。

山西方言人称代词复数词尾非常复杂，汾阳方言的这些词应该为此作了很好的注解。汾阳方言带"们家儿"的这类词，各人称对应整齐，用法相近，都是有标记形式，应是"（人称代词+们）+家"重新分析为"人称代词+（们+家）"，并非复数词缀"们"与复数词缀"家"的叠加。

4. "你"和"□ŋer^{312}"

（1）"你"

汾阳方言第二人称单数分非领格和领格形式，在非领格和一般领格位置读[n̩^{312}]，在亲属称谓或与自身相关的家乡、家族名词前读[ȵi^{312}]。在句尾或独立成句时后面有一个尾音，读为[n̩^{312}nə^0]，这一点与并州片文水、孝义、介休、灵石等方言一致，应该是结句时的表现，没有其他意义。需注意的是，领格位置的[ȵi^{312}]，从前文所述来看，"俺"与[ȵi^{312}]位置一致，如果"俺"是"我们"的合音，类推的话，[ȵi^{312}]应该是"你们"的合音。

范慧琴在讨论定襄话里的第二人称复数（包括亲属称谓前的代词）[nie^{214}]时，认为它的来源是"你们"在近代汉语中的合音"您"[②]。她指出临汾话和洪洞话里类似读音是来自"你家"，不适用于定襄话这样以"们"为复

[①] 范慧琴：《定襄方言语法研究》，语文出版社 2007 年版，第 68 页。
[②] 同上书，第 64—69 页。

数词尾的方言。她考察宋元时代文献认为近代汉语中复数人称代词的演变过程为：我们＞俺＞我们、你们＞您＞你们、咱们＞偺＞偺们（咱们）。定襄话没有发生最后一环的变化，仍保留了宋元时代的特色，即"我们"合音为"们"，"咱们"合音为"偺"，"你们"合音为"您"。并且根据"您"在清代后期资料里读"泥耕切"，推测"您"的读音是[niŋ]或[nəŋ]，根据山西方言阳声韵的演变特点，此音白读为[nie^{214}]，声调与第一人称相类。这样的情况同样存在于忻州、五台、临县、清徐等复数词尾为"们"或"弭"的方言，第二人称复数不妨认为是"你们"的合音"您"。这种解释从定襄话的角度来看是完全吻合，对应整齐。但是汾阳方言也是复数词尾为"们"的方言，根据前一节所述，第一人称"我们＞俺＞我们"是没有问题的。第二人称的情况与范慧琴所说稍有不同，汾阳方言第二人称复数是"你们[ȵi^{312}məŋ^0]"，在亲属称谓领属位置上是[ȵi^{312}]。按照上述定襄话的对应规则，汾阳方言的"您"应该是阳声韵，读为[*nəŋ]，或者白读为[*ȵia]，如"硬、耕、棚"等字的韵母，但事实不是如此。

宋秀令曾指出汾阳方言的[ȵi^{312}]相当于金人诸宫调里的"您"①，用于领格，这与第一人称的"我""俺"相对应，"俺=我们"，类推"您=你们"，其读音应为[*nəŋ]，但汾阳方言好像没有遵守这个规则。史秀菊认为汾阳方言的[ȵi^{312}]是"你弭"的合音②，没有论证。"你弭"的合音，从音理上可以讲得通：你[ŋ]+弭[mi]=[ȵi]，声调仿第一人称。我们比较同意史秀菊老师的看法，也就是说，汾阳方言的第二人称复数和领格形式并不像第一人称那么对应整齐，复数词尾是"们"，但领格不是"你们"的合音，而是"你弭"的合音。前面说过，在[miar]是"弭家儿"还是"们家儿"的问题上，我们选择了后者。但没有充分的证据来排除"弭"，这个"弭"在作领格的"你弭"里出现了。从语义上讲"你弭"与"你们"是同义的，所以在汾阳方言这样的过渡方言里出现这种杂糅应该也是可以理解的，第一人称复数与并州片方言相类，第二人称曾经的复数与吕梁片方言相类。

而且，汾阳方言的"你们"有两读，一读[ŋ^{312}məŋ^0]，一读[ȵi^{312}məŋ^0]。

---

① 宋秀令：《汾阳方言的人称代词》，《语文研究》1992年第1期。
② 史秀菊：《晋方言语法史研究》（未刊稿）。

近代汉语中也曾有"你每"和"您每"的说法,至今山西、陕北方言中也有地方说"你每"。汾阳方言"你们"读音为[n̠ʑi³¹²məŋ⁰],当是"你弭+们"的组合,与"您每"的结构类似。[n̠³¹²məŋ⁰]应该是后起的说法,来自"你们",是受官话影响的结果。因此,按照第一人称"我们>俺>我们"类推,第二人称应该是"你们>你弭>你弭们、你们"。从"仍家儿"到"你弭们",都属于一种叠床架屋,而这样的形式在山西方言中是很常见的。

（2）"□ŋer³¹²"

汾阳方言里还有一个有标记形式"□[ŋer³¹²]"表示第二人称单数,一般是长辈对晚辈表示亲切的说法,或平辈间带有讽刺、威胁等口气的说法,用于主宾语、定语位置,例如:

（32）～吃喽饭啦没啦咧 你吃了饭没?

（33）他把～的好吃的抢啦? 妈重给～荷一个嘿 他把你的好吃的抢了? 妈重新给你拿一个。

（34）婆婆给～做喽一身衣裳,～小试小试能穿得穿不得咧 姥姥给你做了一身衣服,你试试能不能穿上。

（35）～等着[tie2⁰]吧,可有～好看咧 你等着吧,可有你好看呢。

这种带标记的形式,我们认为应该是从实义词"俺儿 我的儿"来的,可能一开始只是用于父母对孩子说话时,出于爱怜的感情,慢慢"俺[ŋəŋ³¹²]+儿[ər²²]"合音成为[ŋer³¹²],使用范围也扩大到非亲缘关系的长辈对晚辈之间,甚至平辈之间,实义渐渐虚化,使整个词变为表示第二人称的代词。而父母对孩子、祖父母辈对孙辈还可以用"俺孩儿"这样亲昵的说法,仅限于有亲缘关系时使用。目前尚未在其他方言中发现这一用法。元代口语文献中有"俺儿子"的说法,明代《醒世姻缘传》中有"俺儿"的说法,还是具有实义的。如:

"你要靠他收拾,他就拉到坡里喂了狗,不当家的。脱不了俺儿也吃了他的亏,他也吃了俺儿的亏,买一样的两副板,一样的妆裹。既是俺儿为他死了,就教两个并了骨一同发送。"果然慌忙不迭的收拾。（明·小说·醒世姻缘传·上）

虽然没有文献显示"俺儿"可作第二人称的例子,但我们可以从上例判断汾阳方言的"俺儿"作第二人称代词应该是明代之后较晚近的说法。后文直接用"俺儿"表示,不再标"□[ŋer³¹²]"。

5. 第一二人称代词小结

从以上分析中,我们可以看到,汾阳方言第一二人称代词有以下特点:

第一,与近代汉语人称代词的演变特点相类,人称代词复数形式经历了这样的演变过程:我们＞俺＞我们;你们＞你弭＞你弭们、你们;自家＞咱＞咱们。

第二,人称代词复数形式作领属格,限于在亲属称谓和与家族相关的名词前,第一、二人称均有独立的领属格形式,第一人称用"俺",第二人称用"你弭",他们都来自曾经的复数形式"我们"和"你们"。这也是晋语很多方言的共同特点。

第三,汾阳方言中有一系列以"们家儿"为词尾的代词,前面可加第一第二第三人称单数代词或别称代词,组成带有特别感情色彩的一组词,这属于复数词尾"们"和词缀"家"的连用,这些词可表复数,但使用时主要用于单数。在山西晋语西区方言中,这种现象比较集中和普遍,是晋语人称代词复数形式纷繁复杂的表现。

第四,从更大的范围来看,汉语人称代词复数具有多功能性,可用作单数,也可用作领属格,在汾阳方言乃至晋语中表现非常突出,不仅功能多样,而且形式多样。关于这一点吕叔湘在"复数代单数"一节中作了讨论①,认为复数用法是基本的,单数用法是扩展的。范慧琴也专门讨论了这一问题,并列举了上海话、苏州话和北京话的例子说明,认为"复数代单数"是临时的语用行为②。汾阳方言的情况也符合这一特点,我们同意以上观点,不再赘述。

(二)第三人称代词

与吕梁片其他方言比较来看,汾阳方言的第三人称代词不算很复杂,与第一、第二人称代词的不同之处在于:第一,没有领格和非领格的区别;第二,指示代词兼指第三身代词③,这是吕梁片乃至晋语多处方言的

---

① 吕叔湘:《近代汉语指代词》,学林出版社1985年版,第72—87页。
② 范慧琴:《定襄方言语法研究》,语文出版社2007年版,第72—75页。
③ 关于"指代词兼指第三身代词"的论述详见李卫锋(2016)《山西汾阳方言指代词兼指第三身代词现象考察》一文。

共同特点。第三人称形式较早的层次是"那家"①,较晚近的是"他"。如下表所列:

表 2-3 汾阳方言第三人称代词

第三人称		单数	复数
	常用	那家 ȵia^{324} 那家 nə^{22}tɕia^{324} 兀家 uə^{22}tɕia^{324}(西南乡) 他② tʰa^{324}	那家们 ȵia^{324}məŋ^0 那家们 nə^{22}tɕia^{324}məŋ^0 兀家们 uə^{22}tɕia^{324}məŋ^0(西南乡) 他们 tʰa^{324}məŋ^0
	非常用	这个家 sai^{312}tɕia^{324} 那个家 nai^{312}tɕia^{324}	
		那家们家儿 ȵia^{324}miar^{22}	

1. 组合能力

汾阳方言第三人称代词没有领格和非领格的区别,在定语位置都可以用"那家"或"那家们",但用不用结构助词"的"有所分别,单数和复数的使用也有所分别,这些代词与名词构成定名结构的情况如下表:

表 2-4 汾阳方言第三人称代词与名词组合情况

第三身代词	连接成分	名词	
那家、他	—	妈、老子、爷爷、老老、兄弟、二姑儿……	亲属称谓
		家、孩儿……	亲属名词
	家	大人、亲戚、弟兄们、姊妹们……	
		居舍、院里、门前、村里、队里、单位……	处所名词
	的	作业、书、车子、证明、想法……	普通名词

---

① 宋秀令(1992)把[ȵia^{324}]认为是"人家"的合音,我们认为不妥,参见李卫锋(2016)的详细讨论。

② 表中所列应当有"她"和"它",这里不作区别,都用"他"表示,"他们"亦同理。

续表

第三身代词	连接成分	名词	
那家们、他们	—	老师、头儿……	普通称谓
	—	居舍、院里、门前、村里、队里、单位……	处所名词
	的	作业、书、车子、证明、想法……	普通名词
那家	—	妈、老子、爷爷、老老、兄弟、二姑儿……	亲属称谓
	—	大人、亲戚、弟兄们、姊妹们、孩儿……	亲属名词
	—	居舍、院里、门前……	处所名词
	的	作业、书、车子、证明、想法……	普通名词
这个家、那个家	—	妈、老子、爷爷、老老、兄弟、二姑儿……	亲属称谓
	—	大人、亲戚、弟兄们、姊妹们、孩儿……	亲属名词
	—	居舍、院里、门前……	处所名词
那家们	的	作业、书、车子、证明、想法……	普通名词

从定名组合关系来看，亲属称谓、亲属名词前倾向于用单数，不加结构助词"的"，普通名词前一般都加"的"，这一点与第一第二人称相对应；"那家、这个家、那个家"相对于"那家、他"而言，组合能力较弱，使用范围稍小，属于有标记成分，"那家、他"组合能力强，属于无标记成分。

代词与指人名词之间还有复指关系，如"那家老二"还是指"老二"，"他王勇"还是指"王勇"，这里的"那家""他"都可以用"那家"替换。"那家"也可与"我、他"组合，二者也是复指关系，如"那家我""那家他"都是指"我""他"，其他代词不可以这样组合，这样组合有一种对自己或别人不满的感情色彩。

2. 虚化等级

"那家"来源于"那家"，但是"那家"虚化程度更高，除上述组合能力上的差别，"那家"后可加"们家儿"，一般女性使用，带有撒娇、羡慕的意味。"那家"无此功能。

"这个家"与"那个家"相对，带有强烈的感情色彩，说话人对所指人有肯定的积极态度（包括用肯定的形式表达否定的讽刺意义），前者用于第三人在场的情况，后者用于第三人不在场的情况，实际是近指与远指的差别。且二者都不能加复数词尾"们"，说明还未虚化为真正意义上的人称代词，指示的特征还很鲜明。

与"那家"相对，还有一个"这家[tʂəʔ³¹tɕia³²⁴]"，不能用来指称第三人，它只能用来指示距离较近的"这户人家"，它没有像"那家"成为第三人称指称形式。由此可见，近指代词在兼指功能上要弱于远指代词，从有标记的"这个家、那个家"到标记较弱的"那家"再到几乎无标记的"那家"，远指代词兼指第三人称的功能越来越显著。所以，这些第三人称指称形式的虚化等级是：这个家、那个家＜那家＜那家，越向右虚化等级越高。

西南乡方言中的"兀家"对应城区方言的"那家"，类似"那家家大人"这样的定名组合，用"兀家大人"。

（三）其他人称代词

除三身代词之外，汾阳方言中还有旁指代词、统称代词、反身代词、隐名代词。如下表所列：

表 2-5　汾阳方言其他人称代词

名称	旁指代词	统称代词	反身代词	隐名代词
代词	人家 ər²²la⁰ 人家们 ər²²la⁰mən⁰ 人家们家儿 ər²²la⁰miar²²	大家 ta⁵⁵tɕia³²⁴ 众人 tsuŋ⁵⁵zəŋ²²	自家 tsʅ⁵⁵tɕia³²⁴ 独自家 tuəʔ²²tsʅ⁵⁵tɕia³²⁴ 各人 kəʔ²²zəŋ²² 各儿 kɤr⁵⁵	那个谁 nai³¹²ʂuei²² 谁谁谁 ʂuei²²ʂuei²²ʂuei²²

表中所列的统称代词、反身代词基本用法与普通话相差不大，不再赘述。旁指代词和隐名代词与普通话有所不同。

1. 旁指代词

（1）"人家[ər²²la⁰]"的用法

汾阳方言的旁指代词是"人家[ər²²la⁰]"。在汾阳方言中不止表示旁指，功能较多，可以用于主宾语、定语的位置，基本用法是带有肯定的积极的感情色彩。

首先，它大致相当于和"自己"相对的"别人"的意思，下列例句可以对译为普通话中的"人家"。如：

(36) 人家不想去就不用箍住去啦|人家不想去就别硬逼着去了。

(37) 把人家的书还给人家吧|把人家的书还给人家吧。

例（36）（37）中用"人家"表示说话人对所指人有一种亲近、讨好的感情色彩，或是站在所指人的立场上说话。

其次，"人家"带有鲜明的感情色彩，用于喜欢、肯定、认可的人则有羡慕意味，也即"羡称形式"。如果用于不喜欢的人则有嫉妒、讥讽意味，前者是基本用法，后者是扩展用法。如：

(38) 看人家的字写得多来好咧，看我的字寒碜的呀|看人家的字写得多么好啊，看我的字写得寒碜的。

(39) 人家才干喽两年倒买下房儿啦|人家才干了两年就买下房子了。

(40) 人家就不用你们打帮，独自家就能做喽|人家就不用你们帮忙，自己就能做了。

(41) 人家愿意给谁就给谁，你还能管喽人家咧|人家愿意给谁就给谁，你还能管住人家？

例（38）（39）都表示对所指人的羡慕，例（40）这样的话可以用于小孩，有夸耀孩子能力强的意思，如果用于大人，则和例（41）一样有嫉妒、讥讽意味。

再次，"人家"可以单说，也可以和人称代词"你""他"或者人名形成复指，如"人家你""人家他""人家王永"。如果要强调，则用"人家他自家""人家他妈"这样的说法。有意思的是，前述第三身代词"<u>那家</u>"也可以与"我、他、王永、他妈"组合，形成复指关系，但二者的不同如表所示：

	我	你	他
<u>那家</u>	＋	－	＋
人家	－	＋	＋

"人家你""人家他"是羡称形式，"<u>那家我</u>""<u>那家他</u>"表示的是

不满情绪。不能说"那家你""人家我",我们认为这是因为"那家"表达不满的意味,而第二人称代词是在说话时面对面用的,出于礼貌,多数情况不会当面表示不满或者责备的意味,所以不用"那家你",而要用更加亲切的"人家你",即使表达不满也是隐含的,表面的意思是肯定的积极态度。"人家我"不能用是因为"人家"还用于指称自己,带有撒娇意味,如"人家不想吃么",一般不会自己羡慕自己,只有用自谦的形式"那家我",实际表达的并非全是不满。这些"言外之意"需要靠语境来理解。至于第三人称"他"则没有上述的限定,所以"人家""那家"都可用于"他"之前。

此外,"人家"的复数形式是"人家们",相当于普通话的"人家们"。而当领属格的时候会用"人家们家儿",相当于"别人家",不用结构助词"的"。

(2)"人家[ər^{22}la^{0}]"的来源

从以上分析来看,"人家[ər^{22}la^{0}]"与"人家"一词在语义和用法上完全对应。再看音理解释。

首先,从周边方言中看,"人家"一词有如下表中的几种读音[①]:

表2-6 汾阳周边方言"人家"的读音

孝义	za̠^{11}	平遥	zəŋ^{13}n̠ia^{13}/ŋa^{13}
文水	na^{22}	太谷	nia^{22}
中阳	ə̃^{55}tɕiʌ$^{24-0}$	太原	nia^{45}
离石	aŋ^{44}iŋ^{24}	清徐	ai^{11}nɒ^{11}
交城	nia^{11}/ə^{11}nia^{11}	内蒙丰镇	niaʔ^{54}/nie^{53}

在汾阳靠近文水的地方还有[ər^{22}na^{0}]的读法,东乡小片读为[ər^{22}za̠^{0}]。平

---

① 表中太原、清徐的注音来自《山西方言调查研究报告》,交城的注音来自史秀菊、双建萍《交城方言研究》,文水的注音来自梁建青《文水方言的人称代词》,平遥的注音来自侯精一《现代晋语的研究》,太谷的注音来自高欣《太谷方言的人称代词》,内蒙丰镇的注音来自周莉芳《内蒙丰镇话的人称代词[niaʔ54/nie53]》,离石的注音来自杨萌《离石方言的人称代词》,中阳的注音来自乔全生、王晓燕《中阳方言的人称代词》。孝义的注音来自笔者调查。

遥读[zəŋ¹³n̠ia¹³]，显然是"人人家"的读音。内蒙丰镇话有"人nie⁵³"，也被认为是"人+人家"，"随着'人家'[niaʔ⁵⁴]合音使用日久，称代功能虚化、泛化，'人家'的语素义、词义不断磨损，导致人们对[niaʔ⁵⁴]的重新分析，把它当作类似'家'的单义语素，从而与'人'构成新的合成词"。①孙立新先生也提到关中方言有很多地方有"人人家"的用法②。由此推断，上述[ai¹¹nɒ¹¹]清徐、[ər¹¹nia¹¹]交城、[ər²²na⁰]文水来自"人人家"，[ər²²la⁰]汾阳、[ə̃²²tɕiA⁰]中阳、[nɑ²²]文水、[za¹¹]孝义来自"人家"，文水、孝义的"人家"凝结得更紧，干脆合为一个音节。

其次，"人"中古音是臻开三日母平声，作为日母字，其演变应该同其他日母字一样是比较复杂的，"在同一种方言中跑出几种音来，并且在同一个字里往往也有异读"③，它在汾阳方言中读为零声母也是有可能的。"家"读为[na⁰]或[la⁰]是受前音"人"的影响所致，[n]或[l]音在一定范围内是同时存在的，在汾阳很多地名中"家"读为[la⁰]，例如陈家庄[tʂʰəŋ²²la⁰tʂuɔ⁰]、宋家庄[suŋ⁵⁵la⁰tʂuɔ⁰]。汾阳方言除了旁指代词"人家"读[ər²²la⁰]，还有如"门第儿那⁼"读[məŋ²²tʅ⁵⁵ər²²na⁰]或[məŋ²²tʅ⁵⁵ər²²la⁰]，义为"有头有脸或有权势的人家"；"丈儿那⁼"读[tʂuɔ⁵⁵ər²²na⁰]或[tʂuɔ⁵⁵ər²²la⁰]，义为"丈人家"。

基于以上原因，汾阳方言的旁指代词[ər²²la⁰]，我们认为可以写作"人家"。后文的"人家"全部读[ər²²la⁰]，不再标注音标。

2. 隐名代词

"隐名代词"的概念来自吕叔湘④，普通话一般用"某"指代未说出或不能说出姓名、名称的人或事物。汾阳方言的隐名代词指人用"那个谁、谁谁谁"，指物用"那个甚、甚甚甚"，很少用"某"⑤。"那个谁"表示不愿说出，或一时想不起姓名的人，一般听者知道或能估计到说的是

---

① 周利芳：《内蒙丰镇话的人称代词[niaʔ54/nie53]》，《语文研究》2004年第3期。
② 孙立新：《关中方言"人家"的合音及其用法》，《咸阳师范学院学报》2010年第1期。
③ 高本汉：《中国音韵学研究》，商务印书馆2003年版，第338页。
④ 吕叔湘：《近代汉语指代词》，学林出版社1985年版，第45页。
⑤ 宋秀令（1992）认为汾阳方言可用"某"指别人，但不明指，我们认为此处带有普通话的嫌疑，非本地人的口语。

谁，如：

（42）我妈告给<u>那个谁</u>把书给你捎过去[tieʔ⁰]啦么_{我妈告诉那个谁把书给你捎过去了呀。}

（43）这是<u>那个谁</u>么，唤下甚我倒忘记啦_{这是那谁，叫什么我已经忘记了。}

"那个谁"与宋元时期的"兀谁"相类，孝义等地的隐名代词就是"兀谁"，可见是对宋元口语的继承。

"谁谁谁"用于表示不知道姓名或故意隐去姓名的人，听者不一定知道所指是谁，如：

（44）有人说谁谁谁说来，我也不能告给你是谁_{有人说某人说了，但我不能告诉你是谁。}

（45）头儿在上头点名来，谁谁谁是迟到，谁谁谁是旷工，都记下名字啦_{头儿在上面点名了，谁迟到，谁旷工，都把名字记下了。}

（四）人称代词的其他用法

汾阳方言的人称代词也有泛指、虚指、任指等用法，与普通话用法一致，如"你"可以用于泛指、虚指，"他"可以用于虚指，"你""我"一起用于任指。此处不赘述。

汾阳方言中还有一种人称代词的用法是转换身份。有几种情况：

（1）非亲属关系转换成亲属关系，表示亲切，如说话方称听者的孩子"艳子"为"俺艳子"。邻里朋友之间，以孩子的身份去称呼对方，如"他二姑儿、他大儿_{他伯母}"。

（2）亲属关系的转换，如父母彼此间说话时，称双方的孩子为"你孩儿""你艳子"；或对长辈指称其孙辈时，称为"你孩儿""你艳子"。

（3）"你""我"身份的转换，说话人本意是指"我"，但用"你"表示，如"你不作声，人家就以为你不敢咧。"实际意思是说"我不作声别人就认为我不敢反抗。"

（五）人称代词小结

通过上述分析，我们看到汾阳方言人称代词有如下特点：

第一，第一二人称代词之间的相似性较多，"我""俺""你"都保持一致的声调，与近代汉语的关系非常密切，其特点见"第一二人称代词小结"。第三人称代词与一二人称有所不同，由指代词兼指第三身代词，这是元代北方口语的特点，这种现象在晋语、西北方言中大量存在。可以用来作第三身代词的数量较第一二身代词多，且虚化等级不同。

第二，汾阳方言人称代词复数的基本形式是"们"，但词尾"家"也较常用，尤其是在第三身代词中。此外，还有使用"弭""家""们"的情况，在吕梁片方言中普遍存在，显示了人称代词复数的丰富性与复杂性。至于"弭""家""们"谁先谁后，学者们多有讨论，一般都认为，从古代汉语的历史来看，应当是"家"最早，近代汉语才有"弭"和"们"。但在汾阳方言中这几个复数词尾层层叠叠，几番上场，又应用范围不同。从第三身代词角度看，"家"应当是底层；从第一身代词看，领格位置的"俺"来自"我们"，"们"应该看作底层；第二身代词，领格位置的"<u>你弭</u>"，当是较早的，其余复数形式均是"们"结尾。在"<u>们家儿</u>"系列中，"们""家"连用，也显示了他们的层次关系。此外，汾阳方言中"复数代单数"的现象也比较多，尤其是"<u>们家儿</u>"系列的词基本都是表单数的。

从汾阳方言人称代词复杂的表现当中，我们也看到了汾阳特殊的地理位置对其语言的影响，它身处在吕梁片与并州片的过渡地带，本身又是一个商业聚集地、交通要道，各方对它的影响留存在了方言中，如汾阳方言兼有吕梁片的复数词尾"弭"和并州片的复数词尾"们"。

第三，汾阳方言除三身代词之外，非三身代词有旁指代词、统称代词、反身代词、隐名代词，没有表示敬称的代词。

二 指示代词

汾阳方言和东乡小片的指示代词是"这——那"二分，西南乡小片分为"这——兀"二分，都分为远指和近指两类，并有不同的语音变读形式，可用于指人、物、时间、处所、性状、方式等，下面列表说明：

第二章 词类（上）

表2-7 汾阳方言指示代词

	近指	远指
指人、物	这个 tsai³¹²	那个 nai³¹²
	这一个 tʂəʔ³¹²⁻³¹ia:⁵³/tɕi³²⁴ia:⁵³	那一个 nəʔ³¹²⁻³¹ia:⁵³/ni³²⁴ia:⁵³
	这一个 tʂəʔ³¹²⁻³¹ieʔ²²xuai³¹²	那一个 nəʔ³¹²⁻³¹ieʔ²²xuai³¹²
	这个儿 tʂəʔ²²kɐr²²	那个儿 nəʔ²²kɐr²²
	这圪节 tʂəʔ³¹²⁻³¹kəʔ²²tɕieʔ²²	那圪节 nəʔ³¹²⁻³¹kəʔ²²tɕieʔ²²
	这故子 tʂəʔ³¹²⁻³¹kʰʊ²²tsəʔ⁰	那故子 nəʔ³¹²⁻³¹kʰʊ²²tsəʔ⁰
	这些儿 tʂəʔ³¹²⁻³¹kʰər³²⁴/tʂəʔ³¹²⁻³¹ɕiər³²⁴	那些儿 nəʔ³¹²⁻³¹kʰər³²⁴/nəʔ³¹²⁻³¹ɕiər³²⁴
指处所、方位	这儿 tʂɐr³¹²	那儿 nɐr³¹²
	这行儿 tʂɯ³¹²⁻³¹xər⁰/tʂɯ³¹²⁻³¹ɕiər⁰	那行儿 nɯ³¹²⁻³¹xər⁰/nɯ³¹²⁻³¹ɕiər⁰
	这面儿 tʂəʔ³¹²⁻³¹miər⁵³	那面儿 nəʔ³¹²⁻³¹miər⁵³
	这厢 tʂəʔ³¹²⁻³¹ɕiɔ²²	那厢 nəʔ³¹²⁻³¹ɕiɔ²²
	这头儿 tʂəʔ³¹²⁻³¹tʰər²²	那头儿 nəʔ³¹²⁻³¹tʰər²²
	这个黑里 tsai³¹²⁻³¹xəʔ²²lei³¹²	那个黑里 nai³¹²⁻³¹xəʔ²²lei³¹²
	这跟儿前儿 tʂəʔ³¹²⁻³¹kɐr²²tɕʰiar⁵³	那跟儿前儿 nəʔ³¹²⁻³¹kɐr²²tɕʰiar⁵³
指时间	这一会儿 tɕi³²⁴xuɐr⁵³	那一会儿 ni³²⁴xuɐr⁵³
	这一阵儿 tɕi³²⁴tʂɐr⁵³	那一阵儿 ni³²⁴tʂɐr⁵³
	这阵儿 tʂəʔ³¹²⁻³¹tʂɐr⁵³	那阵儿 nəʔ³¹²⁻³¹tʂɐr⁵³
	这一回 tɕi³²⁴xuei²²	那一回 ni³²⁴xuei²²
	这一辰子 tʂi³²⁴tʂʰəŋ⁵⁵tsəʔ⁰	那一辰子 ni³²⁴tʂʰəŋ⁵⁵tsəʔ⁰
指性状	这来 tʂəʔ³¹²⁻³¹lei²²	那来 nəʔ³¹²⁻³¹lei²²
	这了儿 tʂəʔ²²lɐr⁵³	那了儿 nəʔ²²lɐr⁵³
	这地 tʂəʔ³¹²⁻³¹tsɿ²²	那地 nəʔ³¹²⁻³¹tsɿ²²
指方式	这个样儿 tsai³¹²⁻¹²yɐr⁵³	那个样儿 nai³¹²⁻¹²yɐr⁵³

（一）指示代词的变读情况

乔全生总结山西晋语指示代词有两大特点：一是指示代词三分，在调查到的70多个点中，将近1/4的方言是三分的。二是指示代词多数点有多种变读语音形式①。汾阳方言是在晋语中区、西区方言中少数几个指示代词二分的方言。在汾阳方言近指和远指代词分别有四种读音②，近指可读为[tʂəʔ³¹²]、[tsai³¹²]、[tɕi³²⁴]、[tʂɯ³¹²]，远指读为[nəʔ³¹²]、[nai³¹²]、[ni³²⁴]、[nɯ³¹²]，一一对应，此外还有一对儿化音，[tʂɐr³¹²]和[nɐr³¹²]。这些读音的变读规律及来源，如下表所列：

表2-8　汾阳方言近指与远指代词读音

"这"系		"那"系	
tʂəʔ³¹²	单字音，非去声前读31，去声前读22	nəʔ³¹²	单字音，非去声前读31，去声前读22
tsai³¹²	"这个"的合音	nai³¹²	"那个"的合音
tɕi³²⁴	"这一"的合音	ni³²⁴	"那一"的合音
tʂɯ³¹²	"这里"的变音	nɯ³¹²	"那里"的变音
tʂɐr³¹²	这里	nɐr³¹²	那里

汾阳方言指示代词的读音有几点需说明：

第一，[tʂəʔ³¹²]、[nəʔ³¹²]分别是"这""那"的单字音，但在实际交际中并没有"这""那"单用单说的情况，常常要与其他量词结合使用，如"这筐子、那棵"等，"这是什么？"这样的句子需用"这个是甚咧？"来表达。

第二，"这一个/那一个③"的合音形式是"这一/那一"先合音，然后"一个"合音，所以形成了[tɕi³²⁴ia⁵³]、[ni³²⁴ia⁵³]这样复杂的合音形式。

第三，"这儿""那儿"的"儿"是由"里"变来，晋语很多方言都有这一现象，如范慧琴详细描写了定襄话的"里变儿化"现象④，汾阳方言没有那么复杂的"里变儿化"，留存的这类现象较少。

---

① 乔全生：《晋方言语法研究》，商务印书馆2000年版，第126页。
② 宋秀令（1994）中指出"这""那"分别有六种读音，我们认为其中有些是合音，不宜看作不同的读音。
③ 余跃龙（2014）中提到汾阳方言词尾"个"（即"这个""那个"中的"个"）和量词"个"读音不同，根据我们的语感和调查，这两个"个"都读[xuai³¹²]，合音"这一个/那一个""这个/那个"都是以[xuai³¹²]为基础合音的。
④ 范慧琴：《山西定襄方言名词的里变儿化》，《语文研究》2004年第2期。

第四,"这""那"的几种读音一一相对,并且在声调上保持了一致,是相互影响的结果,这是代词系统的特点,人称代词亦如此。晋语多数方言点的代词系统均有这一特点。

(二)指示代词的基本用法

1. 指示人或物

指示人、物的代词中"这个/那个""这一个/那一个""这/那一个""这/那圪节""这/那个儿"是指单数,"这/那故ˉ子""这/那些儿"是指复数。

1) 这个、那个

在汾阳方言的指示代词中,"这个[tsai^{312}]""那个[nai^{312}]"使用范围最广,多用于指示物,也可在其后加"人"用于指人,相当于北京话的"这[tṣei^{51}]""那[nei^{51}]",作主语表达所属关系时不需要判断动词"是",作定语时直接修饰名词,不需加量词。可用于近指与远指的对举,也用于指对话双方都明白的人或物,如:

(1)这个我的,那个你的_{这是你的,那是我的。}

(2)我不要这个纸,我要那个纸咧_{我不要这种纸,我要那种纸。}

(3)你上一回看的就这个/那个_{你上回看的就是这个/那个。}

(4)这个/那个人恶得多咧_{这人/那人很厉害。}

(5)你那个书我过两天还哈_{你的那本书我过两天还吧}!

还可以后面直接加复数词尾"们"指示人们,如"这个们""那个们"。近代汉语用"这/那们"表示"这/那么",汾阳方言不是用来指示程度和数量,而是指示人的复数形式。有时和"的"组成的字短语使用,如:

(6)你说这个的好还是那个的好咧_{你说这样的好还是那样的好?}

其实,"这个的""那个的"分别表示"这样的""那样的",指称事物的样式。我们可以看到很多时候"个"已经失去了量词的意义,而变得更像一个词尾,这种现象在山西方言中很常见,吕叔湘[①]对近代汉语中的"这个""那个"的"个"不表量词义的情况作过分析,应是元末明初以后的现象留存至今。范慧琴(2007)描写定襄话和侯精一(1989;1999)描写

---

① 吕叔湘:《近代汉语指代词》,学林出版社1985年版,第198页。

平遥话时都谈到了此类现象。

此外，"这/那个"也可以表示虚指或抽象的意义。如：

（7）我又不爱<u>这个</u>咧么<u>那个</u>咧，实在些儿就行_{我不喜欢这个那个的，实在点儿就行。}

而且，"那个"的使用范围已经超出了指示意义，如：

（8）你<u>那个</u>还不洗涮等甚着[tieʔ⁰]咧_{你那是不洗漱还等什么呢？}

（9）那家去你家<u>那个</u>说甚来咧_{他去你家那是说什么了？}

以上这种情况常用于人称代词之后，很少出现"<u>这个</u>"，说明"<u>那个</u>"的使用范围比"<u>这个</u>"大，远指比近指虚化程度高一些。

2）<u>这一个</u>/<u>那一个</u>、这/那一个、这/那圪节、这/那个儿

在汾阳方言中，"<u>这一个</u>/<u>那一个</u>""这/那一个""这/那圪节""这/那个儿"都相当于普通话中的"这个""那个"，都用来指示某个具体的人或物，可以作主语、宾语、定语。不过每对用法又略有不同：

"<u>这一个</u>""<u>那一个</u>"是简略的说法，说话快的时候一般用这一组，可指人或物；"这/那一个"是说话较慢或者一字一顿的说法，有时说话快了，也会简略为"这一个[tɕi³²⁴xuai⁵⁵]""那一个[ni³²⁴xuai⁵⁵]"，并且多用来指物。都不带特别的感情色彩，这一组代词作主语表达所属关系时需加判断动词"是"，如：

（10）<u>这一个</u>书包的拉锁坏啦，重买上<u>一个</u>吧_{这个书包的拉锁坏了，重买上一个吧。}

（11）<u>这一个</u>是我的，<u>那一个</u>是你的_{这个是我的，那个是你的。}

（12）我居舍还有<u>一个</u>簸箕儿咧，给她<u>这一个</u>吧，我的<u>那一个</u>给你_{我家里还有一个簸箕，给她这个吧，我的那个给你。}

"这/那圪节"是带有厌恶或贬斥的感情色彩；"这/那个儿"包含了喜爱或褒扬的感情色彩。例如：

（13）<u>这个儿</u>好看些儿，<u>那圪节</u>不好看_{这个好看点儿，那个不好看。}

（14）<u>这圪节</u>人哈，说的来也不来啦，害的<u>那个儿</u>孩儿等喽半天_{这个人，说要来也不来了，害的那个孩子等了半天。}

3）这/那故子、这/那些儿

在汾阳方言中，"这/那故子""这/那些儿"用来指示人或物的数量较多或较少，其中"这/那故子"言多，相当于说"这/那么多"，"这/那些儿"言少，相当于说"这/那么点儿"，如：

（15）这故=子都给你，行啦吧这么多都给你，行了吧？

（16）鼓楼底围着[tieʔ⁰]那故=子人看耍猴儿咧鼓楼底围着那么多人看耍猴儿呢。

（17）不用写这故=子，有两行行就行啦不用写这么多，有两行就行了。

（18）这些儿怕不够咧，再荷上些儿吧这点儿怕不够呢，再拿上点儿吧。

（19）就那些儿沙子够做甚咧就么点儿沙子够干啥呢？

"这/那些儿"中的"些儿"读[kʰər³²⁴]时表示的事物数量少、体积小，读[ɕiər³²⁴]时表示的事物数量稍多、体积稍大。如言非常多，则用重叠"这些些[tʂəʔ³¹ɕi³²⁴ɕi³²⁴]/那些些[nəʔ³¹ɕi³²⁴ɕi³²⁴]"，更多用"这些[tʂəʔ³¹ɕia:²²]/那些[nəʔ³¹ɕia:²²]"。如按由多到少的顺序排列为：这/那些——这/那些些——这/那些儿[ɕiər³²⁴]——这/那些儿[kʰər³²⁴]。

2. 指示处所、方位

1）这/那儿、这/那行儿

在汾阳方言中，这两对指示代词都用来指示处所、方位，其中"这儿[tʂer³¹²]/那儿[ner³¹²]"和"这/那行儿""这/那跟儿前儿"都相当于普通话中的"这/那里"，近指表示说话人可以看见的地方，远指表示离说话人较远或看不到的地方，只不过"这儿/那儿"指大概的方位，"这/那行儿"指具体的位置。此外，东乡小片还有"这跟儿前[tʂəʔ²²ker³²⁴tɕʰi⁰]""那跟儿前[nəʔ²²ker³²⁴tɕʰi⁰]"的说法，西南乡小片有"这多[tʂəʔ²²tɯ³²⁴]""那多[nəʔ²²tɯ³²⁴]/兀多[uəʔ²²tɯ³²⁴]"的说法，也都表示"这/那里"的意思，都指具体位置。他们在句中都可以作主宾语、定语，作定语需要结构助词"的"。例如：

（20）这儿没啦你要的东西，赶紧走吧这里没有你要的东西，赶紧走吧。

（21）你到你哥那儿看看有打帮的咧没啦你到你哥那里看看有没有需要帮忙的？

（22）这行儿的核桃倒结成啦这里的核桃已经结成了。

（23）神头那行儿的水清得多咧神头那里的水激清得很。

（24）你过这跟儿前来，我给你看一个好东西你过这儿来，我给你看个好东西。

（25）你就在那多等着[tieʔ⁰]吧，我就过去[tieʔ⁰]啦你就在那里等着吧，我马上就过去了。

2）这/那面儿、这/那厢

在汾阳方言中，"这/那面儿"如果针对某物体的方位而言，则表示物体相对的两面，如果针对某一空间而言，则表示相对的两个位置范围，是距离的远近之分，也可以是心理的远近之分。在句中可以作主宾语、定语，作定语需要结构助词"的"。如：

（26）这面儿的墙墙比那面儿的结实些儿_{这面的墙壁比那面的结实些。}

（27）这面儿都写满啦，用那面儿吧_{这面已经写满了，用那面吧。}

（28）这面儿都是跳舞的，那面儿是唱歌儿的_{这儿都是跳舞的，那儿是唱歌的。}

"这/那厢"指示的是不同的空间方位，也可以表示"这/那边"的泛指。在句中也可以作主宾语，不作定语。如：

（29）这厢放的都是乱七八糟的东西，那厢放着[tieʔ⁰]柴炭_{这边放的都是乱七八糟的东西，那边放着柴和炭。}

（30）你过这厢来吧，那厢挤得不行_{你到这边来吧，那边太挤了。}

另外，在汾阳方言中，如果要指具体的房间的方位，还可以说"这/那下厢"，近指表示离说话人较近的这个房间，远指表示离说话人较远的那个房间。

3）这/那头儿

在汾阳方言中，"这/那头儿"表示两个不同或相反的方向，指两人或两物距离较远，分别在某一段的两端，相当于普通话的"这一头""那一头"，可以是确指的某个地方，也可以是不确指的。在句中可以作主宾语、定语。例如：

（31）你从这头儿走吧，那头儿不开着[tieʔ⁰]_{你从这头走吧，那头不开。}

（32）我看她就是顾喽这头儿顾不了那头儿_{我看她就是顾了这头顾不了那头。}

（33）这头儿的水流到[tieʔ⁰]那头儿啦_{这头的水流到那头了。}

有时候这两个指示代词也可以说成"这头儿起""那头儿起"，这是比较老派的说法，用法没有什么区别。

4）这个/那个黑里

在汾阳方言中，"黑＝里"经常见到，是"里面"的意思，"这个/那个黑＝里"相当于普通话中的"这里面""那里面"，在句中可以作主宾语、定语，作定语需要加结构助词"的"，如：

（34）这个黑＝里都是你给我的信_{这里面都是你给我写的信。}

（35）你要圆的就到那个黑＝里寻去[tieʔ⁰]吧，多咧_{你要圆的就到那里面找去吧，多呢。}

（36）这个黑＝里的钱儿谁荷啦咧_{这里面的钱谁拿了？}

3. 指示时间

1）这一/那一阵儿、这/那阵儿

"这一/那一阵儿"与"这/那阵儿"不同：前者指现在或近过去较短的时间，后者指现在或远过去较长的一段时间，一般作定语或状语，如：

（37）<u>这一阵儿</u>倒十二点啦，你就在俺家吃饭吧这会儿已经十二点了，你就在我家吃饭吧。

（38）你来的<u>那一阵儿</u>我正开会咧你来的那阵儿我正开会呢。

（39）<u>这阵儿</u>的人何地儿有<u>那阵儿</u>的人能吃苦咧现在的人哪有过去的人能吃苦呢？

（40）<u>这阵儿</u>的人们谁管<u>那些</u>咧？这个年代的人们谁管那些？

与这两对词相对应的是"<u>这一/那一会儿</u>"与"<u>这/那会儿</u>"，从本地人的语感来讲，这两对代词并无什么区别，老派用"阵儿"比较多，新派用"会儿"比较多，后者可能是受普通话影响的结果。

2）这一/那一辰子、这一/那一向

这两组指代词语义差不多，都表示持续的一段时间，都比上一组的"<u>这一/那一阵儿</u>"持续时间长，一般只作状语，如：

（41）你<u>这一/那一辰子</u>忙甚咧你这段时间忙啥呢？

（42）我<u>这一向</u>在外头进修咧，就不上班儿我这段时间在外面进修，就不上班。

这组没有"这/那辰子""这/那向"的说法。

3）这一/那一回

这一组严格来说不算词，应该算指示代词与数量短语的组合，相当于普通话中的"这次""那次"，近指表示距说话时间较近的一个时间点，远指表示距说话时间较远的一个时间点，它们在句中可以作状语、定语。如：

（43）<u>这一回</u>的菜比<u>那一回</u>的新鲜这次的菜比那次的新鲜。

（44）<u>这一回</u>我就不去啦，叫他独自家去吧这次我就不去了，叫他自己去吧。

（45）我<u>那一回</u>在学校里见过他我那次在学校里见过他。

4. 指示性状

1）这/那来

在汾阳方言中，"这来""那来"相当于普通话中的"这么""那么"，常用来修饰、限定性质形容词，表示加深形容词所描述的程度。例如：

（46）那家给喽我这来长根儿圪榄_{他给了我这么长一根棍子}。

（47）孩儿也那来大还啦，你们还是凑乎过吧_{孩子也那么大了，你们还是凑合过吧}。

（48）早知道这来简单，我就不用发愁啦_{早知道这么简单，我就不用发愁啦}。

（49）她婆伺候得那来好，她还嫌不到咧_{她婆婆伺候得这么好，她还嫌不周到}。

有时候女性或小孩子也会说"这来来""那来来"再加形容词，重叠之后表示程度加深。

2）这/那了儿

在汾阳方言中，"这/那了儿"表示减轻了形容词所描述的程度，或没有达到自己满意的程度，一般用来修饰、限定性质形容词。与"这/那来"语义正相反，使用频率和范围也没有"这/那来"高，如：

（50）那圪节人小气得多咧，给喽我这了儿大疙瘩儿纸_{那个人小气得很，给了我这么点一张纸}。

（51）那了儿小的洞洞能钻进人去[tie?⁰]_{那么小的洞能钻进人去}？

（52）十几岁的孩儿才长喽这了儿高_{十几岁的孩子才长这么点高}？

3）这/那地˭

在汾阳方言中"这/那地˭"用来指示事物的动作样式、性状，与说话人想要的效果一致，相当于普通话的"这么""那么"。近代汉语和其他方言都有"这/那底"来表示性状，汾阳方言的"地˭"就相当于"底"。可以用来修饰形容词、动词，如果作定语表示的是比较好的、积极的意思，可以省略其后的形容词，如：

（53）这地˭的孩儿还要怎咧？你知足吧_{这么好的孩子还要怎么样？你知足吧}。

（54）以前那地˭的身子，这阵儿也不抵啦_{以前那么好的身体，现在也不行了}。

（55）那地˭好的衣裳就不要啦_{那么好的衣服就不要了}？

（56）我教你哈，这地˭写就对啦_{我教你，这么写就对了}。

有时"这/那地˭"也会用来指示方式，如例（56）。

5. 指示方式

在汾阳方言中，"这个/那个样儿"相当于普通话中的"这样""那样"，用来作状语修饰动词，表示方式。例如：

（57）这道题应该这个样儿做，不能那个样儿做_{这道题应该这样做，不能那样做}。

（58）你就这个样儿闹吧，能闹下个甚咧_{你就这样闹吧，能闹下啥}？

（59）照他那个样儿走，甚会儿才能去喽咧_{照他那样走，什么时候才能到}？

（三）关于指示代词的一些问题

一般认为，指示代词"这"来源于"者"，"那"来源于"若"，我们也同意这一观点，不赘述。下面要讨论的是与指示代词相关的一些词的问题。

1. 关于"行儿"与"黑⁼里"

汾阳方言指示代词中有指示处所和方位的词"这/那行儿"与"这个/那个黑⁼里"，其中的"行儿"和"黑⁼里"怎么理解呢？此外，汾阳方言中还有不儿化的"行[xuɔ³¹²]/[xə³¹²]"，它们的使用情况，这里分别说明一下。

"行儿"用于"这/那行儿"中，意为"这/那里"，也会用于疑问代词后，问具体的位置，如"何地儿行儿_{哪里}"。

"黑⁼里"除了用于"这个/那个黑⁼里"外，还可以用于一般表具体或抽象的名词后，如"书包黑⁼里""抽屉黑⁼里""脑子黑⁼里"等，表示"里面"的意思。

"行"的语义有这么几种：

①用于一般表具体事物的名词后，如"大门行_{大门那里/大门上}""桌子行_{桌子上}""墙墙行_{墙上}"，表示具体事物的旁边、跟前、上面等意义。此时读为去声[xuɔ⁵⁵]，或弱读为[xə⁵⁵]。

②用于人称代词、亲属称谓或人名之后，它可以表示"这/那里"，如"你的书在我行_{我这里}咧。"还可以表示"家里"的意思，如"那家到我行_{我家}坐喽坐。"此时读[xuɔ³¹²]，或弱读为[xə³¹²]。

③如果前面有"家"，它和"家"一起表达"XX家里"的意思，"家"是实义，有无"行"意义差别不大，如"婆婆家行_{姥姥家}""俺家行_{我家}"，"妈家行_{娘家}"读为[mã²²la²²xuɔ³¹²]，"驰家行_{姥爷家}"读为[tɕiã³¹²la²²xuɔ³¹²]，但不能说"*婆家行"。也可以用于疑问代词后面，如"谁家行_{谁家}"。此时读为[xuɔ³¹²]，或弱读为[xə³¹²]。

我们认为"行"的三个意思是三个层次的问题，这意味着"行"的意义经过了这样的演变：表方位，旁边、跟前、上面等——这/那里——（家）里。其意义所指越来越泛化。

观察以上三种用法，它们都有"……里"的意思，那么三者之间是否有关系呢？我们看到晋语中很多方言都有"行"和"黑﹦里""行儿"，对此问题，许多学者作过描写和分析。江蓝生①从历时和共时两个角度，联系近代汉语和山西、山东方言中的后置词"行"，通过详尽分析和充分论证，认为"行"源于"上"，是一个方位词，同时也辨析了多家的意见。其观点我们非常赞同。从汾阳方言的情况来看，也确实印证了江先生的观点。首先，汾阳方言"桌子上""床上"的"上"弱读为[xuɔ⁵⁵]/[ex⁵⁵]，"上"用于名词前或表方位时读[ʂuɔ⁵⁵]，如"上学、上头"，用于动词后作补语时也弱读为[xuɔ⁵⁵]/[xə⁵⁵]，如"追上撵上"。其次，"行"所适用的句式为江文中提到的 A 式：动/介+N 行+（VP），如"你到我行我家坐坐吧。""你的书在我行我这里咧。"应该是从宋元明时期汉语继承而来。再次，江先生提到晋中的孝义、文水、平遥、太谷，都与汾阳接壤或相距不远，用法很一致。除了晋中，晋北的忻州、原平也有此类用法。虽然具体读音有所差异，但是所表示的意义几乎完全相同。因此，我们不再重复论证"行"源于"上"这一观点。

在此基础上，我们要讨论汾阳方言的"行儿"和"黑﹦里"。李小萍对原平话中的"行儿[ɕiɔr]"作过研究②，认为是方位词"行"和"里"的叠用，这对我们是有启发的。她分析了太原、阳曲、孝义、武乡方言中用于名词后类似"黑﹦里③"的方位词，认为原平话的"行儿[ɕiɔr]"与这些地方的"黑﹦里"相对应。我们一一分析了她所举的例句，原平话的"行儿[ɕiɔr]"与汾阳方言的"黑﹦里"也是完全对应的关系。"黑﹦里"在晋语许多方言中都是一个方位词，可以去掉"黑"，直接说"里"，意义不变。由此，我们认为汾阳方言的"行儿"和"黑﹦里"是这样的关系："行儿"来自"行上"和"里"的结合，"儿"是"里变儿化"的结果，表示的是"里"的意义，汾阳方言还可以读成[ɕiər]，是[x]进一步腭化的结果；"黑﹦里"是"下"和"里"的组合，"下[xa⁵⁵]"白读，因常用于词尾，弱读变音成为入声[xəʔ²²]，然后又与"里[lei³¹²]"连用，表示"里面"的意义。它们分别是两个复合方

---

① 江蓝生：《后置词"行"考辨》，《语文研究》1998 年第 1 期。
② 李小萍：《晋语五台片原平方言语法研究》，博士学位论文，山西大学，2016年，第 110 页。
③ 各地方言中"黑"有多种写法，有"合""哈"等，都读入声，根据江蓝生（1998）的描写，应是源于方位词"下"白读音的变读。

位词。根据江蓝生的研究①，"N 下"见于先秦以降，"N 上"见于六朝以降，"N 行"见于宋元明，"黑̣里"应先于"行儿"和"行"，三者的用法均是对近代汉语的继承，且它们在汾阳方言中各有分工，关系如下：

表 2-9　汾阳方言"行""行儿""黑̣里"比较

	行	行儿	黑̣里
读音	xuɤ³¹²/xɤ³¹²cuɤ³¹²	xər³¹²	xəʔ²²lei³¹²
来源	上	上+里	下+里
用法	N+（家）+行 （N=表物名词、人称代词、称谓）	这/那/何地儿+行儿	N+黑̣里 （N=表物名词）
意义	上面、旁边、跟前；这/那里；（家）里	里	里面

在晋语其他方言中，多见"行"和"黑̣里"，在定襄、原平等地多见"行"和"行儿"，三者都存在的情况尚不多见，汾阳方言的这种现象为我们认识方位词"上""下"的演变提供了活材料。

2. 关于指示代词加"们"

汾阳方言中除了在人称代词后可以加复数词尾"们"，也可以在指示代词后加"们"，如"这个/那个们""这/那些们"，或"这/那些+N 们"，表示近指与远指的人或物的复数，如：

（60）那个们早就走啦，你追不上啦_{那些人们早就走了，你追不上了。}

（61）院里的这些东西们早就该打喽烂货啦_{院里的这些东西们早就应该卖掉了。}

表时间的"这/那阵儿们"，与"这/那阵儿"意思并无多大差别，如：

（62）这阵儿们啦还不回来咧，做甚去[tieʔ⁰]啦咧_{这会儿了还不回来，干啥去了？}

（63）夜来黑间那家那阵儿们才睡_{昨晚他那会儿才睡的。}

表位置的"这儿/那儿们"，表示"这/那一片"地方，有复数的意义，"这/那行儿们"也有此义，如：

（64）这儿们的树儿可比那儿们长得旺得多咧_{这里的树比那里的长得很旺啊。}

还有"这个/那个黑̣里们""抽屉里们"等都有泛指义，如：

---

① 江蓝生：《后置词"行"考辨》，《语文研究》1998 年第 1 期。

（65）你到抽屉里们再寻寻 你去几个抽屉里再找找。

此外，"们"还可以用于动物名词后，如"羊儿们"表示羊群；抽象名词后，如"猪肉价钱们都涨啦"，指包括猪肉在内的很多东西价格都涨了；亲属称谓后，如"妈们"，不是有几个妈妈，是指妈妈和爸爸，"姑姑们"几个姑姑，或姑姑和她的家人们。

由此可见，汾阳方言的复数词尾"们"远比普通话中的情况要丰富，使用范围较广。

（四）指示代词小结

汾阳方言的指示代词有如下特点：

第一，指示代词二分，汾阳方言是典型的二分式，与晋语其他方言的三分有所不同。而且，我们认为其实很多所谓的三分，基本上是二分基础上的三分，基础系统仍旧是"近指—远指"，只不过在远指内部可以再细分为"远指—更远指"。

第二，语音形式多样化，"这/那"分别有四五种语音形式，每一种形式都有其来源，并非单纯是"这/那"的不同用法，多数是各种合音或变读的结果。不止是汾阳方言如此，晋语很多方言都有此特点。

第三，各形式之间的细微差别较多。如"这圪节"和"这个儿"有感情色彩的差别，"这些儿"与"这些些"有数量的差别，"这个黑˚里"与"这行儿"有所指范围的不同，"这一阵儿"和"这阵儿"也有时间段长短上的差别。这些用法的复杂和丰富是普通话所没有的。

第四，与近代汉语关系密切。"这/那吱˚"应是对近代汉语"这/那底"的继承。宋元明时期的"行"在汾阳方言中有保留，方位词"行""行儿""黑˚里"在汾阳方言中各有分工，这是对近代汉语的发展。

三 疑问代词

汾阳方言的特指疑问代词，很有特点，但这里只列出疑问代词表，关于其用法等问题在特殊疑问句部分讨论。

表 2-10 汾阳方言特指疑问代词

	谁	甚	何	怎	多	几
问人	谁ṣuei^{22} 谁家ɕya^{22} 谁们 ṣuei^{22}mən^{324}	甚 səŋ^{55}	何一个 xəʔ^{22}ieʔ^{22}xuai^{312} 何一个 xəʔ^{22}ia:^{53} 何圪节 xəʔ^{22}kəʔ^{22}tɕie^{22} 何个儿xəʔ^{22}kɤr^{22}			
问事物			何些儿 xəʔ^{22}kʰər^{324}			
问处所		甚地方儿 sən^{55}tʅ^{55}fuɤr^{0}	何地儿/地儿 xəʔ^{22}tɤr^{22}/tɤr^{22} 何旮儿xəʔ^{22}kɤr^{22} 何面儿 xəʔ^{22}miɤr^{53} 何厢xəʔ^{22}ɕiɔ^{22} 何头儿xəʔ^{22}tʰɤr^{22} 何疙瘩儿 xəʔ^{22}kəʔ^{22}tar^{22} 何跟儿前儿 xəʔ$^{312-31}$kɤr^{22}ɕiar^{53}			
问时间		甚会儿 səŋ^{55}xuɤr^{0}	何一阵儿 xəʔ^{22}ieʔ^{22}tʂɤr^{53} 何一回 xəʔ^{22}ieʔ^{22}xuei^{22}			几点 tsʅ^{324}ti^{312}
问原因		为甚 uei^{55}səŋ^{55}		怎啦 tsəŋ^{312}la^{324}		
问性状		甚样儿 səŋ^{55}yɤr^{53} 甚的 səŋ^{55}tieʔ^{0}		怎地 tsəŋ^{312}tsʅ^{22} 怎来 tsəŋ^{312}lei^{22}	多来 tɯ^{22}lei^{22} 多了儿 tɯ^{324}lɤr^{53}	
问数量					多儿 tɤr^{324}	几 tsʅ^{324}
问方式				怎办 tsəŋ^{312}pã^{55} 怎 tsəŋ^{312}		
问行为		做甚 tsuəʔ^{22}səŋ^{55}		怎咧 tsəŋ^{312}lieʔ^{0}		

从上表中可以看出，汾阳方言特指疑问代词比较成系统的是"甚"系和"何"系疑问词，它们大致相当于普通话中的"什么"系和"哪"系疑问词，其对应关系如表 2-11 所示。

表 2-11　汾阳方言特指疑问代词用法

特指疑问词		疑问用法						非疑问用法			与普通话的对应关系
		处所	人	物	时间	原因	性状	事件	虚指	任指	否定	
何系疑问词	何地儿	+							+	+	+	哪里/哪儿
	何疙瘩儿	+							+	+		哪个儿
	何圪角子	+							+	+		哪个儿
	何厢	+							+	+		哪边
	何面儿	+							+	+		哪面
	何头儿	+							+	+		哪头
	何一个/何个儿		+	+					+	+		哪个
			+	+					+	+		
	何圪节		+	+					+	+		
	何些儿		+	+					+	+		哪些
	何日儿				+				+	+		哪天
	何一阵儿				+				+	+		哪一阵儿
	何一回				+				+	+		哪一回
甚系疑问词	甚		+	+					+	+	+	什么
	甚地方儿	+							+	+		什么地方
	甚会儿				+				+	+		什么时间
	为甚					+			+	+		为什么
	甚样儿						+		+	+		什么样子
	做甚							+				做什么
	（有）甚事								+	+	+	（有）什么事

根据我们的研究[①]，"何"沿用了上古汉语中的用法，并发展出了自己的特点，一系列的"何"系词中"何地儿"的语法化程度最高，不仅用于问处所，还用于反诘问句、虚指、任指、否定等用法，其历史层次应该在"甚"系疑问词之前。

第二节　副词

现代汉语副词是比较难以捉摸的一类词，因其自身特点、各家分类标准不同、历史传统观点的影响等原因，对它的定性和分类历来是争论最多的。我们这里不专门讨论其定性与分类，按照一般观点，认为副词是主要充当状语的，在意义上表达程度、范围、情状、时间、否定、语气等语义。汾阳方言的副词和普通话有同有异，相同部分不再赘述，本节主要描写比较有汾阳方言特色的几个副词，其余只列表表示。汾阳方言的副词大体分为六种类型：程度副词、范围副词、情状副词、时间副词、语气副词和否定副词，还有一些不好分类的归入其他副词，下面以此分类为序分别加以说明。

一　程度副词

程度副词是描述谓语程度的副词。按照表义的程度深浅，分为高量和轻量程度副词，分别有：

高量程度副词：可$_1$、大、直、待、怪、焦˭、百、尽。

轻量程度副词：可$_3$、不大、有些儿、差圪丝儿、顶多。

其功能表义等，如下表所示：

[①] 李卫锋：《山西汾阳方言特指疑问代词——从"何地儿"说起》，《河北师范大学学报》2016年第4期。

表 2-12 汾阳方言程度副词

	副词	表义	功能	例句
高量	可 ₁kʰəʔ²²	非常、很	+Adj/VP/N	盘子~烧咧，戴上手套儿撅吧。
	大 tɯ⁵⁵ 白/ta⁵⁵ 文	完全	+V/Adj	你感冒~好啦？还是多穿上些儿吧。
	直 tʂəʔ³¹²	一股劲儿	+V	雨下得可大咧，~倒咧。
	待 tai⁵⁵	挺、很	+Adj	不用看俺爸八十多啦，走两步还~精神咧。
	怪 kuai⁵⁵	十分	+Adj	这间窑儿多儿年没人住啦，~森人地。
	焦 tɕiɯ⁼³²⁴	很、非常	+Adj（有限制）	孩儿的奔头~烧儿地，赶紧看看去吧。
	百 piaʔ²²	十分、非常	+Adj 用于否定句	今儿的饭谁做的咧？~没味。
	尽 tɕiẼ³¹²	最	+方位词	他家在~西头住着咧。
轻量	有些儿 iou³¹²⁻³¹ɕiər³²⁴	有点儿	+Adj	我今儿的胃~不舒服，一会儿看看嘿。
	不大 pəʔ²²tɯ⁵⁵	不怎么	+V/Adj	我今儿~舒服，不想动弹。
	可 ₃kʰɯ³¹²	不太	+Adj	今儿~热啦。
	差圪丝儿 tsʰɯ⁵⁵kəʔ³¹²⁻³¹sər³²⁴	差点儿	+V	我一出门子~（没）滑倒。我~就误了班车。
	顶多 tiẼ³¹²⁻³¹tɯ³²⁴	最多	+V	我~出一千个钱儿。

二 范围副词

范围副词是表示动作行为所涉及的范围的副词，有表总括的和表限定的：
表总括：都、一齐、满共、一齐乎子。
表限定：单另、产⁼、就、光。

表 2-13　汾阳方言范围副词

	副词	表义	功能	例句
表总括	都 tou³²⁴	范围内全部	+VP/Adj	俺家班儿里～考的是好大学。
	满共 mã³¹²kuŋ⁵⁵ 云共 yŋ³²⁴kuŋ⁵⁵	总共（数量的总和）	+NP	～三五个人，你做下那故子菜能吃喽？
	一共 ieʔ²²kuŋ⁵⁵	总共	+VP/Adj/Adv	～就这圪丝儿活计还把你愁的。
	一齐 ieʔ²²tsʰʅ²²	全部一起	+VP/Adj	人和行李～回来的。
	一齐乎子 ieʔ²²tsʰʅ²²fʋ²²tsəʔ²	全部一起	+VP	那家～给喽我四百块钱儿。
	可₁kʰəʔ²²	满	+NP	～世界贴的都是广告。
	一搭儿里 ieʔ²²tar³²⁴²lei⁰	一起	+VP	我们几个肯～耍。
表限定	单另 tã³²⁴liẼ⁵⁵	另外	+VP	我～给你一张纸重写吧。
	产 tsʰã³¹²	光、单、仅仅	+NP	他家～核桃树儿还种着二十亩咧。
	不产 pəʔ²²tsʰã³¹²	不仅仅	+NP	～（是）你不及格，那故子人都不及格。
	就 tsou⁵⁵	只有	+NP	居舍～我一个人还，怎也好说。
	光 kuaʔ³¹²	只、单	+VP/Adj/NP	～我们班报名的就有十来圪节人咧。
	厮 ʂəʔ²²	互相	+VP	弟兄俩都可懒咧，地里的活计就是～靠咧。
其他	不拘 pəʔ²²tsʮ⁵⁵	不管（什么）	+甚/VP	常回的眊眊你妈，～荷上些儿甚也行
	净 tɕiẼ⁵⁵	很多，大多数	+VP	咱们同学～当老师的。

三　情状副词

情状副词是指描述动作发生时的具体情形、状况的副词，是一个半开放的类。汾阳方言中常用的情状副词有：猛不防、刹打刹、忽刹地、已不儿、贸、瞎、凑势/就势、一伙等。具体如下表：

表 2-14 汾阳方言情状副词

副词	表义	功能	例句
猛不防 mia⁣^{312}pəʔ^{22}fuɔ^{22}	冷不防	+（Adv）+VP	我今儿走着走着，～就跌喽一跤。
失不嚓ʂəʔ^{22}pəʔ^{22}tsʰaʔ^{2}	不小心地	+VP	我～碰喽那家一伙，那家就不让啦。
刹打刹sa^{55}ta^{312}sa^{55}	猛地	+VP	我要～去喽一个生地方还转向咧。
忽刹地xuəʔ^{22}sa^{55}tsʅ^{0}	忽然	+VP	回喽居舍我才～想起来，忘记买面啦。
已不儿zʅ^{312}pur^{55}	已然如此	+VP	～是这个啦，随他着吧！
贸 mau^{55}	无凭借地	+V	不用拓上字帖写，你就～写吧。
瞎xaʔ^{22}	胡乱地	+VP	他就～吃搗咧，甚也解不下。
凑势 tsʰou^{55}ʂʅ^{0}／就势tɕiou^{55}ʂʅ^{0}	顺势	+VP	你～告给他不用过来啦。
一伙ieʔ^{22}xu^{312}	一下子	+（Adv）+VP	我走得好好地，一挂摩托～就撞过来。
生硬sən^{324}tɕiɛ̃^{55}	硬生生地	+VP	我～把那家拽将来。
停停儿地tʰŋ^{22}tʰər^{22}tsʅ^{55}	安静地	+VP	你～坐阵儿吧，一阵儿也不闲着。
款款儿地kʰu^{312}kʰuɐr^{22}tsʅ^{55}	轻轻地	+VP	那俩玻璃瓶子得～放咧哈。
专tʂuã^{324}	专门	+VP	我～逗那家咧，那家给当喽真啦。
专门儿tʂuã^{324}mər^{22}			你说你～做甚咧？连个儿这个也做不喽。
专一股儿tʂuã^{324}ieʔ^{22}kɤʋ^{22}			小偷就～往人多的地方儿挤咧。

四 时间副词

时间副词是表达动作时间的副词。汾阳方言中的时间副词如下表所列：

表 2-15 汾阳方言时间副词

副词	表义	功能	例句
常tʂʰuɔ^{22}	经常	+VP（VP 前可加介词短语或其他副词）	你是不是～来这儿咧？
时常儿sʅ^{22}tʂʰuɐr^{22}			他女儿～来眊他来。

续表

副词	表义	功能	例句
时刻儿$sʅ^{22}kʰer^{22}$			俺孩儿的鼻子～是堵着。
常向儿$tʂʰuɔ^{22}ɕiar^{22}$			我～告那家喝上酒可不敢开车。
可₁肯$kʰəʔ^{22}kʰəŋ^{0}$			我们小时儿～在一搭儿来耍咧。
肯$kʰəŋ^{312}$			他家和我家不是直亲，可是～来走。
老lau^{312}			你～训孩儿，训得孩儿害喽怕啦。
可₁共$kʰəʔ^{22}kuŋ^{55}$	用于肯定句表示"从不"；用于否定句表示"总"	肯定句中，+吧+VP；否定句中，+（也）+VP	我～吧去他家咧，今儿头一回。～也不见你，忙甚咧？
可₁底子$kʰəʔ^{22}tʅ^{312}tsəʔ^{0}$	一直以来	+（Adv）+VP	我～就不爱吃甜的。
一遍啊$ieʔ^{22}pi^{55}lia^{0}$	平时、往常	+介短/Adv+VP	你～在何地儿做作业咧。
向来$ɕia^{55}lei^{22}$	从来	+VP	～都是我主动寻人家，人家不寻我。
正$tʂəŋ^{55}$	正在	+VP	我～吃饭咧，那家寻将来啦。
早$tsau^{312}$	早已（完成）	+VP	我的作业～写完啦。
早就$tsau^{312}tsou^{55}$	已完成	+VP	那家俩～好上啦。
当下$tuɔ^{55}ɕia^{55}$	现在立即	+（Adv）+VP	我何地儿能～就寻下那故子人咧？
眼看$n̩iã^{312}kʰi^{55}$	事情正发展至此	+（Adv）+VP	～就要走咧，那家才崴住脚啦。
说话$ʂuəʔ^{22}xua^{55}$	马上	+（Adv）+VP	我～就回去啦，不用着急。
马下$ma^{312}ɕia^{55}$	立即，马上	+（Adv）+VP	这事情不是～就能解决喽的。
立马$lieʔ^{22}ma^{312}$	马上	+（Adv）+VP	我穿上衣裳，～就走。
趁早儿$tsʰəŋ^{55}tsaur^{312}$	趁早	+VP	你～死喽那个心吧，他肯定不和你去。
迟早$tʂʅ^{22}tsau^{312}$	早晚	+VP	你不听老人言，～要吃大亏咧。
一顿些儿$ieʔ^{22}tuŋ^{55}ɕiər^{324}$	赶紧	+VP	～走吧，人家们等你着咧。
刚$kuɔ^{324}$	刚刚	+VP	我～回来，倒又告我走咧

此外，还有几个副词从语义上看，不是明确表达时间的，但与时间相关，我们也将其归入这一组副词。

表 2-16　汾阳方言与时间相关的副词

副词	表义	功能	例句
且tɕʰi³¹²	表经久	+VP	你~等着吧，那家可费事咧。
且待tɕʰi³¹²⁻³¹ tieʔ²²	来得及	+NP+VP	还没~我出去，人家们倒都回来啦。
且不得 tɕʰi³¹²⁻³¹pəʔ²²tieʔ²²	来不及	+NP+VP	~我出去，人家们倒都回来啦。
才待tsʰei²²tei⁵⁵	表事态持续	+VP/Adj	他这阵儿不觉煞，以后~心烦咧。
旋ɕy⁵⁵	表陆续	+VP	你不用一下都荷上，~取吧。

五　语气副词

语气副词是表达说话人主观态度的副词。分为表推测语气、确认语气、评价语气等。列表如下：

表 2-17　汾阳方言语气副词

分类	副词	表义	功能	例句
推测	怕是pʰa⁵⁵sɿ⁵⁵	恐怕	+VP	我~赶不上今儿的火车啦。
	概kai⁵⁵	大概	+VP	六点半啦，我妈~回来啦。
	不敢定 pəʔ²²kã³¹²tiẽ⁵⁵	说不定	+(Adv)+VP	那家不在居舍，~早去喽校里啦。
	还许xã²²sɿ³¹² 兴许ɕiẽ³²⁴sɿ³¹²	也许	+VP	我~得一会儿才能回去咧，你先回吧。
	商ʂɔ³²⁴	试着	+VP	你~问问他，看他愿意不愿意咧。
	商不当 ʂuɔ³²⁴pəʔ²²tuɔ⁰ 商或当 ʂuɔ³²⁴xeuʔ²²tuɔ⁰	说不定、或许	+VP	这本书你带上吧，~要用喽。

第二章　词类（上）

续表

分类	副词	表义	功能	例句
确认	敢 kã³¹²	难道、莫非	+VP	你～没吃过羊糊喇？
	敢是 kã³¹²sʅ⁵⁵	难道是	+VP	我～说你咧？你火甚咧？
评价	正好 tʂəŋ⁵⁵xau³¹²	恰好	+VP	我～去车站，捎上你吧。
	可₂kʰɯ⁵⁵	正好	+VP	你要的货～剩下三件儿。
	可₂好 kʰɯ⁵⁵xau³¹² 可₂巧 kʰɯ⁵⁵ɕiau³¹²	正好/正巧	+VP	那家进门子，我～出门子。
	就要 tsou⁵⁵iɯ⁵⁵	偏要	+NP	我～我妈送我咧，不送我就不走。
	亏得 kʰuei³²⁴tie²²	幸亏	+VP/NP	～我们来得及时，不闲就董下大乱儿啦。
	使上 sʅ³¹²ʂuŋ⁵⁵		+VP	我～没啦听他的话买股票，他可赔塌啦。
	可₁不咧 kʰə²²pə²²	果然	作插入语	我看喽一下表，～，倒六点啦。
	可₁没啦 kʰə²²ma³²⁴	简直	+VP	为喽做这个儿手工～费煞那个事。
	好歹 xau¹²tei³¹² 好赖 xau³¹²lai⁵⁵	不管怎样	+VP	你～隔二皮三看看你妈的，她就歇心啦。
	死活 sʅ³¹²⁻¹²xuəʔ³¹² 长短 tʂʰuŋ²²tu³¹² 贵贱 kuei⁵⁵tɕi⁵⁵	无论如何	常用于否定句	我喽～见不得他那个死蔫半垂地的样儿。
			肯定否定均可	你可～给我寻见那本书，我着急要用咧。
			常用于否定句	不知道那家跑到何地儿啦，～打不通电话。
	左来右的 tsu³¹²⁻³¹lei³²⁴iou⁵⁵tieʔ⁰ 横顺 ɕya²²ʂuŋ⁵⁵	反正	+（Adv） +VP	不管你怎说，那家～是要走咧。 你～就这一套儿，还有甚新鲜的咧？
	倒 tau⁵⁵	有点意外	+VP	我们～出来啦，他们还没进去咧。
	甚不甚 səŋ⁵⁵pə²²səŋ⁵⁵	不管怎样	+（Adv） +VP	进门子～先喝上口热水，压压凉气。
	到底 tau⁵⁵tʅ³¹² 到究 tau⁵⁵tɕiou⁰	到底	+VP	你～有多儿事没啦告我咧？

六　否定副词

否定副词是表达否定意义的副词。汾阳方言的否定副词基本与普通话一致，如：不、没。还有几个不太一样的，如：不儿、不胜、未勤。列表如下：

表 2-18　汾阳方言否定副词

副词	表义	功能	例句
不儿 pur^{55}	不要	+VP 多用祈使句	～说甚不听甚，到时候有你苦头吃咧。
不胜 pəʔ^{22}səŋ^{55}	不如	+VP/NP	你的字可～你爸。
未勤 vei^{55}tɕʰiɛ^{22}	还没来得及	+VP	～说话，那家倒哭成瞎嗷啦。

七　关于几个副词的详解

（一）可

1. "可"的基本用法

在汾阳方言中"可"有三种读音：[kʰəʔ^{22}]/[kʰɯ^{55}]/[kʰɯ^{312}]，表义都不同，应当算同形不同音的几个词，按照读音依次视为：可$_1$、可$_2$、可$_3$。下面逐一分析。

"可$_1$"的用法最多：

①用作程度副词，义为"非常、很"，表程度深，后面所带成分比较多，可以是形容词、心理动词、动词短语、名词等，句末用语气词"咧"搭配。用于陈述句、感叹句，如：

（1）盘子～烧咧，戴上手套儿揣吧_{盘子特别烫，戴上手套端吧}。
（2）这儿的菜～新鲜咧！
（3）俺厮儿～怕他爸爸咧。
（4）你不用看这个冰箱好看，～占地方咧，不实用。
（5）那个人就～小家儿气咧，不用和他见过_{那人就特别小气，不要和他一般见识}。

②用作语气副词，表示强调语气，用于陈述句或祈使句，强调所陈述

内容的事实性，或所嘱托内容的重要性，如：

（6）这<u>一个</u>~比那<u>一个</u>好得多咧。

（7）你~把我问住啦，我真的不知道。

（8）你~不敢跟上赖孩儿们瞎起去[tieʔ]哈<small>你可不能跟上坏小子们瞎跑啊</small>！

（9）我~寻<u>那家</u>来，根本寻不见。

（10）就因为个儿<u>这个</u>，你妈~要翻翻<small>唠叨</small>你咧。

例（9）（10）表现的是处在不同时态中的"可"与动词的组合，例（9）强调动作的过程反复了多次或经历时间长，例（10）强调将要进行的动作可能会时间长、次数多。作为语气副词，还用于"可不咧"这样的组合中，单独成句，相当于北京话里的"可不是"，实际表达的是赞同义，如：

（11）你家大门还开着[tieʔ]咧。——哦，可不咧，忘记锁啦。

③用作范围副词，义为"满"，表示到处都是的意思，一般会用于表地点的名词前，如：

（12）你去何地儿来咧？害得我~世界寻你咧。

（13）人家就好赖不收拾，~院捣得乱七八糟<small>人家好歹是不收拾，满院子扔得乱七八糟</small>。

这一用法有时也读如"可₂"，如"可到处、可街上、可院里、可世界"[①]，平遥话中就是读为舒声的去声，侯精一先生把它看作形容词[②]。我们认为它是副词，汾阳方言还有"可<u>这个黑</u>里"，"可"读入声，也是"到处"的意思。那么这个表示"到处"意义的"可"也许本来是读同"可₂"的读音，因长期弱读，在语流中变读为短促的入声。

"可₂"是语气副词，表示正好的意思，可以说"可好/可巧"，也可以单用，如：

（14）我去单位上寻<u>那家</u>，<u>那家</u>~不在。

（15）老二今年~好十八，够人家的条件。

[①] 据我们调查，这几个词中的"可"读去声的现象存在于七八十岁老人的口语中，七十岁以下的汾阳人已经把这几个词的"可"读成入声。我们在《汾阳话与普通话》（简编）第161页也查到了这几个词的"可"读去声的记录，这本书是汾阳人赵骏程老先生在1964年写成的，可能在那个年代"可₁"在"可到处"这类词中还读舒声，如今人们已经将其混入入声中去了。

[②] 侯精一：《现代晋语的研究》，商务印书馆1999年版，第385页。

"可₃"一般作程度副词,表示程度减轻,也可直接作谓语,除了用于陈述句,也能用于祈使句,如:

(16)我的腿今儿~疼些儿。

(17)夜来可₁热咧,今儿~热。

(18)那两天感冒得厉害咧,这两天~啦。

(19)给我的饭盛得~满些儿哈!

由例(17)我们看到两个"可"的语义完全相反,前者表"热"之程度深,后者表"热"之程度减轻。例(18)的"可"表现出形容词的特征,用作谓语,表示"病痛减轻"的意思。例(19)是祈使句,要求饭盛得不要太满。宗守云谈到张家口方言中的两个"可",一为高量程度副词,表示"很、非常";二为轻量程度副词,表示"不怎么"①。它们分别对应汾阳方言的"可₁"的第一种用法和"可₃"。

2. "可"之辨析

普通话的副词"可"前辈时贤多有论述,普通话的"可"表强调语气、表转折、表疑问等,汾阳方言的"可₁"基本对应普通话中的"可",这里不赘述。很明显,汾阳方言的"可"还有与普通话明显的不同之处。

目前详细描写晋语副词"可"的文章不算多,我们所见到的有侯精一谈平遥方言的"可"有两种读音②,分别表示程度减轻和"满"的意思。宗守云(2013)谈张家口方言中有两个程度副词"可",称为高量程度副词和轻量程度副词。史秀菊描写兴县方言中的"可"有两种读音,一是表示程度深,二是用于"可可地"表示正好,是语气副词③。马启红描写太谷方言的副词"可"④,张军香描写宁武方言的"可"⑤,张国微描写榆次方言的"可"⑥,都提到作程度副词时有表程度加深和程度

---

① 宗守云:《张家口方言轻量程度副词"可"的逆转性和趋利性》,《中国语文》2013年第2期。

② 侯精一:《现代晋语的研究》,商务印书馆1999年版,第384页。

③ 史秀菊、双建萍、张丽:《兴县方言研究》,北岳文艺出版社2014年版,第306页。

④ 马启红:《太谷方言副词说略》,《语文研究》2003年第1期。

⑤ 张军香:《宁武方言中的副词"可"》,《忻州师范学院学报》2014年第1期。

⑥ 张国微:《山西榆次方言"可"的几种特殊语义功能》,《晋中学院学报》2010年第5期。

减轻变弱的功能。下面我们将上述方言点"可"的读音与语义列表①进行比较：

表2-19 各地方言"可"的用法

	可 1	可 2	可 3
汾阳	$k^h\partial\text{ʔ}^{22}$（程度副词、语气副词、范围副词）	$k^h\text{ɯ}^{55}$（语气副词，正好）	$k^h\text{ɯ}^{312}$（程度副词，表程度减轻）
平遥		$k^h\text{iE}^{35}$（去声，形容词，满）	$k^h\text{iE}^{53}$（上声，形容词、副词，程度减轻或不够）
兴县	$k^h\partial\text{ʔ}^{55}$（程度副词，加深）	$k^h\text{ɣ}^{53}$（语气副词，正好）	$k^h\text{ɣ}^{324}$（范围副词，整个）
宁武	$k^h\partial\text{ʔ}^{2}$（程度副词，加深）	$k^h\text{o}^{52}$（语气副词，正好）	$k^h\text{o}^{34}$（程度副词，表程度减轻）
太谷	$k^h\partial\text{ʔ}^{11}$（程度副词，加深）		$k^h\text{ie}^{323}$（程度副词，表程度减轻）
榆次	（程度副词，加深）		（程度副词，表程度减轻）
张家口	$k^h\text{ʌʔ}$（入声，高量程度副词）		$k^h\text{ɣ}$（上声，轻量程度副词）

从上表可见，宁武话与汾阳方言的情况完全对应。此外，江蓝生提到山西的文水、忻州、孝义、太谷、太原、祁县等地作为程度副词的"可"都读入声②。可以说，在晋语很多地方"可"作程度副词一般都有两种情况，一是表程度加深，读入声；二是表程度减轻，读上声。二者应该是通过语音的变化来表现语法作用的不同，在汾阳话、宁武话、平遥话、兴县话中还包括作语气副词的"可₂"通过去声表示"正好""满"等义。

那么三个"可"的来源是怎样的呢？

我们认为在汾阳方言和其他各地方言中"可₁"都是最活跃、功能最多

---

① 表中所列各地方言"可"的读音与用法出处：平遥引自侯精一（1999）、兴县引自史秀菊（2014）、张家口引自宗守云（2013、2014）、宁武引自张军香（2014）、太谷引自马启红（2003）。榆次方言引自张国微（2010），但原文没有注音，只有用法。侯精一（1999）没有列出"可"作程度加深义副词的用法，据笔者了解，平遥话中有此用法，表中还是按侯先生的说法。

② 江蓝生：《疑问副词"可"探源》，《古汉语研究》1990年第3期。

的，一般都可以作语气副词、程度副词，还可以作转折连词。从语气副词和转折连词这个角度看，它与普通话中的"可"无异，汾阳方言除了没有表疑问的用法，表强调、转折用法是与普通话一致的。就现代汉语普通话的"可"而言，很多学者作过探讨，总括刘坚等（1992）、江蓝生（1990）、席嘉（2003）、齐春红（2006）、张旺熹、李慧敏（2009）等人对副词"可"的研究可知："可"作语气副词的用法是有由动词义"许可"虚化而来的，"可"在先秦有助动词的用法，汉代由于语境影响产生了表反诘的用法，唐代进一步发展，并引申出表疑问和强调的用法，而且表强调的用法在语义转折这种特定语境影响下，引申出转折用法。这也应该是汾阳方言"可$_1$"表强调和表转折义的由来。

"可$_1$"表示"满"的意思，项楚提到在敦煌变文中有所见，并指出在东北方言中还有这种用法[①]。江蓝生提到"可"在北京话中也可当"满"讲[②]，如"可屋子、可桌子、可工厂"等。可见，这种用法是近代汉语的留存，也并非晋语独特的用法，应该广泛存在于北方话中。"可$_1$"表程度加深和表示"满"，应该也是有同源关系的，二者都具备高量程度的意思。从高量度这个角度看，程度加深和"满"都表示一种肯定和积极的主观态度。这种肯定来源于对事物的强调，因此方言中的这种高量程度副词的用法应该也是从近代汉语表达强调义的"可"而来。当然，目前关于各地方言的"可"作高量程度副词的论述中，还没有明确的证据来证实这种源流关系。

汾阳方言的"可$_2$"表"正好"义的用法，与元明白话作品中"可可"的用法一致，应该是同源关系。马启红（2003）谈到太谷方言的"可可"也来源于元明时期的这一用法，她举的例子为：

怎么这尸首可可的在你后门？（《杀狗劝夫》四折）

及至他昨晚得了信,今日天不亮便往这里赶,赶到青云堡褚家庄,可可儿的大家都进山来了。（《儿女英雄传》二十一回）

上例用汾阳方言对译的话，其中的"可可的"能换作"可"，"可可儿的"

---

① 项楚：《变文字义零拾》，《中华文史论丛》1984年第2期。
② 江蓝生：《敦煌变文词语琐记》，《语言研究》1985年第1期。

能换作"可好"。事实上,"可"作"恰好"讲,唐代已有此用法,张相《诗词曲语辞汇释》中解释"可(二)"为"可,犹恰也。"举例为[①]:

　　吾亦淡荡人,拂衣可同调。(李白《古风》十)
　　由来碧落银河畔,可要金风玉露时。(李商隐《辛未七夕》)
　　甚风儿今夜吹来到,也是天对付,可教我和兄弟厮寻着。(元杂剧《争报恩》剧一)

可见,"可₂"作"正好"讲应是唐代用法的留存。

　　汾阳方言的"可₃"表程度减轻,应该是从表示病痛减轻的形容词"可"虚化而来。张相《诗词曲语辞汇释》中解释"可(六)"为"可,犹愈也,病愈之愈。"并举例[②]:

　　瘦得浑如削,百般医疗终难可。(《董西厢》三)
　　从今后玉容寂寞了梨花朵,脂唇浅淡了樱桃颗,这相思何时是可?(《西厢》二之三)

又有"可(九)"解释为"可,轻易之辞。引申之则犹云小事也;容易也;寻常也;在其次也;不在意也。再引申之,则犹云含糊也;隐约也。"[③]江蓝生论述敦煌变文中的"可"表示程度轻,有两种语法位置,一是作谓语,并举张相"可(九)"的解释,认为早在魏晋、六朝时期已有此用法;二是在动词、形容词前作状语,本义为"轻",引申为"少也"。并举例[④]:

　　有人使唤,由可辛勤;若是无人,皆是自去。(父母,变682)
　　一个个总交成立后,阿娘方始可忧烦。(又,变687)

第二种句法位置,在张相书中未见。而在方言中,敦煌变文的这两种用法一直留存至今。关于"可₃"的来源,宗守云(2013)谈到张家口方言中表轻量的副词"可"时也有过论述,他认为"在晋语中心地区,表示病痛程度减轻的形容词'可'可以作谓语,也可以用作状语:病可了~可病了;痛可了~可痛了。'可'经常在状语位置,其中心语就逐渐类推到其他表示

[①] 例句转引自张相《诗词曲语辞汇释:卷一》,中华书局1977年版,第52页。
[②] 同上书,第57页。
[③] 同上书,第60页。
[④] 两例皆引自江蓝生《敦煌变文词语琐记》,《语言研究》1985年第1期。

消极意义的词语，很有可能先类推到表示消极反应的词语，然后又类推到其他，'可'于是就虚化为一个表示逆转否定的副词"[①]。我们认为这个观点是可信的。

（二）厮

汾阳方言中"厮"表示相互，有"厮+V"格式，可以组成"厮打、厮骂、厮推、厮靠、厮咬、厮跟、厮敬、厮鼓劲儿"等，表示动作主体双方将某一动作相互作用于对方。马启红（2003）指出太谷话的这一格式一般用于带有贬义的语境中，表示说话人主观上对此类动作的不认可。汾阳方言不一定用于贬义语境，如：

（20）那<u>两个</u>人就因为屁大圪丝儿事就厮打起。

（21）<u>这个</u>事谁愿意管咧？头儿们都是厮推咧，都怕担责任咧。

以上属于贬义语境，但如下例则都是褒义语境：

（22）快考试着[tieʔ⁰]啦，人家俩老在一搭儿里复习，每天厮鼓劲儿。

（23）人和人就<u>这个</u>的，你敬我一尺，我敬你一丈，厮敬喽就怎也好说。

一般认为，"厮"即"相"。张相解释"厮，犹相也。"并举例[②]：

莲子与人长厮类，无好意，年年苦在中心里。（欧阳修《渔家傲》）

几个相知可喜，才厮见说山说水。（辛弃疾《夜游宫》）

元明白话作品中的例子更多，如前例《争报恩》的句子。从语义上讲，"厮"来自"相"是毋庸置疑的。关于"厮"读入声，而"相"读舒声的问题，侯精一先生（1999）谈平遥方言的"厮"读入声，除此以外，山西中部的其他地区也多读入声。马启红（2003）对此有过论述，她考察了宋人罗大经《鹤林玉露》卷五"相字音厮"条曰："白乐天诗云：为问长安月，谁教不相离。""相"字下自注云"思必切"。乃知今俗作"厮"字者，非也。并举近代汉语中多处例证，认为"厮（相）"在宋代俗读入声，今太谷方言副词"厮"读入声也印证此说。实际在晋语多数方言中，"厮"都

[①] 宗守云：《张家口方言轻量程度副词"可"的逆转性和趋利性》，《中国语文》2013年第2期。

[②] 例句转引自张相《诗词曲语辞汇释：卷一》，中华书局1977年版，第228页。

读入声，这应当是对近代汉语"厮"音的继承。

（三）敢

"敢"在现代汉语中分为两个词，"敢$_1$"：①有胆量，有勇气；②有胆量做某事；③有把握作某种判断；④谦辞，表示冒昧地请求别人。"敢$_2$"：〈方〉莫非；怕是；敢是。汾阳方言中的"敢"与"敢$_1$""敢$_2$"用法大体一致，小有不同。"敢$_1$"是动词，汾阳方言口语中一般不用前述的第④个意义，而且有助动词的意义。作为助动词的"敢"一是用于"不敢定"这样的固定结构，用作副词，如：

（24）不敢定他今儿就回来啦。=他不敢定今儿就回来啦。=他今儿不敢定就回来啦。

"不敢定"在汾阳方言中已经虚化为了一个副词，在句中作状语，位置较自由。

二是用于表示情理上、环境上的不许可，略相当于"能"。如：

（25）咱们这行儿正月里敢动剪子_{咱们这儿正月里能用剪子吗}？

（26）不敢在汽道上瞎卜捷跑，操心给车碰住_{不能在马路上瞎跑，小心被车撞}。

（27）你可不敢跟上认不得的人走，操心把你卖喽着[tie?⁰]_{你可不能跟不认识的人走，小心把你卖了}。

这个"敢"一般用于核心动词前，也可以在中间加介词短语，多用于否定句，有时也用于疑问句。在"不敢"前加语气副词"可"表强调，说话人推测会有后面的情况发生，但叮嘱听话人一定不要做这样的事或特别希望事情不会发生。晋语中这种情况比较多。

下面我们重点要说的是语气副词"敢$_2$"。汾阳方言的"敢$_2$"表面看，表示的是反诘语气，但实际还是表达说者希望得到确认和肯定的语气。多用于以下句式中：

A. 指代词+敢+是/不是+（NP）？

（28）这个敢不是你的书？

（29）这个敢是你的书？

例（28）的语境是说者主观认为眼前这本书就是听者的，但事实可能不是，说者反问听者，希望听者确认。例（29）的语境是说者主观认为眼前这本书不是听者的，但事实可能就是听者的，说者反问听者，希望得到听者否认的回答。"敢是/敢不是"实际反应的是说者的主观看法，希望通过反问，得到与自己主观看法一致的回答。有时这类句子可以承前省略NP，这时语义又有改变。如说"这个敢不是？"表达的是说者指出眼前的人或物就是要找的，反问表达的是说者主观肯定的意思，此句去掉"敢"也可以，但那种确认的语气就没有了。如说"这个敢是咧？"表达的是说者认为这个人或物不是要找的，反问表达说者希望听者确认自己的否定。

  B. 人称代词+敢+（否定词）+VP？

  （30）你敢不会开车？

  （31）你敢会开车？

  （32）我敢知道你要出的？你又没啦告我。

例（29）（30）的语境是说者主观认为听者会开车或不会开车，但事实或许相反，通过反问，说者希望得到听者认同的回答。例（32）的语境是说者主观认为听者不会出去，但事实是听者出门了，通过反问，表达说者希望听者知晓并认同自己的想法。

  C. NP/VP+敢+（否定词）+VP？

  （33）错喽敢就不能改啦？改喽就是好孩儿。

  （34）选下这一个敢就是这一个啦？不能重选啦？

  （35）电脑敢是你买的？

  （36）手机敢不是打电话用的？

以上例句均是说者主观认为"做错事改了就好""选择以后还可以更改""电脑不是你买的""手机是用来打电话的"，通过反问希望得到听者认同的回答。

  此外，在语篇当中，"敢$_2$"一般用于答句，承接对方的话，所用的形式仍是反问的形式。如：

  （37）甲：人家你的这个手艺可不是一般人能学喽的，肯定练喽多儿年才练成的吧？——乙：敢是吹咧？我从小儿就跟上俺爷爷磨豆腐，多儿年啦咧？四十年喽总有。

  （38）父：你孩儿做作业怎么这来费事咧？做喽两小时还没啦做完咧。——母：敢是说咧？就不给你正经做，磨拖得还怕咧，说喽还嫌说咧。

以上两例中用了"敢是",已成为汾阳方言中的一个凝固用法,一般仍要使用反问形式。例(37)中的"敢是吹咧"义为"不是我吹",例(38)中"敢是说咧"义为"不是我说",均为口头语,有话语标记的意味,实际仍是表达确认的语气。

由以上"敢"的句法分布情况可以看到,在汾阳方言中,"敢$_2$"一般用于反问句,通过反问,说者表达自己的主观看法,希望得到听者认同自己的回答,实际表达确实如此的肯定语气。无论是句中的肯定形式还是否定形式,"敢$_2$"在句中都用来表达一种确认语气。"莫非、怕是、敢是"也都表达这样的语气,即用反问的形式来表达说者的主观确认。

关于语气副词"敢$_2$",各家讨论也比较多。郭校珍[1]认为山西晋语的语气副词"敢"用在反诘疑问句中,加强反诘语气;在祈使句中,反诘意味明显减弱,语气委婉;用于陈述句句首或核心动词前,仍有微弱的反诘色彩;用于疑问句句首或句中动词前,反诘意味消失,表单纯的猜想、推测,但肯定性很强。邢向东[2]专门讨论了神木方言中的语气副词"敢",认为"敢"用于陈述句、祈使句、感叹句,都表示确实如此的肯定语气;用于表示揣测的问句和反问句,表达的仍然是"肯定性推测"。邢向东同时也提到了很多学者对晋语中的"敢"的讨论,这里不赘述。从与晋语其他方言的比较来看,汾阳方言的"敢"有如下特点:

第一,"敢$_1$""敢$_2$"读音相同,不连用。据邢向东的考察,晋语中有很多方言二者不同音,或者声韵相同、声调有别。且他认为二者读音相同应是早期状态,读音不同是后起演变的结果。汾阳方言中的情况应是早期状态。

第二,"敢$_2$"使用范围较窄,只用于反问句中,陈述句、祈使句、感叹句一般都不用,远没有其他方言的使用范围广泛。

第三,"敢$_2$"表达的是确实如此的肯定语气,与神木方言中所表达的语气一致,但使用范围大大受限。邢向东认为表确认的"敢$_2$"应是从表可

---

[1] 郭校珍:《山西晋语语法专题研究》,华东师范大学出版社2008年版,第43—46页。
[2] 邢向东:《陕北神木话的语气副词"敢"及其来源》,《方言》2013年第3期。

能的助动词"敢₁"语法化而来。"表可能的'敢'在后代发生了两个方向的演化：一是语法化为表确定的语气副词，二是语法化为表推测的语气副词，前者在晋语、官话中分布较广，后者在官话和部分南方方言中都有分布。"①

八　副词连用

关于普通话副词连用的规则，张谊生（2000）、袁毓林（2002）已有充分的研究。我们发现汾阳方言的副词共现时按如下顺序排列：

语气＞时间＞范围＞程度＞否定＞情状

下面分别看各类之间的连用情况。

（一）语气＞时间、范围、程度、否定、情状

（39）那家**还许**^{语气}**早就**^{时间}买下房儿，是不敢告人么。

（40）**幸亏**^{语气}**光**^{范围}收数学作业，我的语文本儿忘记带啦。

（41）我喽**贵贱**^{语气}**不**^{否定}想和他一齐出差，那个人太样儿大。

（42）孩儿**怕是**^{语气}**刹打刹**^{情状}去喽新地方打生咧。

一些关联性的副词，如"又、也"可以放在语气副词前，但只能放在主语后，不能放在主语前，如：

（43）那家**又死活不**走啦，非要他妈咧。

（44）***死活**那家**又不**走啦，非要他妈咧。

*又死活那家不走啦。

（二）时间＞范围、程度、否定、情状

（45）那家们**肯**^{时间}**一搭儿里**^{范围}耍他们常在一起玩耍。

（46）她爸**一遍俩**^{时间}**可**^{程度}好脾气咧，今儿不知道怎啦她爸平时特别好脾气，今天不知道怎么了。

（47）我**可底子**^{时间}**不**^{否定}吃甜的我从来不吃甜食。

（48）那家**常向儿**^{时间}**猛不防**^{情状}呀吓唬孩儿一伙他常常冷不防吓唬孩子一下。

时间副词和范围副词成员比较多，也比较复杂，连用顺序也复杂，有时候

---

① 邢向东：《陕北神木话的语气副词"敢"及其来源》，《方言》2013年第3期。

会出现互换顺序的情况，如：

（49）人家们**又都**说不去啦。

（50）那家们**都又**返回去[tie?⁰]啦。

（三）范围＞程度、否定、情状

（51）俺俩**都**范围**不大**程度饿咧。

（52）教室里**满共**范围**没啦**否定几个人，怎上课咧？

（53）孩儿们**都**范围**停停儿地**情状在那儿坐着[tie?⁰]咧。

（54）我把用过的书**一齐乎子**范围**都**范围给喽下一届的孩儿们啦。

例（53）属于同类副词的连用。

（四）程度＞否定、情状

（55）我吃见这个红薯**百**程度**没**否定滋味。

（56）我今儿骑着[tie?⁰]电车子**差圪丝儿**程度**一伙**情状撞到[tie?⁰]电线杆子上。

（五）否定＞情状

（57）你**不**否定**凑势**情状告给你妈不用过来啦？

九 副词小结

总结上述内容，汾阳方言副词有如下特点：

第一，副词内容驳杂，有些副词不好归类，同一副词有多种语义，用于多个场合，如"可"。

第二，相比普通话而言，与之相同处较少，多数副词与普通话是不一致的。

第三，副词连用，一般是两种不同类副词连用，同类副词连用的情况多发生在范围副词内部。

第三章　词类（下）

第一节　介词

一　介词总述

现代汉语的介词是用来给动作、行为、性状等介引对象、方式、处所、时间等的虚词，也是一个相对封闭的词类。其特点是：可以后接一个名词性短语；介词短语可以充当谓语核心的状语；不能直接作谓语。按照介词与介引对象的位置关系，可以把介词分为前置介词和后置介词。汾阳方言的介词基本都是前置介词。汾阳方言的介词短语一般位于谓语核心前作状语，个别位于谓语核心后作补语。下表所列为汾阳方言的全部介词：

表 3-1　汾阳方言介词

分类	介词形式	语义功能	例句
处所	从 tsʰuŋ²²	介引动作起点、经由地	我刚～俺妈行过来。
	搁 tɕiaʔ³¹²		那家～校里回来就没啦背书包。 你孩儿～人堆里挤进来的。

第三章 词类（下）

续表

分类	介词形式	语义功能	例句
处所	往uə?³¹²	介引目标地	我们这一阵儿就~你行走，你赶紧回等的。
	顺住ʂuŋ⁵⁵tʂ°ʋ⁰	介引动作经由地	你~这一根道儿往前走走就到啦。
	到 ₂tie²²	介引动作处所的终点	你把鞋脱~何地儿啦咧？ 你送~我车站上就对啦。
	朝tʂʰɯ²²	介引动作朝向的方向	你~何厢睡咧？得脑~窗子那厢么。
	在tsei⁵⁵	介引事物存在的处所	你妈~俺家坐的咧。
	打ta³¹²	介引动作的起点、经由地	~这儿到你娘娘行有二十里地。
		介引动作时间的起点	~今儿起，你就不用来啦。
时间	从tsʰuŋ²²	介引时间的起点	~第明开始你到俺家写作业。
	自tsɿ⁵⁵	介引时间的起点	~过喽年走喽，那家还没啦回来过咧。
	到 ₁tau⁵⁵	介引时间的终点	我们在旧教室里上~高二才搬到 ₂新楼上。
	至tsɿ⁵⁵		我~这一阵儿也忘不喽小时儿俺妈怎打我来。
	赶ki³¹²	介引动作的时间点	那家~过年就回来啦。
方式	按ŋã⁵⁵	介引动作依照的方式	~人家老师教的做，不要瞎做。
	照tʂɯ⁵⁵	介引动作凭借的方式	你就~这样儿的，给我做上一个。
	趁tʂʰəŋ⁵⁵	利用某种机会或情况	那家~人家不注意就圪遛进的。
	闻vəŋ²²	趁着某种情况	你赶紧~热的吃吧。
目的	为喽uei⁵⁵lou⁰	介引目的成分	俩男的~一个女的打得血糊麻嚓，也是少有。
原因	因为iẽ³²⁴uei⁵⁵	引出原因	你给我做喽这故子活计就是~心安？ 我不想~这圪丝儿事影响俺俩的关系。
对象范围	问vəŋ⁵⁵	介引某事或某物的来源者	你~你妈荷上两块钱儿买本本的吧。
	给kei³¹²	介引动作的受益者、受损者	我~你把居舍都收拾利索啦。 看看你~我折捣成甚咧？
	和xu⁵⁵	介引动作的伴随者	你~那家们在一搭儿里住咧？
	把pa?³¹²	介引动作的对象	你~我的书放到何地儿啦咧？

续表

分类	介词形式	语义功能	例句
	对tuei^{55}		我这是～你说咧，～别人我还不说咧？
包括	连li^{22}	介引动作包括的对象	～俺家的一共九个孩儿，一齐游泳的来。
	连上li^{22}xuɔ^0		～你吧知道我的苦？
	打上ta^{312}xuɔ^0		咱的人，～嫁将来的也都是实在人。
排除	除喽tʂʰʊ^{22}lou^0	介引动作排除的对象	你一天起来～耍手机，还做甚来咧？
	刨喽pʰau^{22}lou^0		～本钱，你算算赚喽多儿咧？
被动	叫tɕiɯ^{55}	介引施事	我可～那家害枯_{害惨}啦。
	给kei^{312}		老婆家的钱儿都～孙子哄上走啦。
比较	比pi^{312}	介引差比的比较基准	我～他高。
	凭pʰiɛ^{22}		人家～咱有本事。
	和xu^{55}	介引等比的比较基准	俺厮儿长得～他爸一样样儿地。
	赶上ki^{312}xuɔ^0		俺厮儿的个儿都～他爸高啦。
工具	用yŋ^{55}	介引动作凭借的工具、材料	中国人都是～筷子吃饭咧。
	取上tsʰə?^{22}xuɔ^0		这个东西～甚做的咧？

关于汾阳方言的介词，有几个问题需要加以说明：

第一，上表中有些介词虚化程度不高，有的还明显带有动词的性质，这与介词本身来自动词有关，如"连上、打上、赶上、取上"等。虽然带有动词的性质，但是在实际使用中，其后常带名词性成分，后又接核心动词，从这个特征来看，已基本具备介词的性质。例如：

（1）你**连上**库里的货攒点一下，到底有多儿件货咧？

（2）**打上**你老子也不敢在我跟前扎歪使坏；做出格儿的事。

（3）俺孩儿的字都**赶上**她爸的啦。

（4）你就**取上**这个纸糊窗子吧，好用咧。

有时，"赶上""取上"明显是用作动词的，例如：

（5）我下回考试就赶上他啦。

（6）你把这袋子红薯取上吧。

第二，汾阳方言中存在介词悬空现象。不允许介词悬空，这是现代汉语句法的一个特点，有些官话方言中有悬空现象，如说"麻烦您给开一下门。"汾阳方言也有这种现象，部分介引动作接受者之类的介词如"给、和"等可以悬空，例如：

（7）我取不喽这故═子东西，你给取一下吧_{我拿不了这么多东西，你给我拿一下吧。}

（8）那个儿女子你认得？把俺二宝说给吧_{那个女孩你认识吗？把我家二宝介绍给她吧。}

（9）那家独自家不敢走，不喽你和去吧_{他一个人不敢走，要不你和他去吧。}

第三，汉语介词基本都是从动词虚化而来，许多介词的同源同形现象比较普遍，同形的介词分别有不同的来源。汾阳方言的介词也是这种情况。

二　几个常用介词

（一）"搁═"

汾阳方言用来介引动作起点、经由地的介词除了"从"，还有"搁═"，读入声[tɕiaʔ³¹²]，介词宾语一般为表处所的名词或名词短语，表示"从某地或经由某地"，如：

（10）我搁═你家到俺家，走路用喽一个小时。

（11）那家把玉翿黍搁═那来远就卜挒过来_{他把玉米从那么远的地方就扔过来。}

也可以表示"从某人那里"，比"某地"的意义稍微虚化了些，如：

（12）那家搁═我行借喽两万，说是要买房儿咧_{他从我这里借了两万，说是要买房子。}

（13）我搁═俺妈行提溜喽几斤红薯_{我从我妈家提了几斤红薯。}

"搁═"也可以介引动作时间的起点，很明显这种用法是从表处所的介词而来，如：

（14）那家搁═夜来后晌就肚里疼开啦，今儿才可喽些儿_{他从昨天下午就开始肚子疼了，今天才好点儿。}

（15）搁═那一回你训罢那家，那家就不大来喽_{从那次你训了他，他就不大来了。}

也就是说"搁═"的介词意义是有层次的，依次是：[+地点]→[+抽象来源地]→[+时间]，越来越虚化。

《山西方言调查研究报告》显示[①]，文水、平遥分别有"截[tɕiaʔ³¹²]""解[tɕiɑ⁵³]"作"从"的情况，用法与汾阳方言一致。吴云霞论述了万荣方言的"搁[kɤ⁵⁵]"表示动作的起点或经由的处所[②]，相当于普通话的"从"，其所举例句用汾阳方言对译，全部可以用"搁"，二者应当是同一个介词。如果从语音上看，"搁"古音是宕开一见母入声字，在汾阳方言中同声母的"隔_{隔壁子}"是梗开二见母入声字，读[tɕiaʔ²²]，"客_{客人}"是梗开二溪母入声字，读[tɕʰiaʔ²²]，那么"搁"也有可能读作[tɕiaʔ³¹²]，但目前没有其他更有力的证据。据《汉语方言大词典》记录"搁"在东北官话、冀鲁官话、中原官话、兰银官话中都有作为介词"从"使用的情况[③]。但各类字书显示，"搁"是"擱"的简化字，而"擱"是一个后起字，来自"閣"加偏旁之后分化而来，但"閣"没有作介词的用法。因此"搁"也应当是一个记音字。所以，汾阳方言"搁[tɕʰiaʔ³¹²]"的来源还有待考察，本书暂且用"搁"作同音替代字。

（二）"打"

汾阳方言用来介引动作的起点、经由地的介词还有"打"，它还可以用来介引动作时间的起点，但使用频率较低，使用范围没有"从""夹⁼"宽泛，一般"打"后面的名词性成分由指代词充当，或由表方向、时间的名词充当，不用较抽象的"我行""他行"之类，如：

（16）打这行儿到俺家有二十里地_{从这里到我家有二十里地}。

（17）卖菜的打东面儿来。

（18）打今儿起，我肯定好好学。

"打"还与"自"构成复合介词"自打"，读[tsɿ⁵⁵taʔ³¹²]。还有一词读为[tsɿ⁵⁵tau⁰]，应该是复合介词"自到"。二者语法意义相同，应该是都取了"自"的意义，作介引时间起点的介词，如：

（19）自打俺妈来喽，我就轻松得多啦。

[①] 侯精一、温端政：《山西方言调查研究报告》，山西高校联合出版社 1993 年版，第 286 页。

[②] 吴云霞：《万荣方言语法研究》，博士学位论文，厦门大学，2002 年，第 98—99 页。

[③] 许宝华、宫田一郎主编：《汉语方言大词典》，中华书局 1999 年版，第 6027 页。

（20）自到她爸没啦喽，那家就一天起来蔫眉塌倒，一圪丝儿精神也没啦。

"打"是近代汉语新兴的介词，元明以后比较常见。太田辰夫认为"打"从"道"来[①]，但可靠的例证不多。刘坚等认为"打"的"实词虚化"说是可以成立的[②]。其主要观点是：唐代动词"打"由"锤击"义产生"扑打""冲撞"义，一是动词"打"意义变模糊，二是"打"带有"冲着、朝向"的意味，三是"打"的后面出现表示场所的名词。"打"实现由动词到介词的转化，不可缺少的环节是"经由的动词'打'+处所词"这一格式，而在汉语史上正出现过这种用法。冯春田举例[③]：

崔宁道："这里是五路总头，是打那条路去好？不若取信州路上去……"（《崔待诏生死冤家》，第442页）

这是"打"作介词较早的例子之一。

（三）"到"

汾阳方言的介词"到"有两读，一读[tau^{55}]，介引时间的终点，记作"到$_1$"，这个读音同时也是动词"到"的读音；一读[tieʔ^{22}]，介引动作处所和时间的终点，记作"到$_2$"。它们组成的介宾短语在句中作补语，出现在谓语核心后。如：

（21）我们上到$_1$十二点半才下喽课。

（22）那家俩拖到$_1$二十八九才结的婚。

（23）你把红薯搬到$_2$车上吧。

（24）你送到$_2$我车站上就行啦。

（25）今儿的会改到$_2$后晌三点啦。

我们注意到，例（21）（22）中"到$_1$"前的动词可以去掉，句子也是成立的，那么这时"到$_1$"的动词性非常明显。除了后接时间性的词，也可以接数量词，如"从一百斤吃到$_1$二百斤用喽五年时间。"也就是说由动词

[①] 太田辰夫：《中国语历史文法》，蒋绍愚、徐昌华译，北京大学出版社1987年版，第237页。

[②] 刘坚、江蓝生、白维国、曹广顺：《近代汉语虚词研究》，语文出版社1992年版，第229—232页。

[③] 例句转引自冯春田《近代汉语语法研究》，山东教育出版社2000年版，第361页。

而来的介词"到₁"虚化程度还不高，而且此处的"到₁"不能用"到₂"替换，说明"到₁"没有虚化至"到₂"的程度。例（23）（24）中的"到₂"都表示动作的处所终点。例（25）"到₂"表示动作时间的终点，普通话可以用"在"替换，汾阳方言也可以用"到₁"替换，但一般都用"到₂"。这样来看，"到₂"应该是介词"到₁"基础上的进一步虚化。冯春田提到"元明以后，'得'或'的'又有介词的用法，这大概是'到'的语音变式"①。汾阳方言"到₂"的读音与"的"确实相同，应是这种用法的继承。

盛益民提到在绍兴柯桥话中终点介词"到[ta⁵⁵]"和动词"到[tɔ⁵⁵]"读音不同。唐正大指出"汉语方言中，伴随事件动词（包括及物和不及物动词）与方位短语之间的位置是一个语法化、附缀化、重组、中和等现象的高发区"②。盛益民认为柯桥话的介词"到"正处于这一高发区③，在句法上发生了附缀化，理由是：语音上，"到"和之前的谓语动词构成音系词；结构上，如果谓语动词的宾语出现，只能位于"V 到"之后。这种情况和汾阳方言"到₂"很一致。例（24）的意思是"你送我到车站就行了。"但汾阳方言用了"V+Prep+N+NP"的语序，"到₂"像一个词缀附着在动词之后，使得宾语必须靠后，整个结构变得类似于双宾句。而且，谓语动词的宾语主要由人称代词、称谓、人名来充当，不能是多人，不能是物，如将例（24）变成：

（24'）你送到₂我们/俺爸/老李车站上就行啦。
（24"）*你送到₂我和老李/老王和老李/桌子车站上就行啦。

例（24"）不成立，需要转换成"你把我和老李/桌子送到₂车站上就行啦。"

（四）"和"与"连""问""给"

汾阳方言中的"和"，除了作动词和姓氏读为[xu²²]，作介词和连词都读为[xu⁵⁵]。冯春田讲到近代汉语的介词"和"有五类用法④，我们一一对照汾阳方言的用法来看：

---

① 冯春田：《近代汉语语法研究》，山东教育出版社2000年版，第364页。
② 唐正大：《关中方言趋向表达的句法语义类型》，《语言科学》2008年第2期。
③ 盛益民：《吴语绍兴柯桥话参考语法》，博士学位论文，南开大学，2014年，第256页。
④ 冯春田：《近代汉语语法研究》，山东教育出版社2000年版，第309—317页。

第一，"和"字结构表示动作行为涉及的连同和包括的事物、方面，"和"与同样语法意义的介词"连"有可替换关系。这类用法出现最早在唐代文献中，宋代以后成为普遍的用法。汾阳方言中此类用法用"连"，不用"和"，如：

（26）你把那一棵树儿**连**根子铲喽吧。

（27）红薯**连**皮吃好。

（28）我**连**你的饭做下啦哈。

当然，汾阳方言的介词"连"还发展出了表"更甚"和"强调"意味的用法，如：

（29）人家**连**我还不认咧。

（30）**连**他妈也不知道那家走喽那些日儿。

因此，汾阳方言的"连"应是继承了唐宋以来的用法。

第二，"和"字结构表示动作行为协同进行的对象，"和"与介词"与、共、同、跟"有可替换关系，这类用法的"和"来源于动词"和"的"连带"义，可能形成于元代。汾阳方言这类用法只有介词"和"，不用"与、共、同、跟"。如：

（31）我**和**你去学校里看看到底怎回事咧。

（32）我先**和**他商量商量再说。

第三，"和 N"表示比较的对象，这类用法大约形成于元末明初。汾阳方言中也用"和"表示，如：

（33）那家长得**和**他爸爸八秃秃 一样，很像。

（34）俺孩儿见喽她爸，**和**姑 儿 老鼠见喽猫儿地 我孩子见了他爸就像老鼠见了猫一样（害怕）。

第二种和第三种用法都是汾阳方言"和"的用法，从时间上看，比"连"的用法要晚。

第四，"和"字结构表示动作行为涉及的对象，又分为两类：一类是"和"与介词"对、跟"有替换关系，这种用法始见于元代，如"和哥哥说一声"，汾阳方言不用"对、跟"，只用"和"；另一类是"和"与介词"向、跟"有可替换关系，这种用法见于明代，如"和他借香炉使使。"汾阳方言此处要用介词"问"。如：

（35）你**问**你妈要钱儿去[tie?⁰]吧，你妈要是给喽你就买去[tie?⁰]。

（36）去**问**你婶儿借一下她家的擦子。

而介词"问"产生于唐五代，兴盛于宋元时代，比"和"的这一用法要早得多。

第五，"和"字结构表示动作行为的受益者，这种用法大约形成于明代。汾阳方言中这种用法要用"给"，如：

（37）俺妈**给**我做喽一身新衣裳。

（38）今儿的饭是**给**老王接风咧。

汾阳方言的"给"不仅仅用来介引动作行为的受益者，而且还介引动作行为的受损者，如：

（39）你看看你**给**我折捣成甚咧？

（40）你可**给**人家弄下大麻烦啦。

还可以介引施事，用作被动标记，如：

（41）我今儿**给**邻家的狗儿咬喽一口。

（42）老汉家一天起来**给**孙子欺负得不能活。

介词"给"的这些用法大概起于元代，由"授予"义的动词"给"而来①，清中期以后普遍可见。

从以上近代汉语的"和"与汾阳方言的"和"比较来看，汾阳方言的"和"用法比较窄，仅用于动作伴随者和比较对象时，其他用法都有专门的介词，按照近代汉语中出现的先后顺序来看，应是：连—问—和—给。

（五）"闻""趁""赶"

汾阳方言的介词"闻"用于介引动作行为利用或因乘的条件、时机或时间，其宾语通常是名词、形容词或动词短语，如：

（43）饭就要**闻**热着[tie?⁰]吃咧，冷喽吃上肚胀咧 饭就要趁热吃，冷了以后吃了会肚胀的。

（44）你们**闻**明着[tie?⁰]赶紧去吧你们 趁天亮着赶紧去吧。

（45）吃好的**闻**咬动，串街**闻**跑动，都是说就的话 吃好吃的要趁咬得动时，走街要趁走得动时，都是老话。

（46）你要来就**闻**早些儿。

据冯春田考证，"闻"用作介词，最早大约形成于唐初，是由"闻"的动

---

① 冯春田：《近代汉语语法研究》，山东教育出版社2000年版，第270页。

词义"趁着,因乘"转化而来,明代以后趋向消亡,"闻"的宾语通常是形容词,到了元代,多有"闻早"组合,有词汇化的倾向①。汾阳方言"闻早些儿"可以单独使用,也有词汇化的倾向。可见,汾阳方言"闻"的用法应当是对唐代介词"闻"的继承和发展。

汾阳方言的介词"趁"近似"闻",用于介引时机、时间等,其宾语通常是句子形式,其中包含时间因素,如:

(47)你们**趁**孩儿睡着赶紧走吧,孩儿觉来就又走不成啦。

(48)那家**趁**人家照门的不着意就圪遛进去[tieʔ⁰]。

(49)**趁**今儿暖和,来我拆洗被褥吧。

(50)你**趁**早儿不用寻他去[tieʔ⁰],寻也白寻。

汾阳方言的"趁早儿"已经演变为一个副词。介词"趁"由其动词义"趁逐、趁赶"转化而来,大概形成于唐代,不过开始是用于名词、形容词前,明代以后出现"趁着",才可以在其后加句子形式②。汾阳方言的"趁"后一般不用名词、形容词,相当于明代的"趁着"。

汾阳方言的介词"赶"介引动作行为的时间点,其宾语一般用时间词或句子形式,如:

(51)我**赶**两点就过去[tieʔ⁰]啦,你等的吧。

(52)**赶**月底就送上暖气啦。

(53)你这一阵儿赶紧做作业,**赶**你妈下班回来你就做完啦。

上例中"赶"介引的是将来会发生某事的一个时间点,不是过去和现在的时间点。近代汉语中的介词"赶"最早是元代出现,从其动词"追赶"义转化而来,与"趁、闻"可以替换③。类似汾阳方言"赶"的这种用法是在明代才出现,应是从上一种用法中进一步虚化而来。且汾阳方言的"赶"不可以用"趁、闻"替换,"赶到"可以替换"赶"。

---

① 冯春田:《近代汉语语法研究》,山东教育出版社2000年版,第413—415页。
② 同上书,第415—416页。
③ 同上书,第416—417页。

三　介词共现

这里说"介词共现"，实际上是介词结构的共现。下面我们将汾阳方言介词结构能够共现的情况作一说明。一般来讲，介词结构能够出现的位置是：a 句首，主语前；b 句中，主语后，谓语核心前；c 句末，谓语核心后。那么介词结构共现时会有几种情况：

1. a 位共现：介词结构出现在句首，主语前。如：

（54）**从**今儿开始，**搁**˜汾阳上高速，大车都得检查。

（55）**至**这一阵儿，**因为**他妈的事人家还火得不行咧。

2. b 位共现：介词结构出现在句中，主语后，谓语核心前。如：

（56）你**搁**˜这儿往前，**顺住**路儿走就寻见啦。

（57）那家**把**钱儿**往**插插里一塞就走喽。

（58）那家**从**年初**到**$_1$年底也没啦**给**打喽**一**个电话。

（59）你**和**厮儿们**在**一搭儿里住咧?

（60）王勇**叫**老师**从**教室里撵出来啦。

3. a、b 位共现：介词结构同时出现在句首和句中。如：

（61）**在**俺家旧院里时儿，每天那故˜子孩儿们**在**一搭儿里耍，可美咧！

（62）**闻**记得，你赶紧**把**你的鞋刷刷吧！

（63）**打上**这一回，你**自**上喽学问你妈取喽多儿回钱儿啦咧？

4. b、c 位共现：介词结构同时出现在句中和句末。如：

（64）你**把**我的书放**到**$_2$何地儿啦咧？

（65）那家**把**枣儿硬塞**到**$_2$我插插里。

5. a、b、c 三位共现：介词结构同时出现在句首、句中和句末。如：

（66）**自到**俺妈来喽，我**从**八十斤吃**到**$_1$一百斤，每天调样儿吃咧。

（67）**趁**你老老教教**在**，你**把**红薯都搬**到**$_2$你老老车上吧，就省下你送去[tieʔº]啦。

以上共现情况中，c 位出现介词结构的机会最少，因汾阳方言位于核心动词之后的介词一般只有"到$_2$"，一般介引处所词或数量短语。处于 a、b 位的介词结构比较多，处于 a 位的多是表时间、处所的介词结构，处于 b 位的介词短语种类最多，大多数的介词结构都可以放在 b 位。三个位置介词结构的数量排序是：b＞a＞c。

从语义类型上看，同处在 b 位的介词结构，多是对象在前、方向在后，与同在前、处所在后，起点在前、经由地在后，施事在前、处所在后。

傅雨贤等曾有对现代汉语介词共现情况的探讨[①]，总结了 b 位介词结构的一些排序规则，如包容规则、时序规则、施受规则、属从规则、音节规则、语用规则。并根据这些规则，以施事、受事为参照点，总结了能够在 b 位出现的介词结构的顺序。我们看到划分这些规则所秉持的原则并不是很一致，也说明介词共现的规律并不是那么清晰条理，而且傅雨贤等所考察的对象多是书面语，与口语还是有所不同的。

第二节 连词

一 连接词语的连词

汾阳方言的连词数量较少，连接词语的连词仅限于"和[xu^{55}]"，用法与普通话相同。如：

（1）我和他都是汾阳人。

（2）俺妈炒的虾酱豆腐和油浮茄子最好吃啦。

二 连接复句的连词

汾阳方言的复句用意合式较多，因此连词数量也比较少。下面将使用连词的复句按其类型讨论。

[①] 傅雨贤、周小兵、李炜：《现代汉语介词研究》，中山大学出版社1997年版，第197—208页。

（一）并列复句中的连词

汾阳方言的并列复句分句间有两种关系：另一种是平列关系，一种是对举关系。

1. 表平列关系的连词

"捎着[ʂau^{324}tieʔ^0]……，捎着……"，表示在做某事的同时做另一件事，相当于普通话的"一边……，一边……"，如：

（3）你捎着圪搅，捎着倒水，就能搅匀。

（4）那家老是捎着吃饭，捎着看电视。

"一不来[ieʔ^{22}pəʔ^{22}lai^0]……，一不来……"，也表示同时做两件事，使用频率不如前者，更常见于西南乡方言片，如：

（5）一不来吃饭，一不来看书，那个能看到[tieʔ^0]心里？

（6）那家一不来哭，一不来说，我一句没啦听清。

2. 表对举关系的连词

"不是……，是……"，表示否定一方，同时肯定另一方的关系，如：

（7）我不是嫌你做得不好，是说你把时间都花到[tieʔ^0]这些上头啦。

（8）那个不是你的，这个才是你的咧。

（二）选择复句中的连词

汾阳方言表示选择关系的连词是"（要）不喽……，（要）不喽……"，相当于普通话的"或者……，或者……"，如：

（9）你不喽就出去[tieʔ^0]，不喽就进来，站到[tieʔ^0]门槛子上是要怎咧？

（10）要不喽你就重给我买一个，要不喽就把你的给我。

（三）递进复句中的连词

汾阳方言表示递进关系的连词可以分为两类，一类是表示一般递进关系，另一类表示衬托递进关系。

1. 一般递进关系

"不产[pəʔ^{22}tsʰã^{312}]……，也……"，两个分句都表示肯定，层层递进，如：

（11）不产是你，我们也都不知道这是怎回事。

（12）不产停喽俺村里的煤窑儿，周围村社里的也都给停啦。

2. 衬托递进关系

"还/也……，不用[piẽ⁵⁵]说……"，前一分句是后一分句的衬托，后一分句的意思推进一层，是一种强调，相当于说"也"。如：

（13）我还轮不上咧，不用说你啦。

（14）老婆家也能咬动，不用说有牙有口的后生们啦。

或者可以颠倒顺序，说"不用说……，还/也……"，这样就变成了一般递进关系，如：

（15）不用说你啦，我也接受不了。

（16）不用说你妈骂你，我还要骂你咧，看你做的些甚事咧？

还可以用"早来……，还……"表示递进关系，如：

（17）早来那家火得不行，你还加盐压醋咧。

（18）这疙瘩板子早来就不结实，还再踩过来踩过去[tieʔ⁰]，不折才怪咧。

（四）条件复句中的连词

汾阳方言的条件复句按照条件关系分为有条件和无条件两类，有条件又分为充足条件和必要条件两类。连词按照这两大类分别讨论。

1. 有条件句中的连词

有条件句的常用连词"只要……，就……""一……，就……"表达充足条件，"除非"表达必要条件，与普通话相差无几。如：

（19）我只要放下眉眼，孩儿们就都悄悄儿地啦。

（20）孩儿们只要听说些儿，我就歇心啦。

（21）那家们一吃饭就是圪节喝酒。

（22）他妈一回来，他就规矩啦。

（23）除非那家妈来，不喽谁也管不住那家。

连词"倒过[tau³¹²ku⁵⁵]"，相当于说"除了"，表示必要条件，用在前一分句开头，后一分句用反问句，如：

（24）倒过我接记惦记你，人家谁接记你咧？

（25）倒过妈们心疼孩儿们，谁还真的心疼孩儿们咧？

连词"但凡[tã⁵⁵fã²²]"是"只要是"的意思，表示充足条件，如：

（26）但凡精明些儿的人，都不会做这些糊糊事。

（27）你但凡操些儿心，孩儿也不至于退步成这个样儿。

2. 无条件句中的连词

无条件句的连词有"甚不甚[ʂəŋ⁵⁵pəʔ²²ʂəŋ⁵⁵]"，表示"不管其他、不管怎样"，如：

（28）你回来甚不甚先喝上些儿水，压压凉气。

（29）甚不甚先给我盛上一碗饭吧，饿死我啦。

此外，还有"不拘甚[pəʔ²²tsʅ⁵⁵ʂəŋ⁵⁵]"，表示"不管（是/有）什么"，如：

（30）你先不拘甚吃上些儿吧，等饭好喽再吼你。

（31）你要眊人喽，不拘甚提溜上些儿吧，不用空手就行。

（五）因果复句中的连词

汾阳方言中因果复句一般用意合法，有时也用"因为……，……"，与普通话相差不大，如：

（32）那家非要走么，我就叫那家去啦。

（33）天气冷喽，㷳火生火的就多啦，空气也不好啦。

（34）我是因为他捣蛋得不行，才想下这个法儿么。

"既凡[tsʅ⁵⁵fa²²]"也是一个表因果关系的连词，相当于说"既然"，表示推论因果关系，如：

（35）既凡他那个样儿说，肯定就要给你一个交代咧。

（36）既凡你来啦，就安安心心地住着[tieʔ⁰]，甚也不用想。

（六）假设复句中的连词

汾阳方言的假设复句往往带有虚拟语气，常见的连词有"要（是）……，就……"，相当于说"如果……，就……"，如：

（37）你要是不去，我就独自家去啦。

（38）孩儿要不捣蛋喽，我就省心些儿。

连词"就打上[tsou⁵⁵ta³¹²xuɔ⁵⁵]"相当于说"即使"，表示相背关系的假设，用于前一分句开头，如：

（39）就打上你有钱儿得不行行，那个也不能这个样儿浪费吧。

（40）就打上你不看我的面子，你总得看你妈的面子咧吧。

另外，可以在第一分句末单用"散""动喽"，后一分句不用其他连词。这里主要讨论"散⁼",因"动喽"还涉及语气词"喽",所以"动喽"放在语气词中讨论。"散⁼"可读[sã²²],也可读[ɕiã²²],应该是一个合音词,语感上像"时间[sʅ²²tɕiã³²⁴]"的合音,它的语义和用法大致分两种:一是用于复句的前一分句末尾,表达实义,即"……的时候",这时它算一个连词,不过与普通话中连接复句的连词句法位置不同,如:

(41)我刚上班散⁼,还没啦这故子人咧 _{我刚上班时,还没有这么多人。}

(42)我路过他家散⁼,看见他家的灯还着着[tie ʔ⁰]咧。

(43)我们小时儿散⁼,下喽学还要去地里割草去[tie ʔ⁰]咧。

以上三例,如果对译为普通话的"……的时候",语义上有些啰唆,可以把"散⁼"理解为一种语义较虚的停顿。第二种语义更加虚化,表达的是一种惋惜的语气,可用于复句的前一分句末尾,也可用于陈述句的末尾。如:

(44)你该和我们一齐走散⁼。

(45)你早些儿去散⁼,就赶上啦。

(46)早知道他这来要样儿散⁼,我就不吼他啦。

例(44)的"散⁼"虽然用于陈述句末尾,说话双方也都能明白句义,但实际后面还有话没有说完整,意思是"你如果和我们一起走的话,就……",所以这样的句子是复句简化后的结果。例(45)(46)中的"散⁼"就可以理解为"如果……的话",表示假设。从例(41)—(46),"散⁼"的语义逐步从实到虚,大致体现了其虚化的过程。宋秀令将"散⁼"归入语气词[①],但两种用法与我们的描述是一致的。史秀菊等在描述兴县方言的连词和助词时,都提到了"时地[sʅ⁵⁵ti⁵³]"[②],相当于汾阳方言的"散⁼",用于前一分句句末,表示"如果……的话"。邢向东提到神木方言的"时价[sʅ⁵³tɕiɛ²¹]"时认为是专职的虚拟和提顿语气词[③],因为神木话没有表"……的时候"的用法,因此归入语气词也是合适的。可见,由于"散⁼"本身具有的多种功能,所以,对其明确定性比较困难,从其表"……的时候"来看应是连词,

---

① 宋秀令:《汾阳方言的语气词》,《语文研究》1994年第1期。
② 史秀菊、双建萍、张丽:《兴县方言研究》,北岳文艺出版社2014年版,第321—322页。
③ 邢向东:《神木方言研究》,中华书局2002年版,第636—638页。

从其表假设等虚拟语气来看，将其归入语气词合适。

（七）转折复句中的连词

汾阳方言转折复句中常用的连词有"可是[kʰɔʔ²² sʅ⁵⁵]"，表一般转折，基本与普通话的用法一致，如：

（47）我不想去，可是又怕俺妈嫌咧。

（48）你要是愿意的他不行就由你吧，可是到时候不用怨抱我们<u>没啦</u>提醒你不合适。

（49）我又不想上班，可是不上班怎养活一家人家咧？

"还说……，不想散゠……"有让步的意味，如：

（50）我还说人家稀罕的个儿山药不行咧，不想散゠人家家就种着[tieʔ⁰]山药咧。

（51）你还说你孩儿不爱吃饺儿咧，不想散゠比谁也吃的多。

"早知道……，还不如……"有假设性转折的意味，如：

（52）早知道这行儿这来窄拍，还不如去我家要咧。

（53）早知道<u>那个人</u>那来胆小，还不如我去咧。

第三节　助词

助词是虚词划分的剩余类，助词在句法上属于不能自由使用的附着词。汾阳方言的助词有结构助词、时体助词、语气助词、其他助词等。

结构助词，如"的、地、得"，以及"的的"连用、"地的"连用等。

时体助词，如"来、咧、啦、喽、过、罢、起、开、下"等，时体助词的用法涉及时间范畴，详见第六章。

语气助词，如"吧、么、哈、吭、嚘、的、喽、啦、咧、来、嘿゠、还、呀"等，语气助词的用法涉及句子的功能类型，详见第五章。

其他助词，如"将"。

助词虽然有明确分类，但实际语言中有些助词兼具多种性质，比如"的"除了作结构助词、语气助词，还有其他用法，时体助词与语气词之间也常有兼用。因此，本节在讨论时不以上述分类为序，只具体讨论每个助词的用法。

一 汾阳方言的"[tieʔ⁰]"

宋秀令曾经描写过汾阳方言"[tieʔ⁰]"的十种用法①，描写事实很清楚，但笔者认为这其中存在同音虚词，它们之间有本质的不同，还是应该区别开来。大体来说，汾阳方言虚词读[tieʔ⁰]音的有五个：的、得、着、去、到₂。前三个是助词，"去"是作趋向补语时的读音，"到₂"是介词。田希诚、吴建生②考察了山西晋语区40个方言点的"的"，除用来作结构助词、动态助词外，还可以表示趋向、表示能愿等，这其中包括汾阳方言。范慧琴详尽地探讨了山西方言中"的"类成分的语法化过程③，认为方言中表示趋向"到"义的"的"、表示趋向"去"义的"的"，以及相当于普通话"着"的"的"三者语义高度相关，应该是同源的。并通过定襄话的大量例证证明这几个"的"都来源于"着"。汾阳方言的情况是否如此呢？下面具体分析每个读[tieʔ⁰]音虚词的用法。

（一）[tieʔ⁰]表结构助词"的"

1. 结构助词"的、地、得"

宋秀令认为汾阳方言定中、状中、中补结构的"的、地、得"，都读[tieʔ⁰]，不作区别，都写作"的"。我们的语感和调查结果是，状中结构中的"地"一般读作[tsʅ⁰]。田希诚、吴建生提到汾阳方言的"地"也注音为[tsʅ⁰]。根据朱德熙先生的论述④，文水话"的"分两种读音，其中[tʅ⁰]代表了朱先生所说的"的₁""的₂"⑤，其来源是唐宋时代的"地"；[tiəʔ⁰]代

---

① 宋秀令：《汾阳方言中的"的"》，《语文研究》1988年第2期。
② 田希诚、吴建生：《山西晋语区的助词"的"》，《山西大学学报》1995年第3期。
③ 范慧琴：《定襄方言语法研究》，语文出版社2007年版，第165—180页。
④ 朱德熙：《北京话、广州话、文水话和福州话里的"的"字》，《方言》1980年第3期。
⑤ 朱德熙（1961；又1980，2001）认为普通话的"的"有三个用法，分别是：的₁：副词性语法单位的后附成分。的₂：形容词性语法单位的后附成分。的₃：名词性语法单位的后附成分。

了朱先生所说的"的₃",来源于唐宋时代的"底"。汾阳方言的情况与文水话相同,"的₁""的₂"在汾阳方言中读"地[tsŋ⁰]","的₃"读[tieʔ⁰]。

汾阳方言"的[tieʔ⁰]""地[tsŋ⁰]"之不同:

第一,"地"出现在重叠式形容词、形容词的各种重叠式(包括 AABB、ABAB、AA 儿、AXBB、A 里 AB 式)、形容词"AB 油"和"AXB 式"、拟声词(忽缀拟声词重叠式和 XAA 式)、四字格之后①,如:甜式式地、依⁼依⁼窝⁼窝⁼地、熏甜熏甜地、款款儿地、黑卜塌塌地、暮里暮糊地、干净油⁼地、辣卜嗖⁼地、忽隆地、圪嘣嘣地、油滋沫⁼奈⁼地。个别描述性很强的名词之后也可用"地",如:脆梨儿地、严钵儿地、铜钟地。"地"所组成的结构是具备描述性特点的。"的"出现在名词、形容词、动词及各种词组之后,如:塑料儿的、甜的、吃的、俺家的、我买的、卖菜的、杀卖的。"的"所组成的结构是具备区别性特点的。

第二,"X+地"可以作谓语、状语和补语,如:

(1)这个儿橘子熏甜熏甜地。

(2)你款款儿地放下吧。

(3)我偷偷儿地把那家的车子推到外头院里啦。

(4)人家老是把居舍收拾得依⁼依⁼窝⁼窝⁼地。

"X+地"不能作定语,如果要作定语,需加"的",如:

(5)白墩墩地的墙墙上给那家抓喽俩圪节黑手印子_{白白的墙上让他抓了两个黑手印儿}。

(6)高高儿地的身子,黑卜塌塌地的脸,煞好地的个儿女子_{高高的个子,黑黑的脸,很好看的一个女孩}。

(7)沙硕⁼地的西瓜便宜卖啦啊!

"X+的"一般作主语、宾语、定语,如:

(8)白的是我的,黑的是你的。

(9)我买喽<u>一个塑料儿的</u>。

(10)外头的车是你家的?

"的[tieʔ⁰]""地[tsŋ⁰]"的不同正显示了唐宋时期的"底"与"地"的区

---

① 详见第一章构词法。

别。现代汉语官话及很多方言中作定语的"的""地"已经合流，只用一个"的"。

第三，"地"还用于作代词的构词语素，用于"这地、那地、怎地"，如：

（11）不是那地做，是这地做咧么。

（12）你说吧，怎地做咧？

宋元时期白话作品中的用法与此相同。

第四，关于"地""的"连用。按照陆丙甫（2003）所说，"的"的基本功能是描写性标记，派生功能是区别性和指称性标记。就汾阳方言而言，"地"是描写性的，它代表着"的$_1$"和"的$_2$"，作定语时，经常出现二者连用的情况，"地"在前，"的"在后，如例（5）（6）（7）。陆丙甫接着解释："在描写性定语标记和区别性定语标记采用不同语音形式的某些汉语方言中，两者可以并列出现（朱德熙 1980），且总是描写性标记更靠近定语，在内层，而区别性标记在外层。这不仅显示了描写性和区别性是可以共存的，并且也直接显示出描写性同定语的关系更紧密，是定语更内在的，深一层的意义。"[①] 这也是"地"能用于描述性名词后面的原因，它本身就是带有描写性质的，所以它前面的名词也带有了形容词的描写性，"铜钟地"表达的是"像铜钟一样结实的"，重点是强调"结实"，而非"铜钟"。

有趣的是，汾阳方言中也有二者连用时，"的"在前，"地"在后的情况，如：

（13）你不用哭了，倒像我们欺负你的地_{你不要哭了，倒像是我们欺负你一样。}

（14）<u>没啦</u>说喽几句，人家倒哭得泪人人的地_{没说了几句，人家已经哭得像泪人一样了。}

（15）<u>那家</u>老是穿的那一身，叫花子的地_{他总是穿着那一身衣服，像叫花子一样。}

当"的地"连用时，一般用于补语位置，或复句中的分句，语义是"像……的样子"。"的"是区别性的，表示"……的样子"以区别其他，"地"是描写性的，表示"像……"。这种情况，朱德熙（1980）并未谈到。补语位置"的""地"的顺序显然跟定语位置不同，它强调的是描写性，而

---

① 陆丙甫：《"的"的基本功能和派生功能——从描写性到区别性再到指称性》，《世界汉语教学》2003 年第 1 期。

非区别性，其后没有接续的内容，与"地的"之后接名词性词语显然不同。因此我们看到，无论是定语也好，补语也好，描写性也好，区别性也好，二者的排序关键看语义表达的重点是什么。强调描写性，则"地"在后；强调区别性，则"的"在后。"的"说到底还是与名词性成分的关系密切，"地"与形容词性或描写性的成分关系密切。

关于"的"的讨论非常之多，有"区别说""描写说"，甚至"超越区别与描写之争"的"认知入场"说，我们认为关于普通话"的"的说法尚且有这么多，那么众多方言的"的"情况将更复杂，哪种说法能够经得起方言的检验才算是比较符合事实的说法。就汾阳方言的情况来看，"描写说"比较符合汾阳方言的事实，但不等于代表了所有方言。

作为补语标记的"得"也读[tieʔ⁰]，用法与普通话同，这里不赘述。

2. 助词"的"的其他用法

汾阳方言的"的[tieʔ⁰]"除了用作结构助词，还有其他用法。参照吕叔湘《现代汉语八百词》来看，一致之处还有：表示肯定，如"我比他大的一岁"；表示已然，如"我骑上车子去的"；在指人名词、代词和指职务、身份的名词中间加"的"表示某人取得某种身份或职务，如"这一个班他的班主任"；在动宾词组之间插入指人的名词或代词加"的"表示某人是动作的对象，如"那家告我的状咧"；或动宾词组之间插入"的"表示已发生的动作的主语、宾语、时间、地点、方式等，如"我坐的飞机""他举的手，我没举手"；用在两个数量词中间表示相加或相乘，如"五块的八块，一共十三""两米的四米，是八平米"；还可用作语气助词，表示肯定语气，如"我们四点到的""那不是我们能控制喽的"。

除此之外，汾阳方言的"的"还有些普通话没有的用法，"的"还可以用于表示能愿的意思，放在动词之后，表示应该做某件事，如：

（16）走的啦哈，时间不早啦 该走了，时间不早了。

（17）点的灯啦哈 该点灯了！

（18）睡的觉啦哈 该睡觉了！

一般都要配合"啦哈"这样的语气词，表示"该做某事了"。

宋秀令曾指出"的"放在动词后还可以表示能做某事[①]，如：

（19）这个东西吃的吃不的咧？（这东西能不能吃？）

我们认为，这个"的"应是"得"，与普通话用法相近，与前面表示应该的"的"不一样。否定式"吃不的"表示的是"不能吃"。

（二）[tieʔ⁰]义同表趋向的"去"

1. 构成复合趋向动词的后项

汾阳方言趋向动词后项常用"[tieʔ⁰]"，相当于"去"，如"出去、进去、上去、下去、回去、过去"，与"出来、进来、上来、下来、回来、过来"相对，但作谓语动词时，用"去[tsʰʮ⁵⁵]"。如：

（20）爬上来爬下~，你这个孩儿难到捣蛋得多咧哈。

（21）那家早就回~啦。

（22）俺妈出~啦？

（23）我就不进~啦，咱们再叨呷聊吧。

复合趋向动词如果需要带宾语，宾语位于趋向动词前项和后项之间，这也说明他们之间的组合不是那么紧密，凝固性不强，如：

（24）居舍飞进一只雀儿~家里飞进去一只鸟。

（25）搬过一支桌子~搬过去一张桌子。

（26）你取回一把笤帚~吧你拿回去一把笤帚吧。

例（24）说话人是站在室外的角度观察，"去[tieʔ⁰]"的趋向义很明显。例（25）（26）都是站在与动作趋向相反的方向观察。与此相对应，可以说"居舍飞进一只雀儿来""搬过一支桌子来"等，说话人的角度与"去"是相反的。

2. 用于一般动词之后，表动作行为的目的，意思是"去做某事"，如：

（27）那家取~啦，你不用取啦他去拿了，你不用拿了。

（28）他给你寻~啦他去给你找了。

（29）你送~吧你去送吧。

以上例句皆表示施事去做某事，但表示趋向义的"去"放在动词之后，这里的施事只能是具备自主意识的人，自主地去做某事，不能是其他无生命

[①] 宋秀令：《汾阳方言中的"的"》，《语文研究》1988年第2期。

的主体。普通话中的"拿去了"有两种意思，一是"去拿了"，二是"拿走了"，汾阳方言有且只有第一种意思。

此外，还有"V+O+去"，如：

（30）俺妈买菜～啦_{我妈去买菜了。}

（31）下喽班我们看电影～来_{下了班我们去看电影了。}

（32）那家买票～啦_{他去买票了。}

"到/去+地点+去"，如：

（33）你到何地儿～来咧_{你去哪儿了？}

（34）我去北京～咧_{我去北京呀。}

以上"V+O+去"也好，"到/去+地点+去"也好，意思与"V+去"一致，都是表示动作行为的目的，可以归为一类。此时"去"的趋向义不那么显著，更多表达一种目的性。

3."V+将+去"

汾阳方言中还有"V+将+去"，它与"V+将+来"方向相反，带有很明显的趋向性，与"V+去"不同，如：

（35）你把这个东西给他送将～吧_{你把这个东西给他送去吧。}

（36）人家每天自家就跑将～啦_{人家每天自己就跑去了。}

4. 小结

汾阳方言表趋向义的"[tieʔ⁰]"，比"去"意义更虚，用法上受到一定的限制。我们认为这个"[tieʔ⁰]"本字就是"去"，理由是：

第一，从语义上看，它与"去"意义非常一致，尤其是在复合趋向动词中作后项时，中间还可以插入宾语，本身表趋向的意味很浓。

第二，从语法功能来看，它虽然不能作谓语动词，一般只作补语，但在"V+去""V+O+去"（包括"到/去+地点+去"）格式中表达到达某地、去做某事之义。

第三，从语音上看，作谓语动词的"去"读[tsʰʮ⁵⁵]，作复合趋向动词后项的"去"在西南乡方言读[kəʔ²²]，城关话老派人也会读[kəʔ²²]，包括"V+去""V+O+去""到/去+地点+去"格式中都读[kəʔ²²]，也就是说以上例句的"[tieʔ⁰]"，都可以用"去[kəʔ²²]"替换。整个晋语区的"去"作谓语动词常读[kʰəʔ²²]，作趋向补语常读[kəʔ²²]，那么汾阳城关话作趋向补语的"去"

读[tieʔ⁰]，应该是在[kəʔ²²]基础上的进一步弱化。

（三）[tieʔ⁰]义同表趋向的"到₂"

表趋向义"到"的"的"作为介词介引动作行为所涉及的处所或时间，一般只用于动词后，在语流中是连着动词一起说的。详见介词"到₂"的论述。

（四）[tieʔ⁰]为动态助词"着"

汾阳方言的助词"着"也读[tieʔ⁰]，山西方言研究学者谈到这个"着"，字面上都还是习惯写作"的"，我们这里写作"着"。汾阳方言的"着"作动词时，一读[tʂəʔ³¹²]，如"着喽火啦"，一读[tʂau²²]，如"着急"；动词义虚化后，用于动词后，表示动作结果，读[tʂʰəʔ⁰]，如"睡着啦"；进一步虚化为助词[tieʔ⁰]，用于动词后，表示动作处于进行、持续状态等义。普通话中动态助词"着"可以表示静态的持续，也可以表示动态的持续，汾阳方言也如此，如：

（37）画儿在墙墙上挂~咧。（静态持续）

（38）桌子上放~一盘子枣儿。（静态持续）

（39）外头下~雨咧。（动态持续）

（40）人家小王一路儿上唱~歌儿就来啦。（动态持续）

汾阳方言的"着"用于动态持续时动词前不能有描写状态的状语，如"*那家不停地说着。"范慧琴描述定襄话中"着"只用于表示静态持续[①]，看来各方言中的情况还不太一致。

汾阳方言"着"一般用于动词后，存在的句式有以下几种：

1）处所词+V+着+数量词+名词短语

（41）桌子上放~俩苹果。

（42）墙墙上挂~一幅字。

（43）院里种~些儿甚咧？

此类句子是存现句，数量名短语是不确指的。可以变换成"NP+在+处所词+V+着+咧"格式，但变换以后的 NP 必须是确指，是说话双方都知晓的事物，不能再加不确指的数量短语。如：

---

① 范慧琴：《定襄方言语法研究》，语文出版社 2007 年版，第 127 页。

（41'）那俩苹果在桌子上放~咧。

（42'）那一幅字在墙墙上挂~咧。

（43'）那些儿花儿在院里种~咧。

尤其是例（43）那样的句子变换以后不能再用疑问句，而需用陈述句，如例（43'）。

2）主语+V+着+数量名短语

（44）我拿~钥匙咧。

（45）那家代~三个班。

（46）孩儿穿~一件儿单袄儿。

3）主语+V+着+咧/来

（47）我睡~咧。

（48）那家今儿歇~咧？

（49）灯还开~咧。

（50）刚才门子关~来。

4）主语+V+O+着+咧

（51）那家在外头等你~咧。

（52）孩儿跟你~咧？

（53）我正奶孩儿~咧。

（54）俺爸正修电视~咧。

汾阳方言"主语+V+着+O+咧"格式也比较常用，如"正吃着饭咧""我还洗着涮咧""开着电视咧"，这样与普通话中用法就相同了，而且这些句子都不可以变换成"主语+V+O+着+咧"格式。也就是说"着"与宾语的顺序可能原本是宾语在"着"前，受普通话的影响而渐渐发生了变化。乔全生（2000）、邢向东（2002）、范慧琴（2007）都曾谈到在山西、陕西、内蒙晋语中的"V+O+着"句式，认为是对唐宋白话这种句式的保留。

汾阳方言的以上四种句式多用于陈述句和疑问句。用于祈使句也可以，祈使句用"V+O+着"格式，主语可加可不加，句末可以加语气词"哈"表示叮嘱，不加也可，直接用"着"结句。这里的宾语可以是体词性的，也可以是谓词性的，如：

（55）操心狗儿~（哈）！

（56）看路儿~（哈）！

（57）给我留门子~（哈）！

（58）（你）听我说~！

（59）操心狗儿咬你~（哈）！

（60）操心蚊子进来~！

5）V+着

（61）听~！

（62）你睡~吧！

（63）门子就开~吧？

也可以用于否定句，用"否定词+V+着+（啦）"这个格式，如：

（64）不用等~啦！

（65）不敢睡~啦！

（66）不敢把门子大开~！

例（65）的意思是"不要睡了，赶紧起床吧"，这里的"着"依然表示一种持续的状态。

汾阳方言中还有一个词"捎的"，表示"一边"这样的伴随义，我们认为这里的"的"也应当是"着"，表示"捎"这个动词所表示的状态持续，如：

（67）那家老是捎~吃捎~说。

（68）你捎~吃吧，不用等他~。

它与"孩儿哭着吼着要买飞机咧"中的"着"一样，都表示动作的持续。

6）（等）+NP+VP+（O/补语）+着

（69）等我有钱儿喽~！

（70）（等）枣儿红喽~！

（71）（等）我吃饱喽~！

（72）等一会儿~！

（73）等那家跑过来~！

此类句式除了表达字面上的祈使义外，还隐含着完成某一动作后再进行下一件事的意思，如"等枣儿红喽着"隐含着"枣红了再打/再吃"等意义，在具体语境中会让隐含义变得很明确。其中的"着"实际是附着在

"等"之后的，表达"等"的状态持续。"等着"中间插入其他成分，口语中和具体语境中有时会省略"等"，这样句式就变成了"V+宾语/补语+着"，但实际"着"不是指这个"V"的状态持续，还是那个隐含着的"等"的状态持续。范慧琴提到定襄话中的这个"着"是先事助词[①]，我们认为不妥。

以上句子还可以变成"V+V儿+着"，如说"等等儿着""看看儿着"相当于"等一下着""看一会儿着"的变形，能进入这一格式的动词很少。

7) X+着+VP

此句式表示实现某动作所采取的方式或手段，"着"表示静态的持续，如：

（74）我爱炒~吃，不爱馏~吃。
（75）你捎带~问问。
（76）不敢躺~看书。
（77）老是站~吃饭不好。
（78）你那个是骑~毛驴儿寻毛驴儿咧。
（79）人家们都是抢~交作业咧。

"X"可以包括各种方式、手段、姿势、姿态等。这种句式容易与"X+上[②]+VP"混同，二者有交叉，也有区别。下面我们列表予以比较：

表3-2 "X+着+VP"与"X+上+VP"比较

	X+着+VP	X+上+VP
相同	炒着吃好吃	炒上吃好吃
	骑着毛驴儿寻毛驴儿	骑上毛驴儿寻毛驴儿
	蘸着吃吧	蘸上吃吧
不同	*蘸着醋吃吧	蘸上醋吃吧
	*你坐着车去吧	你坐上车去吧
	*咱们跑着走吧	咱们跑上走吧。（意为：咱们走路去吧）

---

① 范慧琴：《定襄方言语法研究》，语文出版社2007年版，第146—147页。
② 这里的"上"读轻声[xəʰ⁰]或[əʰ⁰]。

从上表可见，二者有时候是可以互换的，但有时候不能互换，区别在于：在以上句式中，"X 上"侧重表现的是一种动作开始的方式，"X 着"侧重表现动作持续的方式。

8）V 着 V 着

（80）那家哭~哭~又笑啦。

（81）我看~看~就睡着。

（82）跑~跑~鞋带儿开啦。

（83）俺妈数~数~就忘记啦。

这一格式的语法意义表示动作持续过程中，情况发生了变化。虽然"V 着 V 着"表达的是重复义，但"着"表达的是动作的持续。

9）复句中的"着"

在复句中，"着"用于前一分句的末尾，表示这一分句的动作在持续，如：

（84）你坐~，来我做饭嘿。

（85）你先忙~吧，我再寻你。

（86）先住~吧，甚会儿想回喽再说。

（87）我正炒~菜咧，那家过来吼我出吃去咧。

（88）外头下~雨咧，我出不去啦。

例（84）—（86）的前一分句都是祈使句，表示先做着某事。例（87）（88）的前一分句表示某动作正在持续，另一事情发生了。

也可以用于相对的两个分句中。如：

（89）院里养~狗儿，居舍养~猫儿。

（90）你坐~，我站~。

（91）我取~一半儿，那家取~一半儿_{我拿着一半，他拿着一半。}

由上述分析可见汾阳方言的助词"着"主要是用来表达动作持续状态的。

（五）[tieʔ⁰]的连用

汾阳方言经常有"的的"连用的情况，但其实并非都是"的"，可能是"着""去"等的加入。在语流中，第一个[tieʔ⁰]比第二个[tieʔ⁰]调值稍高一点。吴建生[①]指出"'的的'连用现象突出表现在太原、榆次、太谷、祁

---

① 吴建生：《晋中方言的"的的"连用和"地的"连用》，《语文研究》2002 年第 1 期。

县、平遥、介休、清徐、交城、文水、汾阳等地方言中"。并分析了连用的几种情况。汾阳方言的情况大概可以归为以下两类：

第一类情况是"动宾+的+的"，如：

（92）这个谁的车子咧？送信的的。

（93）卖菜的的筐子还在这儿咧。

第一层是"动宾+的"构成"的"字短语，表示从事某种职业的人，第二层"的"是结构助词，连接中心语，表示这个人所用的工具或物品。胡双宝先生指出北京话里两个"的"碰在一起会合成一个"的"，文水话不会[①]。汾阳话的情况同文水话。

第二类情况是"动词+的+的"，这里的动词都是单音节动词，这类情况里面两个"的"的成分性质并不同。还可以再细分为三种情况：

1) 表趋向义"去"+结构助词"的"

（94）进的的是厂长，出来的是书记。

（95）刚过的的那个人是我们老师。

这里"进的的"相当于"进去的"，组成的字短语，西南乡方言也说成"进去[kəʔ⁰]的"。

2) 助词"得"+表趋向义"去"

（96）我托人给你把衣裳捎的的啦么，没啦收见？

（97）一车儿煤都给人一下买的的啦。

（98）我的书给那家取的的啦。

这里的"捎的的、买的的"，我们认为应是"捎得去、买得去"，同样的语义还可以说"捎将去、买将去"，这样的句子还可以说成：

（96'）我托人给你捎的衣裳的啦么，没啦收见？

（97'）有人一下买的一车儿煤的。

（98'）那家取的书的啦。

很显然，两个[tieʔ⁰]连用实际是宾语提前的结果。

3) "持续+趋向"或"趋向+持续"

（99）这来远，你能自家跑的的？

[①] 胡双宝：《文水话的若干语法现象》，《语文研究》1981年第2期。

（100）操心孩儿跌下的的！

例（95）"跑的的"即"跑着去"，相当于说"这么远，你能自己走着去吗？"例（96）"跌下的的"即"跌下去着"，相当于说"小心孩子掉下去着！"

（六）"[tieʔ⁰]"的来源

抛开结构助词"的"，其余的[tieʔ⁰]并不是同一个来源的词，但在汾阳方言中使用了相同的语音形式。范慧琴逐一探讨了定襄话每个"的"的来源[①]，她结合近代汉语的用法、前人的研究，以及定襄话的语言事实，非常详细地论证了表趋向义"去"、介词"到"和表动态的"的"都来源于"着"，表示"去"义的"的"意义较实在，"到"义的"的"意义相对较虚，"着"义的"的"语义最虚，很多方言都存在这类现象，其论证过程我们暂时也找不到更强有力的证据来反驳，但对这一观点还是有些疑问：

第一，表示"去"义的"的"如果来自"着"，那么怎样解释它可以读为[kəʔ²²]？这在晋语区也属于普遍现象。表趋向义作补语的[kəʔ²²]是后起的说法，还是[tieʔ⁰]是后起的？

第二，"到"字有两读也不是晋语才有的现象，吴语中也有，作动词的"到"和趋向义的"到"分别用两种读音表示两种不同的语法意义。如果说它来源于"着"，那么如何解释与"到"的密切关系？

这些问题目前笔者还未思考清楚，留待今后解决。

二 助词"将"

汾阳方言"将"作助词时读为[tsa³²⁴]，它表示两种意义，一种是作为补语标记，一般用于"V+将+来/去[tieʔ⁰]"结构，其后的"来/去"表达的是趋向义；另一种更为虚化，作动态助词，是动作开始的标记。分别举例说明。

（一）补语标记"将"

1."V+将+来"

此句式表示的语义是以说话人所在之处为终点，其他人或物朝向说

[①] 范慧琴：《定襄方言语法研究》，语文出版社2007年版，第165—180页。

话人位移，如果有宾语，宾语位于"将来"之间，句式变为"V+将+O+来"。如：

（101）你跑将来做甚咧？

（102）俺家的狗儿趑将来啦。

（103）不到八月十五，俺婆倒给我送将月饼来啦。

（104）你的衣裳第明才能捎将来咧。

（105）给我取将报纸来呀！

宾语与动词的关系紧密，不能换为"V+O+将+来"。且有无"将"，语义大不同。如例（103），"送将月饼来啦"义为月饼已经送到说者手中，强调的是客体"月饼"的位移，"送月饼来啦"义为婆婆来送月饼，强调的是主体"婆婆"的位移。

否定式为"没啦+V+将+来"，如：

（102'）俺家的狗儿没啦趑将来。

（104'）你的衣裳没啦捎将来。

在此基础上还有可能式："V+将+（O）+来+喽"或"能+V+（O）+将+来"，后者更常用，前者显得土气，应当是较早的用法。其否定式是"V+不+将+来"，如：

（102"）俺家的狗儿能寻将来_{我家的狗能找到这里。}

　　　　俺家的狗儿寻不将来_{我家的狗找不到这里。}

（104"）你的衣裳我能捎将来。

　　　　你的衣裳我捎不将来。

（106）我觉煞那家寻将来喽。=我觉煞那家能寻将来_{我觉得他能找（到这里）来。}

（107）你取将来喽取不将来咧？=你能取将来取不将来咧？

2. "V+将+去[tieʔ⁰]"

此句式与上一句式表达的位移方向相反，是背向说话人的，相当于普通话的"V去"，在西南乡方言中这里的"的"读"去[kəʔ⁰]"。同样有带宾语的形式"V+将+O+去"。如：

（108）那家独自家就趑将去啦。

（109）有喽渠，这儿的水就流将去啦。

第三章 词类（下）

(110) 我告俺孩儿给你送将去。

(111) 他爸一仡节仡橼儿就跌˜将去 他爸一个擀面杖就扔过去。

(112) 把桌子给你娘娘搬将去!

否定式为"没啦+V+将+去"，如:

(113) 俺孩儿还没啦给你送将去咧。

(114) 还没啦给你娘娘搬将桌子去咧?

可能式为"V+将+去+喽"或"能+V+将+去"，其否定式为"V+不+将+去"，如:

(115) 那家跑将去喽跑不将去咧？=那家能跑将去跑不将去咧?

(116) 这儿的水能流将去。

(117) 这个孩儿精得多咧，你肯定哄不将去。

（二）动态助词"将"

作为动态助词的"将"经常与"来"连用，表达起始义，通常用于下雨（雪、冷蛋子）等自然现象出现时，晋语多数方言点都这样表达，如:

(118) 下将雨来啦。

(119) 下将冷蛋子来啦。

(120) 下将来啦。

除了表达起始义，"将来"还可以表达有能力完成动作的意思，如:

(121) 这道题我做将来喽。=这道题我能做将来。

(122) 我还能想将那家的眉眼来咧。

例（121）（122）中的"做将来"表达的是"会做"，"想将来"表达"能想起来"，这种用法应当是趋向补语用法的扩展，从实际位移的意义扩展到了抽象意义的领域。除此之外，"V 将来"还可以表达尝试某个动作的意思，相当于普通话说"V 起来"，如:

(123) 这个儿饼干吃将来倒是挺香地。

(124) 说将来我俩还是亲戚咧。

(125) 暖气片揣将来还是冰拔˜人 暖气片摸起来还是很凉。

例（123）—（125）都不可以将宾语放在"将"之后，说明"将来"之间结合比较紧密，与前面的情况相比意义更虚。

汾阳方言还有几个固定的说法，已经可以看作是时间名词："黑将来_(黄昏)""晌午将来_(快到中午时)""明将来_(黎明)"。其中的"将来"表示快到某个时间点的意思，如"黑将来"可以理解为快到完全"黑"的状态，引申为天快要黑的这一时段。这样的用法在晋语多数方言中都有。

（三）关于"将"的讨论

乔全生（1992，2000）和范慧琴（2007）都曾讨论过山西方言的"将"，晋语的云中、五台、并州、吕梁、上党等方言片以及中原官话的汾河片都有"V+将+趋向补语"的结构。这一用法应该是来源于近代汉语的"V+将+趋向补语"。如曹广顺所言："'将'字从晚唐五代到宋，功能逐渐规范为作表示动态或动向的补语的标志，格式逐渐统一为'动+将+趋向补语'，宋以后随着助词系统的调整和助词'了'的发展而逐渐消亡。"[1]乔全生根据山西方言"将"类词声母的不同分了四个类型：t类型、tʂ类型、ts类型和tɕ类型[2]。并通过比较山西方言的"V+将+来/去"和近代汉语同类结构，认为ts类型是对近代汉语该结构的直接继承和发展，t类型与近代汉语的这一结构有相似之处。范慧琴从语音和用法两方面比较了定襄话的"将"与近代汉语"将"，她认为趋向补语标记和表示起始义的用法都是近代汉语的保留，其他用法是来自方言自身的创新[3]。

根据以上讨论，我们认为汾阳方言的用法符合乔先生所提ts类型的特点，汾阳方言的"将"同样是继承了近代汉语中作补语标记和表起始义这两点用法，其余如"黑将来_(黄昏)"这样的说法应是晋方言内部的自我创新，范慧琴已有详细论证，不再赘述。

---

[1] 曹广顺：《魏晋南北朝到宋代的"动+将"结构》，《中国语文》1990年第2期。
[2] 乔全生：《晋方言语法研究》，商务印书馆2000年版，第157—158页。
[3] 范慧琴：《定襄方言语法研究》，语文出版社2007年版，第181—183页。

第四章 状中结构和述补结构

第一节 关于状语和补语

一 状语与补语的定义

我们之所以要专门讨论状中结构和述补结构,一是因为这两个结构都围绕着谓词展开,二是历来对补语的讨论较多,但其实状语和补语在修饰谓词时是有共性的。

通常认为"状语"是谓词性成分的修饰语。从普通语言学的角度看,状语也是各种语言的句法描写中普遍采用的概念。而汉语语法学中的"补语"这个成分非常复杂,历来受到学者们的关注。以往学者们会把动词后面的这些成分认为是补语:程度补语、结果补语、趋向补语、可能补语、带标记("得")的状态补语、介词短语、时量和动量宾语。可见这个成分包含的不同质内容比较多,朱德熙在解释"补语"时,首先对补语和宾语作了区分,认为补语是"位于动词后"的"谓词性成分","作用在于说明动作的结果或状态"[①]。

---

① 朱德熙:《语法讲义》,商务印书馆1982年版,第125页。

按照刘丹青的观点①，汉语中设立的"补语"这一成分从普通语言学和语言类型学的角度来看是没有必要的，状语和补语都是修饰谓词的成分，何以因位置的不同而命名为不同的成分？他认为，简单地把谓词前后的修饰语分别归入不同的句法成分（状语和补语），逻辑上、理论上和语法分析的实践上都不容易解释得通。刘丹青虽不赞同有"补语"这个概念，但是他也承认在谓词之后有一些复杂的修饰语成分，需要仔细甄别对待。现代汉语中确实有一些所谓的"补语"不具有状语的性质，也不能简单地把所有的补语都称为"后置状语"。

总之，对于"补语"，不管认不认同设立这个概念，大家一致的意见是谓词后的修饰语比较复杂，需要区别对待。

二 状语和补语的分类

关于状语，朱德熙认为可以分为两大类②，一类是副词性状语，一类是形容词性状语。关于补语，朱德熙根据是否带补语标记③，将补语结构分为"黏合式述补结构"和"组合式述补结构"，这是从形式角度对补语的划分。但是学界比较常用的"结果补语""趋向补语""可能补语"等又是从语义角度对补语的划分。朱先生将"结果补语"和"趋向补语"归入黏合式述补结构，"可能补语""状态补语"归入组合式述补结构，但对"程度补语"没有明确地指出归属。这说明"程度补语"的性质有些难以确定，也说明补语的分类还是值得再探讨。事实也如此，正如盛益民所指出的那样④，无论是黏合式述补结构还是组合式述补结构，都可以表达结果或程度，需要看从哪个角度来观察。

刘丹青基于前述对"状语"和"补语"的看法，提出了一些操作性

---

① 刘丹青：《语法调查研究手册》（沈家煊主编《西方最新语言学理论译介》之一），上海教育出版社 2008 年版，第 564 页。
② 朱德熙：《语法讲义》，商务印书馆 1982 年版，第 151 页。
③ 同上书，第 125—138 页。
④ 盛益民：《吴语绍兴柯桥话参考语法》，博士学位论文，南开大学，2014 年，第 188 页。

建议①:

①程度补语和介词短语补语可以看作是状语性的。程度补语,尤其是副词充当的补语,如"很、极"等,在汾阳方言中均不用来作补语,类似的说法是"多""透""彻",如"好得多咧""赖透啦""说彻啦"。与之对应的前置状语是"可"等一系列副词,如"可好咧"。因此,我们认为可以将汾阳方言的程度副词作状语归入前置状语中的副词状语,置于谓词后表程度的成分保留"程度补语"的说法。介词短语无论前置还是后置,都作状语。

②动结式和动趋式都是一种复合词,可能式可以看成是动结式和动趋式的一种可能情态形式,本书还是保留了"可能补语"的说法。汾阳方言的动结式和动趋式确实凝合得比较紧密,但动趋式中间可以插入一些成分,我们还是保留了"结果补语"和"趋向补语"的说法。

③带虚词"得"的状态补语,多由谓词和小句充当,这类补语可以扩展,因此刘丹青认为是小句性的。我们认为汾阳方言中带"得"的状态补语,其中一部分由形容词或拟声词充当,这部分可看作是形容词性状语。那些扩展为小句的补语可归入状态补语。

④动量、时量宾语,有些语言学家称之为"度量成分",刘丹青认为它们在句法上有宾语的特点,但语义上又与状语成分比较接近。我们从其句法位置和表现来看,将其归入宾语。

而且,刘丹青认为状语可以按照是否涉及论元分类②,有论元性状语和非论元性状语。论元性状语有介宾状语,非论元性状语包括副词状语、形容词状语、名词状语、小句状语等。

因此,本书结合上述观点,对汾阳方言的状语和补语分类提出自己的看法,我们认为既然追求原则和现象的统一,"状语"和"补语"的概念又不能不用,那么我们先按形式给二者进行分类,然后具体每类中再按语义进行细分。这样,汾阳方言的状语按形式来分,可以分为前置状语和后置状语,前置状语中包括介宾状语、副词状语、形容词性状语、时间名词

---

① 刘丹青:《语法调查研究手册》(沈家煊主编《西方最新语言学理论译介》之一),上海教育出版社2008年版,第71—73页。
② 同上书,第75—78页。

状语，后置状语中有介宾状语、形容词性状语。补语也按形式来分，按有无虚词标记分成两类：带"得"补语包括传统的状态补语和程度补语，不带"得"补语包括传统的结果补语、趋向补语、可能补语。形容词性状语和状态补语之间可能会有个别交叉现象，我们将带"得"的状态形容词作补语的情况划入形容词性状语中讨论，其余带"得"的扩展式小句补语划入状态补语或程度补语讨论。如下表：

表 4-1　汾阳方言状语分类

	状语		补语	
按形式	前置状语	后置状语	带标记	不带标记
按成分	介宾短语状语		程度补语	结果补语
	形容词性状语		状态补语	趋向补语
	副词性状语			可能补语
	时间名词状语			

我们看到这样的重新分类，从命名上可以看出状语和补语依据的原则并不一致，但目前国内语法学界基本都是这样命名，从理论上讲应该还有更科学的方法，但为了称说和归类的方便，我们也只能这样做。

第二节　状中结构

如第一节中的分析，我们描写汾阳方言的状中结构时将前置、后置状语结合起来考虑，其中介宾状语、形容词性状语是可前可后的。因此，我们按照介宾状语、副词状语、形容词性状语、时间名词状语的顺序分别阐述。

一　介宾状语

介宾状语在第三章"介词"一节中已经有过论述，按照介引论元的内容，可以将介词分为处所、时间、方式、目的、原因、对象范围、包括、排除、被动、比较、工具11类，由此组成的介宾短语也有相应的分类。这里不再赘述。

需要说明的是，以上分类中包括了前置介词和后置介词，11类介词大部分都是前置介词，只有"到"是可以后置于谓语的介词。相应地，其他介宾短语都是作状语，由"到$_1$"组成的介宾短语可以置于谓词前，也可置于谓词后，由"到$_2$"组成的介宾短语只能置于谓词后。按照刘丹青的观点，这些后置的介宾短语也属于状语成分。

二　副词性状语

副词的主要功能是作前置状语，副词按照语义分为程度、范围、情状、时间、否定、语气6类。关于副词的分析详见第二章第二节的内容。

除了副词作状语，汾阳方言中有一些成分相当于副词的作用，如"快迟到啦"中的"快"虽本身是形容词，但当它用于谓词前时，表示"几乎、马上"等副词义，也看作是副词性状语。还有一些主谓短语也可以作状语，作用相当于副词，如"人家俩手拉手出去啦。""那家一声儿不绊一声儿的咳嗽咧。"其中的"手拉手""一声儿不绊一声儿"相当于伴随的情状，可看作副词性的。

三　形容词性状语

汾阳方言的状态形容词和拟声词可以置于谓词前后作状语，但成句条件有所不同：位于谓词前时，还可以再加其他状语成分；位于谓词后时，不能再加其他成分。

状态形容词作状语时，大部分双音节、三音节词通常要加标记"地[tsɿ⁰]"①，不加"地"句子不能成立，即使是位于谓词之后，"地"也不能省略。如：

（1）人家展油̄地躺到那儿睡喽觉啦。=人家在那儿躺得展油̄地睡喽觉啦。

（2）你热咄咄地喝上些儿水就暖和啦。

（3）水喝得热咄咄地，身上就暖和啦。

（4）那家披头散发地跑到学校里啦。

（5）那家披头散发就跑到学校里。

（6）早晨起得迟啦，我急哩毛张就往单位上赶。

（7）你急哩毛张地做甚去咧你着着急急干什么去呢？

一些四字词有时可以不用"地"，如例（5）（6）。但例（4）和例（5）及例（6）和例（7）的语义还稍有差别，不加"地"的句子，四字词后通常接副词"就"，强调的是"那家披头散发"，"我急哩毛张"；加"地"的句子，句末通常要加表示事态的助词兼语气词，语义重心是"那家跑到学校里啦"，"你做甚去咧"。

性质形容词可以转化成"AA儿"式状态形容词作状语，成句条件与上同。如：

（8）我酽酽儿地沏喽一壶儿茶。

（9）你慢慢儿地走吧，不用着急。

（10）人家远远儿地就和我打上招呼。

因拟声词也具有描摹事物状态的特点，所以把它归入形容词性状语中。拟声词作状语时，无论位置前后，也需要加"地"作状语。如：

（11）门子"嘭"地锁住啦。

（12）山上的水"哗哗"地往下流咧。

（13）山上的水流得"哗哗"地。

（14）人家"特儿特儿"地睡得美咧。

（15）人家睡得"特儿特儿"地。

（16）*人家"特儿特儿"地睡。

---

① 结构助词"地"的论述详见第三章第二节的内容。

例（12）和（13）、例（14）和（15）拟声词状语前置还是后置意思大致相同，但例（13）（15）动词后不能再加其他成分，语义重点是描摹状态。例（16）不能成立，句子不完整。如果出现在对举的句子中，就可以成立，如：

（17）人家咧"特儿特儿"地睡，我咧"吭吭"地做 人家呢在"特儿特儿"地睡觉，我呢在"吭吭"地干活儿。

四 时间名词状语

汾阳方言时间名词作状语，一般位于谓词前，也可以位于整个句子的开头。与普通话的用法基本一致，而且涉及时间范畴的内容会在第六章阐述。这里我们只举几例，不再赘述。如：

（18）夜来我们看电影去来。
（19）你们甚会儿毕业咧？
（20）我们今儿八点开会。

五 多重状语排序

句子中如果有多重状语，就有排序问题，前面第二章第二节讨论了副词作状语同现的顺序是：语气＞时间＞范围＞程度＞否定＞情状。如果多种状语同现在谓词之前，排列顺序一般是：时间名词状语＞形容词状语/拟声词状语＞副词状语＞介宾状语。但也不是必须如此。形容词状语和拟声词状语都属于描摹状态的，通常不会同现。此外，介宾状语包括的内容较多，所以位置也相对灵活，如"把+宾语"，有时会放在离谓词最远的地方，"和+宾语"一般都放在离谓词较近的位置。除了前面的例（5）（6）（12），还有下面例子：

（21）你热咄咄地先喝上一碗油茶。
（22）下喽班，我着哩八急就往回跑。
（23）我把花盆儿款款儿地都搬到花栏墙儿上啦。
（24）山上的水"哗哗"地直往下流咧。

（25）那一夜儿，我好好儿地和那家叨呷喽一顿$_{那天我好好和他聊了一次}$。

例（21）中的副词"先"也可以置于"热呲呲地"之前。例（22）中的副词"就"也可以置于"着哩八急"之前，但前提是它处在第二分句中，或主语前有其他成分，否则不能将"就"提前。例（23）中的副词"都"也可以置于"款款儿地"之前。例（24）的副词"直"也可以置于"往下"之后。例（25）的"好好儿地"也可以置于"和那家"之后。位置交换以后，语义上没有什么改变，说明状语的排序确实比较灵活。

但像下面的多重状语则不能轻易改变位置：

（26）孩儿吱儿天色哇$_{大喊大叫}$地就不走。

（27）那家含咧糊咧地不告我为甚不想上学。

（28）我可不想给他这一本书咧。

不能改变顺序的原因是否定副词"不"与谓词的关系非常密切，不容插入其他状语成分。

第三节　述补结构

如第一节所述，带标记补语包括程度补语和状态补语，但程度补语里面也有部分不带标记的情况，结果补语里也有带标记的情况，因此这里还是按照程度补语、状态补语、结果补语、趋向补语、可能补语的顺序讨论。

一　程度补语

汾阳方言程度补语多数必须带标记"得[tieʔ⁰]"[①]，也有少数不带标记，如"透、煞、彻、美、塌、够、足、到家"。带标记的补语可以是词、短语、小句。会组成"程度状语+中心语+程度补语"这样带双重表"程度"

[①] 这个"得"是结构助词，很多学者写作"的"，这里遵从普通话中的写法，写作"得"。

义成分的框架结构,这时的程度状语通常是表高量的程度副词"可[kʰəʔ²²]"。先说这些不带"得"的程度补语。

(一)透、煞、彻、美、塌、够、足、到家、泄

这一类词用于谓词后作补语,都表示程度高。但基本都有固定的词语搭配,语法化程度不高。具体如下:

"透[tʰou⁵⁵]"用于"赖透、烦透、损透、伤透、恶心透",基本都属于贬义的,如:

(1)那个孩儿赖透啦。

(2)我早就烦透他啦。

(3)我伤透心啦。

(4)*我伤心透啦。

(5)我可给那家伤透啦。

(6)那个人恶心透啦。

(7)这个样做事可损透啦。

"透"可以插入"伤心"中间,但不能插入"恶心"中间,与它们本身的词义特点有关。

"煞[saʔ²²]"相对于"透"语法化程度又高些,可以用于"V/A+煞+(宾语)+啦"的结构,"V/A"的范围相对大些,相当于普通话的"V/A 死(宾语)了"。如:

(8)我快使⁼叫⁼煞啦 我快累死了。

(9)你可丢煞(那个)人啦。=你可丢人煞啦。

(10)这个孩儿能掘⁼煞我 这个孩子能气死我。

例(9)相当于普通话中的"丢死个人了"。

"彻[tʂʰəʔ²²]"用于"说彻、跌彻、放彻、看彻、赖彻"等,表示到头儿了,有的用于贬义,也有的不带感情色彩,如:

(11)我那夜儿就和他把话说彻啦 我那天就和他把话说彻底了。

(12)今儿的价钱可是跌彻啦 今天的价钱可是跌到底了。

(13)我算是看彻他啦 我算是看透他了。

(14)那个人赖彻啦 那人坏到家了。

(15)我把绳子放彻啦 我把绳子放到底了。

"美[mei³¹²]、够[kou⁵⁵]"用于"V+美/够"结构中,与普通话基本一致,"足[tɕyeʔ²²]"一般只用于"吃足、喝足、睡足",且"吃足、喝足"还含有讽刺意义,如:

(16)我今儿可睡美/够/足啦。
(17)你吃美/够/足啦没啦咧?
(18)硬看喽一后晌电视,你可看美/够啦吧?
(19)孩儿和她爸耍美啦。
(20)俩孩儿在居舍可折捣美啦。
(21)今儿这个人又喝美/足啦。

"塌[tʰaʔ²²]"用于"赔塌、损塌、倒霉塌、赖塌"等偏向贬义的语境中,如:

(22)这桩儿买卖可赔塌啦。
(23)谁把这儿的桥弄断来咧?可损塌啦。
(24)那个人这二年倒霉塌啦。
(25)那家厮儿赖塌啦。

"到家[tau⁵⁵tɕia³²⁴]"用于"A+到家"结构,与普通话相当,如:

(26)那个人这二年倒霉到家啦。
(27)你可俅势到家啦你真没出息到家了。

"泄[ɕi⁵⁵]"用于"气泄、火泄"等偏向贬义的语境中,如:

(28)那家今儿可把我气泄啦他今天可把我气坏了。
(29)可把我火泄啦可把我火坏了。

以上程度补语都不带标记"得",属于组合式述补结构,从使用语境来看,多数都偏向于贬斥、讥讽等感情色彩。

(二)带标记的程度补语

除了以上程度补语,其余的程度补语都要加标记"得",属于黏合式述补结构。充当程度补语的成分是个别词和各类短语。我们逐一阐述。

1. A/V 得多

汾阳方言"A/V 得多"结构表示程度高,后面常跟语气词"咧",这里的形容词一般是性质形容词,多数情况是单音节形容词,一般不用四字格形容词,如:

（30）俺妈做的饭香得多咧。

（31）这个儿孩儿切⸚踏⸚得多咧 这个孩子可爱得很。

（32）那家对她孙子亲得多咧。

（33）你想你妈咧？——想得多咧。

也常用于比较句中，如：

（34）他比我大得多咧么。

（35）人家比你高得多咧。

（36）女可比厮儿强得多咧 女儿可比儿子强得多呢。

汾阳方言还经常使用"VO/A+得多得多"这样的格式，强调程度加深，如：

（37）俺妈做的饭香得多得多咧。

（38）那家亲得孙子多得多咧。

（39）女可比厮儿强得多得多咧。

如果用两个"得多"不足以表示程度深，还可以再叠加"得多"，表示程度非常之深。这种情况一般用于小孩子和女性的口语中，用夸张的手法表现程度深。

2. A/V 得不行

汾阳方言"A/V 得不行"结构表示程度高，一般不加语气词，这里的形容词通常也是性质形容词，与"A/V 得多"语义基本相同。如：

（40）人家俩从小儿就好得不行。

（41）看见那家在那儿摆⸚筛⸚磨蹭，我就火得不行。

（42）把我拍着感冒啦，鼻涕流得不行。

有时也会在"不行"前加副词"就"，如：

（43）俺孩儿难⸚到⸚顽劣得就不行。

（44）那圪节人讨厌得就不行 那个人讨厌得很。

也可以在"不行"前加动词的宾语，如：

（45）那家想得他孩儿不行。=那家想他孩儿想得不行。

（46）我们就稀罕得个儿包包不行。=我们就稀罕个儿包包稀罕得不行。

如果要强调程度很深，可以说"A/V 得不行行"，如：

（47）外头晒得不行行，我就赶紧回来。

（48）不敢再吃啦，胖得不行行啦。

（49）我看见那个儿孩儿悷惶得不行行，就给喽十块钱儿。

（50）跑喽这来远的路儿，把我干渴得不行行。

3. A/V 得要命

汾阳方言"A/V 得要命"结构表示程度高，后常加语气词"咧"，与前两种情况语义大致相同，如：

（51）外头晒得要命咧，你跑出去做甚咧？

（52）那个人呀，懒得要命咧，甚也做不成。

（53）这两天的豆腐贵得要命咧，真是豆腐跌下肉价钱啦。

4. A/V 得+小句

汾阳方言中"A/V 得"之后除了能加以上表程度高的词语外，还可以加小句，如：

（54）今儿的太阳毒咧，晒得我都脱喽皮啦。

（55）懒得你跌骨石咧。

（56）那个人可下贱贪吃咧，吃得那家走也走不动啦，还吃咧。

（57）那个村里可穷咧，悷惶得孩儿们甚也没啦见过。

（58）看孩儿瞌睡得眼也眨不开啦，赶紧叫睡去吧。

（59）小时候每天就是那个窝子面，吃得我们还发愁咧。

（60）电脑那家早要得不要啦，不稀罕啦。

"得"后是一个小句成分，这种情况就是刘丹青所说的补语小句，也有称为"补语从句"的。例（59）（60）虽然是"V 得不 V"，但后面的"不 V"语义指向是施事，可以认为是能够扩展的小句形式。

有的补语小句或短语是从前面的形式中扩展而来，如：

（61）那家的手机老瞎扣钱儿，火得那家不行。

（62）看那个儿人打麻将，能掘得要喽你的命。看那个人打麻将，能气得要了你的命。

（63）今儿没啦考好，气得俺孩儿多咧。

需注意的是，同样是"V 得+N+不行"形式，但语义和内部结构有区别，以例（61）和例（45）为例：例（61）语义为他很生气，也就是说谓词"火"和补语"不行"语义指向都是主语"那家"；例（45）语义为他很想孩子，补语"不行"的语义指向是主语"那家",而不是谓词"想"的宾语"他孩儿",虽然"他孩儿"在"不行"之前。也即"A/V得+N+补语"的内部关系是:A/V+得+施事+补语,它可以转换成:施事+A/V+得+补语,如例(61)可以变成"那家火得不行"。而例(45)类句子内部关系是:施事+V+得+受事+不行,实际是:施事+V+受事+V+得+不行,所以例(45)可以变成"那家想他孩儿想得不行。"

(三)框架结构

汾阳方言有"程度状语+中心语+程度补语"这样的框架结构,表示程度加深,按照刘丹青的观点,中心语前后都是程度状语,双重的程度状语表示程度非常之深。前置的状语成分经常用"可[kʰəʔ²²]"和"可[kʰəʔ²²]是",表示高量程度副词,后置的状语成分包括所有不带标记的程度补语和"得多",其余的补语成分都不能进入这个框架结构,上例(5)(7)(9)(12)(16)(18)(20)(22)(23)(27)(28)(29)(36)(39)都带有这种框架结构。其中"可+A/V+透/煞/彻/美/塌/够/足/到家/泄"不能插入任何其他成分,而例(35)(36)还可以作如下变化:

(35')人家比你可高得多咧。=人家可比你高得多咧。

(36')女比厮儿可强得多咧。

也就是说前置状语"可"在比较句中放在比较标记和比较基准之前、之后都可以。例(63)这样的句子可以变换为:

(63')今儿没啦考好,气得俺孩儿可多咧。

(63")*今儿没啦考好,可气得俺孩儿多咧。

像例(63)只能将"可"放在小句里,且仅限于"A/V+得+施事+可+多"中,"可"修饰的成分是"多",而非前面的谓词,所以不能构成上面的框架结构。说明中心语前后的程度状语是有选择的构成,一般选择简短的形式,不选择复杂的形式。

二 状态补语

状态补语是对动作或性状的一种描摹,中心语与补语之间经常用补语标记"得",它是补语中最生动的一种,在普通话中各类谓词、短语、成语、惯用语都可以用，在汾阳方言中同样有着丰富生动的形式，除上述列举之外，还有四字格俗语、各种附加式、重叠式形容词，且在其后通常要加助词"地[tsʅ⁵⁵]"。例如：

（64）这儿的路儿修得圪溜拐弯地，可不好走咧。

（65）那家把火火灶火上弄得油脂抹耐地，可费事指咧。

（66）那个儿孩儿长得圆当当地。

（67）看人家的鞋呀，常是擦得亮哇地。

（68）俺二嫂常把居舍收拾得利利索索地。

（69）那俩人叨呷得热卜闹地那两个人聊得很热闹。

三　结果补语

（一）结果补语的构成

结果补语旨在说明动作行为或状态所达到的结果，充当结果补语的成分经常是形容词或动词性成分，有时会带标记，有时不带，如：

（70）人家别人都能吃胖，就你吃得瘦成个儿这个。

（71）我刚揩得光油地的车，过来一圪节大车就溅成瞎欻我刚擦得干干净净的车，过来一辆大车就溅成个不像样。

（72）老三自结喽婚变勤谨啦，以前也是懒得多咧。

（73）一夏天就把我晒黑。

（74）那家又喝得多啦他又喝醉了。

陆俭明曾经提出普通话中当"VA了"结构的"A"是"大、小、长、短、深、浅、轻、重、粗、细"等一类形容词时是有歧义的，可以表达"某种结果的实现"，也可以表达"某种预期结果的偏离"[①]，汾阳方言的情况与普通话情况大致相同，但习惯上表达"某种预期结果的偏离"多用"V得A啦"或"V得太A啦"，如：

（75）以前那家老迟到，给头儿骂喽一顿，这两天来得早啦。

（76）今儿可来早啦，没啦迟到。

---

① 陆俭明：《"VA了"述补结构语义分析》，《汉语学习》1990年第1期。

第四章 状中结构和述补结构

（77）孩儿们几天不见就看见长高啦。
（78）叶子长得太高喽就影响开花儿咧。
（79）我把这一根锯短啦，这个就能用啦。
（80）这一根锯得短啦，不能用啦。

（二）专用的结果补语

汾阳方言中有一类专门作结果补语的动词，包括"着、见、住、起"等几个，他们都属于不带标记的结果补语。下面分别讨论。

1. 着[tʂʰəʔ⁰]

"着"作补语表示的是某个动作对受事造成了伤害，"着"与之前的谓词结合很紧密，如：

（81）那圪节车朝这面儿撞将来，差圪丝儿把孩儿碰着。
（82）这来热的天气不用穿上那祆子，冻不着。
（83）那一壶子开水没啦把你烧着吧？
（84）夜来的过堂风没啦吹着俺孩儿，不赖咧。
（85）我这两天拍着啦，稀鼻涕流得徒儿徒儿地<small>我这两天感冒了，清鼻涕流得很厉害。</small>

2. 见[tɕi⁵⁵]

"见"作为专用结果补语，一般用于感官动词之后，表示动作有结果，这些感官动词包括"听、看、吃、探、揣"等，还有一些抽象类的动词如"打听、寻、梦"，如：

（86）我打听见这个事不好办咧。
（87）饭里吃见一根儿头发。
（88）我初进手去，探见一串串钥匙<small>我伸进手去，够着一串钥匙。</small>
（89）我何地儿也寻不见那家。
（90）我半天也没啦揣见你说的钥匙呀。

3. 住[tʂəʊ⁵⁵]

"住"用于动词之后作结果补语有两个意思，一是表示动作使人体或事物固定，如：

（91）我的脚给夹住啦。

（92）我正要走咧，给那家吼住啦。

（93）棍子顶不住门子，得重些儿的东西咧。

（94）警察没啦逮住那家，给那家跑啦。

二是表示动作完成，造成了一定的后果，否定式只有"没啦 V 住"，不能说"V 不住"，例如：

（95）老婆家一出门子就给车撞住。

（96）俺妈两天倒给我把被子做住啦。

（97）我几回也没啦等住那家。

4. 起[tsʰʅ³¹²]

"起"用于动词之后作补语表示动作已经有结果，使用频率不高。如：

（98）房儿盖起啦没啦咧？

（99）作业写起喽才能出去耍咧。

（100）我去裁缝铺儿里取衣裳嘿，人家早就做起。

四　趋向补语

趋向补语由趋向动词来充当，一般表示动作行为的趋向或者动作行为、性质状态的变化情况，有时表义也不限于此，可算是一种广义的结果补语。趋向动词按词形分为简单趋向动词和复合趋向动词。简单趋向动词有"来""去[tieʔ⁰]""上""下""进""回""过""出""开"等，他们都是从实义动词而来，都可以单独作谓语；复合趋向动词由简单趋向动词与"来""去"组合而成，它们的组合关系如下表所列：

表 4-2　汾阳方言趋向动词组合

	上 xuɔ⁵⁵	下 xa⁵⁵	进 tɕiẽ⁵⁵	回 xuei²²	过 ku⁵⁵	出 tʂəʔ²²	起 tsʰʅ³¹²
来 lei⁰	+	+	+	+	+	+	+
去 tieʔ⁰	+	+	+	+	+	+	+

其实，以上复合趋向动词的前项"起"并不是简单趋向动词，它带有

时间性，属于时体助词（见第六章），但在汾阳方言中它经常与"来""去"组合成词作趋向补语，因此一并放在这里讨论。"开"单独作补语，不与"来/去"构成复合趋向动词。汾阳方言的趋向补语标记是"将"，在第三章第三节助词部分已有讨论，这里不赘述。

趋向动词按照语义也可以分两类，一类是带有"来""去"这样指示方向的趋向动词，称为"指示性趋向动词"；另一类是不带"来""去"的趋向动词，称为"非指示性趋向动词"。

（一）趋向补语"来""去"

汾阳方言的"来"和"去"[①]都可以作实义动词，无论是作实义动词还是作趋向动词，它们都以说话人为参照点。按照盛益民的观点[②]，作为补语，"来"是趋向说话人的，称为"向心趋向补语"，"去"是远离说话人的，称为"离心趋向补语"。凡是带"来""去"的趋向补语也可以分为这两类。汾阳方言的"来""去"单独作趋向补语的情况不太多，多数情况是组成复合趋向动词作补语。

1. 向心趋向补语"来"

"来"单独作补语，表示动作的方向是趋向说话人的，这里的方向包括心理上的和实际的方向。一般的结构是"V+（N）+来"，如：

（101）你先进（居舍）来吧。

（102）和我们叨呷来吧。

（103）你有空儿过我行来吧。

（104）我们单位调将<u>一个外地家</u>_外地人_来。

（105）<u>那家</u>给我把书送将来啦。

动词可以带宾语，当宾语是非受事时，不需要加补语标记，当宾语是动作受事时，一般要加补语标记"将"。

2. 离心趋向补语"去[tieʔ⁰]"

"去"单独作补语，表示动作的方向是远离说话人的。一般的结构是

[①] "去"作实义动词时读为[tsʰʅ⁵⁵]，作趋向动词或其他虚词时读作[tieʔ⁰]，"来"作实义动词读[lei²²]，作趋向动词或其他虚词时读[lei⁰]。

[②] 盛益民：《吴语绍兴柯桥话参考语法》，博士学位论文，南开大学，2014年，第193页。

"V+（N）+去"，如：

(106) 我要看电影去咧。

(107) 你出去吧。

(108) 你去你妈行去吧。

(109) 到时候我给你把书送将去。

"去"作补语时，动词所带的宾语是非受事时，不加补语标记"将"，宾语是受事时，需用补语标记。

（二）其他趋向补语

除了"来、去"这样的趋向补语，还有"上""下""进""出""回""过""开""起来/去"等，我们先讨论各自单独作补语的用法，再讨论带"来、去"组合的用法。

1. 上、下（来/去[tieʔ⁰]）

"上"单独作趋向补语，一般读作[xuɔ⁵⁵]，或弱读为[xə⁵⁵]，甚至可以弱读为[ə⁰]，位于动词后，构成动趋式，并不表示方向的意思，都引申成为别的意义，表达语义有如下几种：

①表示存在，或添加于某处的意思，如：

(110) 戴上手套吧，外头可冷咧。

(111) 那家在院里栽上树儿啦。

(112) 在这儿写上你的名字。

②表示达到一定目的或标准的意思，如：

(113) 人家们家儿都住上新房儿啦，就咱家没啦。

(114) 我今辈子也赶不上你。

(115) 我评上三好啦。

③V+上+数量，这个结构可以表示达到一定的数量，如：

(116) 过喽年咱们去青海住上一个月，好好儿耍耍。

(117) 来我出去割上几斤肉。

(118) 你每天睡上三四个小时就不瞌睡？

④用于连谓形式中，可以表达一种伴随状态，如：

(119) 你骑上车子去吧。

(120) 那家把东西捎上走啦。

（121）咱们提溜上瓶瓶打酒嘿。

"下"单独作趋向补语，读为[xa⁵⁵]，位于动词后，构成动趋式，也不仅仅表达动作从上往下的趋向，其语义有如下几种：

①表示人或物随着动作由高往低的意思，如：

（122）你坐下吧。

（123）先把书包放下再出去。

（124）天上跌下馅儿饼来啦？

这一意义应该是"下"作趋向补语的基本用法，其余都是引申用法。

②表示动作完成的意思，可称为完成体标记，如：

（125）外头等下那故子人啦，还没啦开门咧。

（126）二十六割下肉，写下对子，蒸下馍馍。

（127）儿媳妇子养下孩儿啦。

也兼表脱离的意思，如：

（128）那家脱下鞋就瞎卜捌扔咧。

（129）我把车上的炭卸下啦哈。

③表示把结果固定下来的意思，如：

（130）我和那家说下今儿碰头儿。

（131）你们定下甚就甚吧。

（132）打下好根基，房儿就不走展房屋因根基不好而变形。

④能+V+下+数量名结构，否定式"V+不下+数量名结构"，表示能（不能）容纳一定的数量，动词多为"坐、站、睡、躺、停、装、盛、放、住"等，如果回答疑问句，答句用"能V下"或"V不下"。如：

（133）这个教室坐不下六十个人。

（134）这一支床能睡下三个人。

（135）你书包里能装下我的书？——能装下。/装不下。

复合趋向动词"上来/去"，一般构成"V+上来/去+名词"结构，"上来"表示动作趋向参照物的方向，"上去"表示动作远离参照物的方向。这里的名词可以移到"上"和"来/去"中间，它可能是动作的施事，也可能是受事，也可能是表处所的名词。"上"在这里读[ʂuo⁵⁵]。表达语义有几种：

①表示人或物随动作由低处到高处，这是"上来/去"的基本用法。如：

(136) 你跳上来吧。

(137) 把桌子抬上来！

(138) 来我给你搬上一把椅子去吧。

(139) 人家把米面油都送上门来啦。

②引申为表示人或物随动作趋近某处，包括人员升迁，如：

(140) 那家追上来啦哈。

(141) 一会儿工夫就围上一群人去。

(142) 强盗搁这儿趴上二层去来。

(143) 那家是书记提拔上来的。

(144) 老李给调上去当喽书记啦。

2. 进、出（来/去[tieʔ⁰]）

"进/出"是一对方向相反的趋向动词，表示人或物随动作由外面到里面，或由里面到外面。

"进"在汾阳方言中基本不单独用作趋向补语，一般都与"来/去"组成复合趋向动词作补语。基本用法是组成"V+进+（处所名词）+来/去"，表示人或物随动作进入某处，如：

(145) 我可挤不进去。

(146) 孩儿早跑进居舍来啦，你还在外头等甚咧？

(147) 那家每天早晨趑进城去，后晌再趑回来。

可以扩展为"V+进+（名词）+来/去"，名词可能是受事，也可能是施事，如：

(148) 那家根本听不进你的话去。

(149) 一下跑进七八个孩儿们来。

(150) 俺舅送进一袋子红薯来。

"出"在汾阳方言中可以单独作趋向补语，基本用法是用于"V+出+名词"，表示人或物随动作由里向外，如：

(151) 这个话我可说不出口。

(152) 我妈把我送出门就回去。

引申用法是表示动作完成，或从无到有的意思，如：

（153）那家专门儿腾出时间和我串的。

（154）我看出那家今儿有些儿不对劲儿。

引申的用法基本用于动词之后还有后续动作的情况下，否则就需要用复合趋向动词"出来/去"。

复合趋向动词"出来/去"比较常用，二者区别同上，可以用于"V+出来/去"结构，表示人或物随动作由里向外，兼表人或物出现，如：

（155）你从何地儿射出来咧？

（156）我抹着防晒霜咧，你能看出来？

（157）俩班的名单都贴出去啦。

也可以用于"V+出+（名词）+来/去"结构，其中的名词多是受事，如：

（158）我想出一个好办法来。

（159）那家们搬出桌子去啦。

（160）这个话你说出来啦还能再收回去？

（161）嫁出女去就等于泼出水去啦？

3. 回来/去[tieʔ⁰]

"回"在汾阳方言可以单独作补语，表示人或事物随动作从别处到原处。如：

（162）你从何地儿取的，放回何地儿。

（163）你的钱儿退回你账上啦。

多数情况要使用复合趋向动词作补语，用于"V+回+名词+来/去"，这里的名词可能是受事，也可能是施事，如：

（164）我爸要不回他的工钱来，气得不行。

（165）你把书包背回去啦？

（166）那家送回我来。

（167）今儿飞回两只鸽子来。

还可以用于"V+回+处所名词+来/去"，如：

（168）我把衣裳送回他家去啦。

（169）一到春起，燕儿们就飞回咱们这儿来啦。

（170）人家他女把他们接回村里去啦。

4. 过来/去[tie?⁰]

"过"在汾阳方言中单独作补语，表示人或物随动作改变方向，如：

（171）你掉过得脑就看见我啦。

（172）那家侧过身子不理我啦。

（173）你翻过这一面儿看。

更多情况是用复合趋向动词"过来/去"作补语，用"V+过+（名词）+来/去"结构，表示以下几种语义：

①表示人或物随动作从一处到另一处，如：

（174）你独自家跑过来跑过去不害累？

（175）这来宽的水，你能游过去？

（176）那家给我捎过几袋子花生来。

②表示物体随动作改变方向，如：

（177）我和你说话，你是掉过得脑去，可没样儿咧。

（178）捌过身子来坐正！

（179）把我翻过来翻过去，就是睡不着。

③"过来"表示回到原来的、正常的状态，"过去"表示失去正常状态，多用于不好的意思。如：

（180）那家过喽一阵儿才精明过来是怎回事。

（181）那家昏过去啦。

此外，还有"V+（不）+过来"结构，表示能（不能）很好地完成，如：

（182）这来大的厂子你独自家能顾过来？

（183）我妈给我买喽那故子书，我根本看不过来。

"A+过+名词+去"结构，表示超过某一界限或胜过某人，如：

（184）咱们这儿再热也热不过南方去。

（185）你能说过那家去？——根本说不过去。

（186）他再厉害也厉害不过他老婆去。

"V+过+处所名词+来/去"结构，表示人或物随动作从某处经过，如：

（187）你能跳过这一道沟去？

（188）那家把车车推过桥去啦。

（189）车能开过桥来？

第四章 状中结构和述补结构

5. 起（来/去）

"起"单独作补语，用在"V+起+N"结构中，表示人或物随动作由下向上，如：

（190）他就是瞎胡闹咧，搬起石头砸自家的脚。
（191）那家担_抬起得脑看喽看，又圪低下啦。

"起"后没有名词时，需要再加动词性词语，如：

（192）那疙瘩板子刚立起又跌倒啦。
（193）我看见他擩_掂起装的插插_{口袋}里啦。

还可以表示动作关涉某人或物，如：

（194）我想起一个故事，给你们讲讲哈。
（195）那家那夜儿还问起你甚会儿回来咧。

还表示动作完成，可看作完成体标记，从动作完成这一点看，说"起"属于结果补语也可，如：

（196）你把这一张照相抬_藏起吧，不敢丢喽。
（197）把你的这圪子耍家什都放起吧。
（198）这二百块钱儿是我的一圪丝儿心意，你收起吧。

此外，还有"V+得起/不起"表示有（没有）某种能力，如：

（199）房价降的个儿三四千，人们才买得起咧。
（200）我可惹不起你。

"起来/去[tie?⁰]"用于"V+起+（N）来/去[tie?⁰]"结构，有几种语义：

①表示人或物随动作由下向上，如：

（201）你坐起来坐好，老是躺街卧炕地，像甚样儿咧？
（202）跌喽一跤，这一只胳膊初_抬不起来啦。
（203）把箱子盖子翻起去。
（204）把炕上铺的油布儿们掀起去就能看见你娘娘抬_藏的东西啦。

②"起来"表示动作完成，或达到一定结果，也可看作是结果补语，如：

（205）我想不起来放的何地儿啦。
（206）这俩圪节儿棍棍连起来就够啦。
（207）把咱们班的人都集中起来点点人数儿。

③"起来"表示动作开始，可看作起始体标记，如：

（208）那个人，鬼谝起来就没完啦。

（209）爱喝酒的人喝起酒来就收不住。

"起来"还可用于"A+起来"表示一种状态开始发展，并逐渐加深，如：

（210）忙起来喽可忙咧，闲下也可闲咧。

（211）这一阵儿街上的人才多起来啦。

（212）人家这阵儿有钱啦，硬气起来啦。

6. 开

"开"在汾阳方言中单独作补语，不构成复合趋向动词，一般用于"V+开+（N）"结构，有如下几种语义：

①表示事物随动作展开，如：

（213）翻开人家的书看看，记得满满儿地的笔记。

（214）那家的事在单位上倒传开啦。

（215）门子给你开开啦，你完喽记得锁喽。

②表示人或物随动作离开，如：

（216）你起开吧，甚也做不喽，还卜拦人咧。

（217）躲开，车过来啦。

③比喻清楚、敞亮，如：

（218）那家早想开啦。

（219）这个事情还是说开些儿好。

④表示动作开始，可看做起始体标记，如：

（220）孩儿一看见他妈倒哭开啦。

（221）人家一进门子就挽起袖子做开活啦。

（222）下开雨啦，你带的伞儿咧？

⑤"V+开+数量（长度）"结构，表示物体随动作展开一定距离，如：

（223）桌子面面上裂开有一公分。

（224）墙墙上迸开一指宽的缝缝。

五 可能补语

可能补语表示事实或动作的结果、趋向能否实现，因此它与动结式和动趋式有密切关系,"大部分结果补语和趋向补语都能转换为可能补语"①。汾阳方言的可能补语多为表趋向或结果的动词,也包括一些性质形容词。我们根据补语的内容将其分为三类:"V+C+喽""V+将来/去+喽""能+V+C"。前两类是老派的说法,最后一类是新派的说法,前两类都可以转化为最后一类。三种类型都是肯定式,"V+不+C"是否定式。

(一)"V+C+喽"和"能+V+C"

这两类结构的补语属于黏合式补语,肯定式是"V+C+喽""能+V+C",否定式都是"V+不+C",动词多为自主性动词,如"伺候、跑、吃、受"等,动词如果带宾语,宾语一般位于补语之后。补语常是包含结果义或趋向义的动词或形容词,表示动作的结果或趋向能否实现,状态能否达到,一般包括"行、动、喽、上、下、完、下来、起来"等。在陈述句中,肯定式和否定式并不平衡,否定式用得多,肯定式用得少。在疑问句中,多是用正反问句的形式,肯定否定同时出现。语气词"喽"带有可能语气,相当于"能","V+C+喽"式均可转化成"能+V+C"式,但一些"能+V+C"式不能转化为"V+C+喽"式。

1. 在陈述句中的表现

(225)你娘娘身子好咧,这来远的路儿还跑动喽。=这来远的路儿还能跑动。

(226)早些儿走就赶上喽。=早些儿走就能赶上。

(227)这些儿活计,我独自家就做完喽。=这些儿活计,我独自家就能做完。

(228)这来大一麻袋我还扛上喽咧。=这来大一麻袋我还能扛上咧。

(229)那人就他二女子能伺候下,谁也不行。

(230)食堂里的饭人家也能吃行。

以上例(225)—(228)"V+C+喽"和"能+V+C"都能成立,例(229)和(230)只能用"能+V+C"式。实际上,能够进入"V+C+喽"结构的动词和补语数量有限,是属于老派汾阳方言里遗留的一些用法,但大多数的

---

① 朱德熙:《语法讲义》,商务印书馆1982年版,第132页。

动词和可能补语都可以进入"能+V+C"结构，受普通话的影响较大。

此外，很多晋语研究者把"V+喽+喽"看作一个特殊的类独立于"V+C+喽"之外，实际上能进入这一结构的动词很少，基本是单音节的自主动词，如"吃、喝"等，第一个"喽"有完结的意思，应是从与普通话的"了[liau²¹⁴]"同义的用法发展而来的动作完成之义，我们也可把它看作是一种补语成分。第二个"喽"是语气词，二者不是同质的东西，不宜看作是重叠。如：

（231）这一碗我吃喽喽，你不用管啦。

（232）我可喝不喽这故子，给你折上些儿吧。

例（232）是"V+喽+喽"的否定式"V+不+喽"，否定式的"喽"也相当于"了[liau²¹⁴]"。我们认为这种结构也可归入"V+C+喽"式。

"V+C+喽"和"能+V+C"的否定式都是"V+不+C"，因此从对应数量上来看，否定式"V+不+C"数量多。如：

（233）迟喽就赶不上啦。

（234）我独自家就做不完这故子活计。

（235）这来大一麻袋我可扛不动。

（236）谁也伺候不下那人。

（237）食堂里的饭我可吃不行。

（238）我没啦吃饭，跑不动。

（239）我吃不喽啦，剩下吧。

（240）你的风车儿我可弄不下来，太高啦。

2. 在疑问句中的表现

汾阳方言可能补语多出现在正反问中，格式是"VC（喽）—V不C咧？"肯定答句是"VC（喽）"或"能VC"，否定答句是"V不C"。如需加宾语，一般加在"VC（喽）"之后，如：

（241）你独自家取上喽取不上咧？——取上喽/能取上。/取不上。

（242）你搬动喽搬不动咧？——搬动喽/能搬动。/搬不动。

（243）食堂里的饭你能吃行吃不行咧？——能吃行。/吃不行。

（244）这一碗饭吃喽喽吃不喽咧？——吃喽喽/能吃喽。/吃不喽。

（245）你能伺候下那家伺候不下咧？——能伺候下。/伺候不下。

例（244）里"吃"的论元作了主语，如果放在动词后，语序变成"能吃喽这一碗饭吃不喽咧？"

（二）"V+将来/去+喽"

这类补语用了助词"将[tsa^0]"，算是带标记的组合式补语，它与"能V+将来[lei^0]/去[tie?^{0}]"是同义的结构，后者是新派的说法。"将"引导"来/去"作动词的可能补语，整个结构表示动作的结果或趋向能否实现，"喽"表示可能语气。同样，这一结构中的动词一般为自主性动词。肯定式是"V+将来/去+喽"和"能+V+将来/去"，否定式是"V+不+将来/去"。如：

（246）你等等哈，这坨节人我肯定想将来喽。=这坨节人我能想将来。

（247）以前的歌儿人家都能唱将来。

（248）你吼那家打帮吧，那家都能给你背将去。

（249）这道题我做将来喽。=这道题我能做将来。

（250）我算不将来，你算吧。

（251）你自家学下东西就你的，谁也取不将去。

（252）那家说他赶不将来啦。

以上例句均为陈述句，真正能用"V+将来/去+喽"结构的动词并不多，基本上都可以用"能+V+将来/去"式。同时比较各例句会发现，"来"比"去"的虚化程度更高，"去"表示趋向的意义仍比较明显，但"来"意义更虚，所以"来"句比"去"句应用范围更大些。

以上结构用于疑问句与黏合式补语的情况一样，一般用于正反问，也能用于是非问，如：

（253）这道题你做将来喽做不将来咧？——做将来喽。——做不将来。

（254）那家说赶将来喽赶不将来咧？——赶将来喽。——赶不将来。

（255）以前的歌儿你唱将来喽唱不将来咧？——唱将来喽。——唱不将来啦。

（256）你的东西别人能取将去？——能取将去。——取不将去。

（257）这来远那家能背将去？——能背将去。——背不将去。

如上例（256）（257）用于是非问句时，不能用"V+将去+喽"式，要用"能+V+将去"式，也说明"将来"句比"将去"句虚化程度高，应用范围大。

第五章　句类和语气词

句类是依据句子的语气类型所作的分类，主要包括陈述、疑问、祈使、感叹四种，这里只讨论疑问句、祈使句，以及与句类密切相关的语气词。

第一节　疑问句

一　疑问句的分类

（一）前人的分类

疑问句的研究历来为学者们所关注。对其分类，一般有是非问、选择问、正反问和特指问这样的结构类型，也有中性问句、诧异问、求证问、附加问、反诘问等这样的功能类型。单从结构类型上看，各家对分类有着不同的见解。

刘丹青阐述了人类语言普遍存在的疑问句基本功能类别有两种：是非疑问句和特指疑问句。并阐释汉语中的选择问是是非问的一个小类，反复问（即正反问）"是用选择问形式表达是非问功能的一种问句，从历时看是从选择问到是非问的一种中间过渡类型"[①]。随着语法化程度的加深，反

[①] 刘丹青：《语法调查研究手册》（沈家煊主编《西方最新语言理论译介》之一），上海教育出版社2008年版，第2页。

复问最终成为真正的是非问。各种文献资料和方言材料也确实说明选择问、正反问、是非问之间有着密切的联系。不过，刘丹青也提到汉语的特殊性，认为可以将选择问列为单独的一种问句类型。

邵敬敏在前人研究成果的基础上，对疑问范畴进行了全面系统的深入研究。他将前人对疑问句的分类系统总结为六类，即以吕叔湘为代表的派生系统、以朱德熙为代表的转换系统、以林裕文和陆俭明为代表的结构系统、以范继淹为代表的功能系统、以邵敬敏为代表的选择系统、以袁毓林为代表的泛时系统。他把所有疑问句都看成是一种选择。"作为选择，可以有两种，一种是是非选择，另一种是特指选择。二者的根本区别在于回答时，前者为肯定或否定，后者为针对性回答。"[①]认为是非问和正反问本质上都是一种是非选择，关键是句子中出现的选择项是单项还是双项；而特指问和选择问都是若干的选择，关键是选择项是有定还是无定。

史秀菊也讨论了晋语的疑问句[②]，她综合了吕叔湘和邵敬敏两位的观点，认为是非问句也是一种选择关系问句，因为从意义方面来说，是非问句和正反问句有相同之点，即答句都要么是肯定，要么是否定，不能有其他。与选择问和正反问的区别在于它在形式上没有并列的或正反的两项供人选择，而是提出疑问让回答者选择用"是"或"非"回答问题。所以是非问句是没有选择问形式却在意义上具有选择关系的选择问句。以上三种疑问句在表义上的共同特点可概括为[+选择+甲/是-甲/是]。由此，将疑问句分为特指问和选择问，选择问又分为列项选择、正反选择和是非选择。

（二）汾阳方言疑问句分类

综合上述各位学者的分类方法，再结合汾阳方言的实际情况来看，我们综合了邵敬敏先生关于现代汉语疑问句的分类方法和史秀菊老师关于晋语疑问句的分类意见，认为汾阳方言中，除了特指问，一般疑问句常以正反问和选择问的形式出现，真正的是非问常用于表示诧异、求证等特殊语义。从语气词来看，正反问、选择问常用的语气词都是"咧"，多少说明了它们二者之间有历时上的演变关系。

---

① 邵敬敏：《现代汉语疑问句研究》（增订本），商务印书馆2014年版，第9页。
② 史秀菊：《晋方言语法史研究》（未刊稿）。

从疑问手段来看，特指疑问句常用的疑问手段就是特指疑问代词，可以说疑问代词是特指问句的标记。其他疑问句的形式手段比较多样，可以有疑问副词"敢"、疑问语气词"咧"等、上扬的疑问语调、疑问格式等。在不同的疑问句中，使用不同的一种或多种手段。

再从答句来看。正反问和是非问的回答，通常不是简单的"是/不是"，而是常取问句的谓词作答，也可以用点头或摇头来回答。如"吃啦？"回答是"吃啦。/没啦咧。"正反问"你吃啦没啦咧？"回答也是"吃啦。/没啦咧。"从答句上可见二者是有共性的。特指问和典型的选择问不可以用点头或摇头来回答，而需要有针对性的回答。汾阳方言的中性问句（即主要用来询问，希望对方给出答案的句子），人们更自然地倾向于使用正反问。是非问同样是希望对方作出肯定或否定的回答。因此，选择问、正反问、是非问三者实际上都需要回答人从问句所说的情况中作出一种选择，如史秀菊（未刊稿）所言，他们的共同点是"[＋选择＋甲/是－甲/是]"[①]。由此，我们将选择问分为列项选择、正反选择和是非选择。

这样，我们将汾阳方言的疑问句类型做了这样的调整：

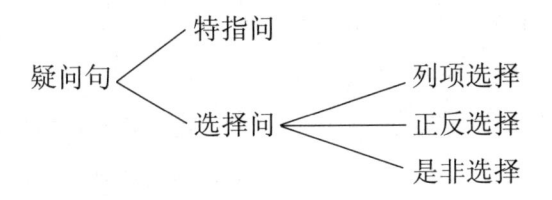

```
           ┌─ 特指问
疑问句 ─┤              ┌─ 列项选择
           └─ 选择问 ─┤─ 正反选择
                          └─ 是非选择
```

经过这样的调整以后，我们在分析汾阳方言的疑问句时，按照特指疑问句和选择疑问句两大类去讨论，并探讨几种选择问之间的联系。最后，简略介绍功能类型中的附加问和反诘问句。

二 特指疑问句

汾阳方言的特指疑问句，从形式上看与普通话无异，不同在于疑问代

---

① 史秀菊：《晋方言语法史研究》（未刊稿）。

词和疑问语气词。我们将汾阳方言的疑问代词分为六类："谁"系代词、"何"系代词、"甚"系代词、"怎"系代词、"多"系代词和"几"。关于"何"系疑问词与"甚"系疑问词的疑问用法、非疑问用法及其渊源关系等内容，李卫锋已经作过详细的描写分析[①]，我们认为汾阳方言的"何"是对古汉语疑问代词"何"的继承，并在此基础上不断发展出了一系列的疑问代词，与普通话中的"哪"系疑问词对应整齐，是在自我发展的同时与北方方言同步发展的结果。"甚"系疑问词相当于普通话中的"什么"类疑问词。本书不打算赘述上文中的具体内容，而着重讨论的是李卫锋（2016）未谈到的其余疑问代词和疑问语气词。

（一）"谁"系代词构成的疑问句

汾阳方言问人的疑问代词主要是"谁[ʂuei^{22}]"，以及由"谁"作词根构成的一系列代词"谁家[ɕya^{22}]、谁们[ʂuei^{22}mən^{324}]、谁家行[ɕya^{22}xuɔ^{324}]、谁家们家儿[ɕya^{22}miar^{22}]"等。如：

（1）谁在那儿咧？

（2）谁把你惹着啦咧 谁把你惹着了？

（3）给谁送饭咧？

（4）孩儿跟上谁走啦咧？

（5）这个谁的包包咧？

以上例句均为传疑而问，"谁"可以处于主语、宾语、定语位置，还可以单独成句，说"谁咧？"所问均为单数，这是最常用的问人代词，其复数形式是"谁们"，如：

（6）谁们和你去咧？

（7）你给谁们发喽卷子啦咧？

（8）这个谁们的车子咧？

其余的形式都是在"谁"的基础上发展出来的用法。如"谁家"：

（9）今儿谁家办事咧？

（10）你给谁家办事咧？

---

① 李卫锋：《山西汾阳方言特指疑问代词——从"何地儿"说起》，《河北师范大学学报》2016年第4期。

(11) 你是谁家厮儿咧？

"谁家"同样可以处于主、宾、定语的位置，表示"哪一家人"的意思，同样用于有疑而问的句子里。

"谁家们家儿"可用于问句，但不一定是有疑而问，如：

(12) 谁家们家儿大人管你咧？

(13) 谁家们家儿这一阵儿倒焙饼儿咧？

以上两例虽然用了问句的形式，但其实例（12）的语义是"没有谁家父母会管你"，言外之意是"只有自己的父母会管自己"，例（13）是说"现在谁家也不会焙饼儿"。"谁家们家儿"有泛指之义。它是与人称代词的"俺们家儿""你们家儿""那家们家儿"对应的疑问代词。

"谁家"还可以和"行"组合，如：

(14) 你去谁家行去咧？

(15) 人家谁家行就给你们瞎折腾咧？

(16) 谁家行的饭最好吃咧？

"谁家行"就相当于普通话的"谁家"，汾阳方言"谁家"本身已经带有"家"的意义，"行"也有"家/家里"的意思，这种重复的组合，说明"谁家"在有些场合已经虚化，失去了"家"的一些意义，所以需要再加一个"行"。另一个虚化的证据是"谁家"还可用于"家"以外的集体或团体名称前，如：

(17) 谁家班里的学生迟到啦咧？

(18) 谁家单位像我们咧？

(19) 这个是谁家头儿咧 这是谁的领导？

（二）"怎"系代词构成的疑问句

汾阳方言的"怎[tsəŋ^{312}]"，相当于普通话的"怎么"，可以用于问原因、问性状、问方式、问状况等，下面逐一讨论。

1. 问原因

汾阳方言问原因最常用的是"为甚"，其次是用"怎么[tsəʔ^{22}məŋ^{22}]"。"怎么"表示问话人询问动作或事情如此的原因，相当于"为什么"，用于形容词、动词或小句前，如：

（20）你怎么这一阵儿才来咧？
（21）居舍怎么黑黢黢地咧_{屋里怎么黑黢黢的}？
（22）那家怎么不走啦咧？
（23）我晾下的水怎么没啦啦咧？
（24）怎么外头这来冷冽？

汾阳方言的"怎么"看似与普通话用法差异不大，但读音与其他的"怎"系词还是有些不同：一是"怎"促化，在语流中如果语速较快或者长期轻读，可以导致促化；二是"么"从阴声韵变成了阳声韵，读[məŋ^{22}]，汾阳方言中一般是阳声韵字脱落鼻韵尾成为阴声韵，这个"么"正好相反，这个问题尚未考虑清楚，留待以后解决。

2. 问性状

问性状的代词有"怎来[tsəŋ^{312}lai^{22}]"，"怎么"仅可以用于"怎么回事咧？"问性状，但不能用于"怎么一个人、怎么个情况"等。"怎来"问性状时，其后紧跟形容词，表示询问事物的性状程度如何，相当于普通话的"多么"，如：

（25）你家的白菜有怎来大咧？
（26）这一棵树儿有怎来高咧？
（27）你俩有怎来好咧？

3. 问方式

问方式的代词有"怎、怎地[tsəŋ^{312}tsɿ^{55}]、怎样儿[tsəŋ^{312}yer^{55}]"，一般用于动词或动词短语前，询问如何去做某事，相当于普通话的"怎样"，最常用的是"怎"，如：

（28）虫虫是怎蜒_爬咧？
（29）这个字怎（地）写咧？
（30）这圪节螺丝怎（样儿）就能拧上咧_{这个螺丝怎么就能拧上呢}？
（31）这了儿大的核桃上，你怎刻上字咧_{这么大的核桃上，你怎么刻上字的}？
（32）我怎样儿喽，你就出喽气啦咧_{我怎么做，你就出了气了}？

4. 问状况

问状况的代词有"怎、怎啦[tsəŋ^{312}la^{0}]"，较常用的是"怎"。"怎啦"表示问话人询问对方发生了什么事情，出现了什么状况，相当于普通话的

"怎么了",是可以作谓语的,如:

(33)你俩又怎啦咧?又吵架来?

(34)孩儿怎啦咧?看见不高兴的。

"怎"用于问状况,通常用于谓语或补语位置,有时也用于宾语位置,相当于"怎么样",如:

(35)今儿天气怎咧?

(36)你想怎咧?

(37)准备得怎咧?

(38)你觉煞_着怎咧?

(39)以后打点_{打算}怎咧?

(三)"多"系代词构成的疑问句

汾阳方言的"多"用作疑问代词时,可以组成"多来[tɯ³²⁴lei²²]""多了儿[tɯ³²⁴ler⁵⁵]"问性状,"多儿[tər³²⁴]"问数量。"多来"和"怎来"相比更侧重于问数量上达到的程度,也用于形容词前,如:

(40)你家的房儿多来大咧?

(41)你要多来宽的板板咧?

"多了儿"也侧重于问数量上达到的程度,如:

(42)你要多了儿薄的纸咧?

(43)猫娃儿有多了儿大咧?

"多来"和"多了儿"比较而言,前者侧重于数量多的程度,后者侧重于数量少的程度,是相反的一对疑问代词。

"多儿"是主要用来问数量的,没有多少的区别,用于谓语、宾语、定语等位置,如:

(44)你今年多儿啦咧?

(45)你给喽那家多儿咧?

(46)苹果多儿钱儿一斤咧?

(47)咱们上喽多儿日子课啦咧?

(四)代词"几"构成的疑问句

"几[tsʅ³²⁴]"在汾阳方言中用于问数量和时间,与普通话中用法基本相同,例如:

（48）这一阵儿几点啦咧？

（49）这些儿苹果有几斤咧？

（五）特指疑问句的疑问语气词

汾阳方言特指疑问句的语气词一般用"咧"。我们需要注意的是区别很多不单纯表疑问的语气词。如前所述，"咧[①]/来/啦"除了表时体，也兼表语气，但是我们认为其主要功能是表时体，理由是：

第一，无论在陈述句还是疑问句中，三者都可以出现，表达时体。但在非特指疑问句中，单靠表时体的"咧/来/啦"是不能成句的，必须加上扬语调表疑问[②]。如：

（50）那家走啦↗？

（51）你去来↗？

（52）你妈在咧↗？

第二，在特指疑问句中，句末语气词只有"咧"，不管它前面是否还有其他语助词（包括"来/啦"），特指疑问句不用上扬语调。如：

（53）谁和你上太原来咧？

（54）你妈去喽何地儿啦咧？

宋秀令[③]曾提到汾阳方言的"呀"可直接用于疑问代词后，表示疑问或反诘，如"谁呀？""甚呀？""何地儿呀？""怎呀？"首先，这些句子的理解离不开具体语境，单独成句但语义不完足。其次，这些句子和特指疑问句不同，不是有疑而问，主要是用来表达惊讶、不解或没听清楚等意义的回声问。最后，这些句子需要用上扬语调，宋文中没有提及这一点。也就是说，与真正的特指问句有差别。

因此，我们认为汾阳方言特指疑问句的疑问手段除了疑问代词，就是疑问语气词"咧"，而没有用上扬语调和疑问格式。综合前面选择疑问句的情况，可以看到疑问语气词"咧"在两种疑问句中都起到了举足

---

① 本书的"咧"分三个：将来时助词"咧$_1$"，正然态助词"咧$_2$"和语气词"咧"，语气词没有下标数字，因"咧"的语气词用法常常和时体用法合二为一，难以明确区分，如无特别需要，则不标数字。

② 下文例句中标注"↗"的为上扬语调，如果不标注，则是平调，不再另标。以下皆同。

③ 宋秀令：《汾阳方言的语气词》，《语文研究》1994年第1期。

轻重的作用。

三　选择疑问句

（一）列项选择问

汾阳方言的列项选择问句可以按照选项的句法位置来分类，下面按照不同句法位置的选项进行阐述，然后再阐述汾阳方言列项选择问的特点。

1. 列项选择问的形式

1）主语为疑问选项，如：

（1）这一个长↗还是那一个长咧？

（2）红的好↗，绿的好咧？

（3）你妈亲你↗，你爸亲你咧？

（4）我接孩儿↗，还是你接孩儿咧？

（5）太原好↗，汾阳好咧？

以上例句，问话人是希望对方能从其中选择一个答案，但答话者可以选其中一项回答，也可以全部否定或二者皆可。

宾语为疑问选项，如：

（6）咱们吃擦尖儿咧↗，吃剔尖儿咧？（普通名词宾语）

（7）我把东西给你↗，还是给他咧？（人称代词宾语）

（8）稀饭你爱稠墩儿地↗，爱清当当地咧？（形容词宾语）

谓语为疑问选项，如：

（9）今儿输啦↗，赢啦咧？

（10）你是先吃咧↗，还是先做咧？

（11）上班来↗，出差来咧？

（12）这个肉炖着吃咧↗，炒着吃咧？

定、状、补语为疑问选项，如：

（13）这个你的钥匙↗，那家的咧？（定语）

（14）你是说村里的房儿↗，还是城里的房儿咧？（定语）

（15）咱们第明搁这儿走咧↗，还是搁你家走咧？（状语）

（16）你这一阵儿和厮儿住着咧↗，还是和女住着咧？（状语）

（17）你说给他装得多啦↗，是少啦咧？（补语）

小句为疑问选项，如：

　　（18）咱们下饭铺嘿↗，还是自家做咧？

　　（19）先送孩儿们上学咧↗，是先去车站上接人咧？

2. 列项选择问的特点

从以上例句中，我们看到汾阳方言列项选择问句有这样一些特点：

第一，主语、谓语、宾语、修饰语等句法成分，甚至小句都可以作为疑问选项。也就是说句子的主干和附加成分都可以作为选项。基本形式是"VP_1，VP_2咧？"

第二，除了疑问格式，重要的疑问手段是上扬的语调，第一选项末必须用上扬的疑问语调。

第三，列项选择问句的关联词语一般是在第二选项开头用"还是"或"是"，也可以"是……还是"连用，或者可以不用关联词语，但不会"是……是"连用。也就是说关联词"还是/是"用与不用不是强制性的，但没有其他关联词语可以选择，从这一点上来说是强制性的。陈述句的关联词语不用"还是/是"，而是"或者""和""还有"等。关于关联词语的使用，邵敬敏提到关联词语"是"不能单用，必须同另一个"是"或"还是"配合使用[①]，汾阳方言可以单独使用。据史秀菊（未刊稿）的考察，晋语很多方言都可以单独使用。

第四，无论句子的时体范畴是什么，疑问语气词都是"咧[lie^0]"，且位于句末，不可或缺。前一小句末的助词可看作语气词和时体标记合二为一，与句子本身的时体相关，不是每个小句末都有这个助词，有些表达常识性或一般性问题的句子不带时体助词。一般来讲，"咧"表示的是正然或将然态，"啦"表示已然态，"来"表示曾然态。句子为正然或将然态时，后一分句末的疑问语气词"咧"与时体助词"咧"合二为一。

第五，从答句来看，无论选项有几个，答句可以选择其中一个或多个，或可以全选或全不选。

从以上特点来看，与普通话有三点明显的不同：一是疑问语气词用

[①] 邵敬敏：《现代汉语疑问句研究》，华东师范大学出版社1996年版，第88页。

"咧",这个"咧"应该是与普通话的"呢"同源的;二是关联词语"是/还是"的出现与否不是强制性的;三是第一选项末必须要用上扬语调,普通话是降调。这个上扬语调意味着前半句可以单独成句,成为一个是非问句,事实也如此。由此我们也看到列项问与是非问之间的关联,二者之间是有演变关系的。

刘丹青认为是非问是人类语言普遍存在的疑问句类型,汉语的选择问应属于是非问的一个小类[①]。宋金兰指出汉藏语系的选择问句有两种,一种是"A-part,B-part?",另一种是"A-conj-B?"(part指语气词,conj指连词)[②]。前者早在殷代的甲骨卜辞中就已经出现,是选择问句的初级形式,后者始见于先秦汉语文献,是选择问句的成熟形式。从选择问的初级形式可以看出它脱胎于是非问的明显印记,是由两个是非问句组合而成。并且"A-part,B-part?"和"A-conj-B?"这两种形式在现代汉藏语中共存。汾阳方言的列项问应属于上述第二种"A-conj-B?",但其实它带有第一种"A-part,B-part?"的痕迹,理由就是第一小句的末尾必须有上扬的疑问语调,有时还带时体标记兼语气词,句末的语气词不可少,那么就说明列项问其实是由两个是非问构成的,并在此基础上发展出了"A-还是-B?"这样的句子。可见,汾阳方言的列项问是对古老的选择问形式的一种继承和发展。

(二)正反选择问

1. 正反选择问的形式

按照邵敬敏研究,汉语方言正反问的基本类型有三个[③]:

Ⅰ. VP—Neg—VP?

Ⅱ. VP—Neg?

Ⅲ. K—VP?

并且通常认为,Ⅰ式是原型,Ⅱ式可能是由Ⅰ式演变而来,也可能是从古汉语继承而来。Ⅲ式可看作Ⅰ式的变式,吴语、客家话、江淮方言、

[①] 刘丹青:《语法调查研究手册》(沈家煊主编《西方最新语言学理论译介》之一),上海教育出版社2008年版,第2页。

[②] 宋金兰:《汉藏语选择问句的历史演变及类型分布》,《民族语文》1996年第1期。

[③] 邵敬敏:《现代汉语疑问句研究》(增订本),商务印书馆2014年版,第376页。

部分西南方言和山东方言中存在Ⅲ式。汾阳方言正反问的典型形式是"VP 咧/来/啦[①]—Neg 咧？"，除去"咧/来/啦"几个助词，基本形式就是Ⅱ式。也有使用"VP 咧/来/啦—Neg—VP 咧？"的情况，但这种情况是有限制的。汾阳方言正反问的情况我们分两类来说明。一类是用"VP—Neg 咧？"式，另一类用"VP—Neg—VP 咧？"式。

1）"VP—Neg 咧？"式

汾阳方言用疑问句表达确有疑问，希望对方作出回答时，多数情况用的是正反问的格式，下面分类说明。

A. 单纯动词谓语句，如：

（20）你走咧↗不咧？——走咧。/不走。
（21）洗澡咧↗不咧？——洗咧。/不咧。
（22）你去来↗没啦咧？——去来。/没啦去。
（23）吃啦↗没啦咧？——吃啦。/没啦咧。

单纯动词作谓语时，问句形式应该属于Ⅱ式"V—Neg？"，不过句末必须加疑问语气词"咧"，否定部分可以补出动词，如"你走咧不走咧？"也成立，但一般选择不补出动词。例句中有"V 不咧？"和"V 没啦咧？"两种形式，其区别是：例（20）（21）是对将然态的问询，例（22）是对曾然态的问询，例（23）是对已然态的问询。"没啦[ma^{324}]"合音相当于普通话的"没有"，有时也缓读作"没啦[məʔ^{22}la^{324}]"，汾阳方言中作为曾然态、已然态的否定词使用，或作为与"有"相对的否定用法。以上例句肯定部分之后要用上扬语调。这里如果去掉否定部分，肯定部分加上扬语调就是一个是非问句"V？"，也可以和正反问一样起问询功能，但本地人的首选是正反问形式。是非问的情况到后文还要阐述，这里不再赘述。

此外，双音节动词作谓语，疑问格式是"VP—不/没啦咧？"，仍然属于Ⅱ式，不用"V 不 VP？"，如"洗澡咧不咧？""睡觉咧不咧？""理发来没啦咧？"

[①] 第一个 VP 后的"咧/来/啦"是时体标记兼语气词，以下同。

B. 动宾谓语句，如：

（24）你喝稀饭咧↗不咧？——喝咧。/不喝。
（25）存喽钱儿啦↗没啦咧？——存啦。/没啦存咧。
（26）你到底打人家来↗没啦咧？——打来。/没啦打。

动词带宾语的情况，其基本形式仍是"VO—Neg 咧？"如果去掉否定部分，同样变成是非问"VO？"如例（24）（25），但例（26）不可以这样变化，原因是副词"到底"的存在，如果没有副词，就可以变成是非问，但语义有变化，我们到是非问中再详细讨论。此外，例（24）（25）还可以说成"你喝稀饭咧不喝咧？""存喽钱儿啦没啦存咧？"可概括为"VO—Neg—V 咧？"式，虽然可以补出否定词后的动词，但这不是本地人优先选择的格式，第一选择是Ⅱ式。

C. 双宾句，如：

（27）借给他钱儿来↗没啦咧？——借给来。/没啦借给。
（28）你吼他"爹"咧↗不咧？你叫他"爹"不叫？——吼咧。/不吼。

双宾句构成正反问的形式是"VO_1+O_2—Neg 咧？"实际还是属于Ⅱ式，这是首选句式。也可以用"VO_1+O_2—Neg—V 咧？"式，如"你吼他'爹'咧不吼咧？"但绝对不用完整式"VO_1+O_2—Neg—VO_1+O_2 咧？"去掉否定部分，构成是非问句，语义有变化。

D. 兼语句，如：

（29）有人寻我来↗没啦咧？——有来。/没啦。
（30）选他当班长咧↗不咧？——选咧。/不选。

兼语句构成正反问的形式是"V_1O+V_2P—Neg 咧？"应当是在Ⅱ式基础上的变化，否定部分的动词不好补出，或补出以后很啰嗦。去掉否定部分，构成是非问句，语义有变。

E. 连谓句、兼语句，如：

（31）吼那家一齐走咧↗不咧？——吼咧。/不吼啦。
（32）出吃去[tie?]咧↗不咧？——出去[tie?]咧。/不出去[tie?]啦。

连谓句和兼语句构成正反问的形式是"V_1+V_2—Neg 咧？"，同样是Ⅱ式基础上的变化，否定部分的动词一般不出现，如例（31）变成"吼那家一齐走咧不吼咧？"虽可以成立，但很啰唆。例（32）如果变成"出吃去咧不出咧？"则根本不成立。同样，去掉否定部分，构成是非问句，语义有变。

F. 主谓谓语句，如：

（33）那家学习好↗不好咧？——好咧。/不好。

（34）你妈身子好些儿啦↗没啦咧？——好些儿啦。/还没啦好咧。

主谓谓语句构成正反问的形式是"主谓结构—Neg 咧？"否定部分能够补出的是主谓结构的谓词，例（33）是必须补出的，不能说"那家学习好不咧？"而例（34）则不能补出，其中原因还不甚清楚。它们都可以去掉否定部分成为一个是非问句。

G. 把字句，如：

（35）把居舍收拾啦↗没啦咧？——收拾啦。/没啦咧。

（36）把书取上啦↗没啦咧？——取上啦。/没啦取上。

把字句构成正反问的形式是"把 NP+VP—Neg 咧？"把字句又叫处置式，多用于已然态，所以否定副词多用"没啦"。同样可以去掉否定部分成为是非问句。

H. 动补结构作谓语，如：

（37）作业做完啦↗没啦咧？——完啦。/没啦咧。（结果补语）

（38）你的腰疼可些儿啦↗没啦咧？——可啦。/还疼咧。（程度补语）

（39）你睡下啦↗没啦咧？——睡下啦。/没啦咧。（趋向补语）

（40）写喽一页儿啦↗没啦咧？——有一页儿啦。/没啦咧。（数量补语）

带表结果、程度、趋向及带数量结构的补语构成的正反问形式是"VC 啦—Neg 咧？"他们多用于已然态句子中，所以否定词多用"没啦"。带状态补语的正反问会因格式不同而带有不同的语义，如：

（41）你孩儿长得高咧↗不咧？——高咧。/不高。（状态补语）

（41'）你孩儿长得高↗不高咧？——高。/不高。

例（41）的格式是"VC 咧—Neg 咧？"问话人主观认为对方孩子应该长得很高，问话的目的是希望对方确认，相当于求证。去掉否定部分，就是一个表求证的是非问句，这种格式与前述相同。例（41'）的格式是"VC—Neg+C

咧？"问话人对这个孩子的身高情况完全不了解，问话的目的是希望对方给出回答。去掉否定部分不能成立。二者的答句也不相同。这种格式与后面要讲的"VP—Neg—VP 咧？"式相同。此外，复杂结构充当状态补语的情况都不用于正反问，比如四字格、重叠式形容词等。

2)"VP—Neg—VP 咧？"式

这里的 VP 不仅包括动词性结构，也包括形容词性结构。除非特别说明，都用 VP 表示谓词成分。汾阳方言这种完整式的情况不算多，大概包括以下几种情况：

A. 形容词谓语句构成的正反问，如：

（42）那个人勤谨↗不勤谨咧？——勤谨。/不勤谨。

（43）这一身衣裳好看↗不好看咧？——好看。/不好看。

（44）这个酒香↗不香咧？——香。/不香。

（45）这个酒香咧↗不咧？——香咧。/不香。

上例（42）（43）的谓语是由单纯的形容词充当的，其构成是"A—Neg—A 咧？"式，不能变换为"A—Neg 咧？"式，复杂的形容词结构不会用于这样的格式中。例（44）（45）两句语义稍有不同，区别同上述带状态补语的正反问句，"香不香咧？"是不知情况而发出疑问，"香咧不咧？"是主观认为香，希望对方作肯定回答。像例（41）（41'）（44）（45）这样能有两种格式的情况，一般都是单音节形容词作为肯定项和否定项，双音节的形容词还没有发现这两种格式并存的现象。此外，以上例句去掉否定部分可以成为是非问格式，但语义有变化，见后文是非问句的讨论。

B. 带助动词的正反问句，否定部分需要重复的是助动词，如：

（46）你会写毛笔字↗不会咧？——会写。/不会。

（47）你能做喽饭↗不能咧？——能做喽。/做不喽。

构成的格式是"Aux.v+VP—Neg—Aux.v 咧？"不能变换为"Aux.v+VP—Neg 咧？"去掉否定部分可以成为是非问句，但语义会有变化。

C. 否定部分为"不是咧"的正反问，如：

（48）你是老师↗不是咧？

（49）这个你的↗不是咧？

（50）你捣烂花盆儿来↗不是咧？

构成格式是正反问，肯定部分是问话人的一种猜测或预计，否定部分是通过发问希望得到对方的确证，应属于求证问，与中性的正反问句不同。去掉否定部分，成为是非问，语义与正反问格式是一致的，都属求证问。

3）其他格式

汾阳方言除了上述两种正反问格式，还有一种是用于带可能补语的正反问句中，如：

（51）这一碗饭吃喽喽↗，吃不喽咧？——吃喽喽。/吃不喽。

（52）这一袋子扛动喽↗，扛不动咧？——扛动喽。/扛不动。

例句中用"V动/喽（喽）—V不动/不喽咧？"格式，表可能的动补结构表达的是一种可能情态，其肯定形式是"V动/喽"，否定形式是"V不动/不喽"，"吃喽喽"的第二个"喽"和"扛动喽"的"喽"都是表示可能性的语气词，这是老派汾阳方言的形式，相当于普通话说"吃得了吃不了？""扛得动扛不动？"汾阳方言一般情况都是正反对举的形式出现，不会像前述各种句子去掉否定部分而成为是非问格式，如果不对举，问句需要这样表达：

（51'）这一碗饭能吃喽↗？

（52'）这一袋子能扛动↗？

这种格式远不如正反问常用，应该是受普通话影响的产物，由此还派生出以下的正反问形式：

（51"）这一碗饭能吃喽↗，吃不喽咧？

（52"）这一袋子能扛动↗，扛不动咧？

这种形式比起前述的格式要晚近，一般新派汾阳方言使用。

部分单纯动词谓语句也有这种格式，如：

（53）这个人，你认得↗认不得咧？——认得。/认不得。

（54）那家那样儿，你说你见得↗见不得咧？——见得。/见不得。

能够进入这个格式的动词"认得、见得"带有"能认识、能接受"这样的语义，还是表达一种可能情态，且否定部分可以在两个语素中间插入"不"，形成"认不得/见不得"的格式。因此也归入这一类。稍有不同之处是，像例（51）（52）这样的句子是可以去掉否定部分成为是非问的，不过语义发生了变化。我们总结这一类的形式为"VC—V 不 C 咧"。

2. 正反选择问的特点

总结以上各种例句，汾阳方言正反问有如下特点：

第一，从句子格式来看，汾阳方言正反问主要分两种：一种是"VP—Neg？"式，这是典型的正反问格式，少数情况可以使用"VP—Neg—V？"式，但优选第一种；另一种是"VP—Neg—VP？"式，使用范围比前者小，可用于形容词谓语句或带助动词的句子构成的正反问，不可省略为"VP—Neg？"式。还有一种表可能的动补结构构成的正反问比较特殊，使用"VC—V 不 C 咧？"的格式。双音节谓词（AB）或动宾结构构成的正反问，用"AB—Neg 咧？"格式，不用"A—Neg—AB？"。

第二，从疑问手段来看，包括三种：疑问句式、上扬语调、疑问语气词。句式见第一条特点；上扬语调用在正反问肯定部分的结尾，这一点与列项选择问相同；疑问语气词"咧"用在句末，必不可少。除此之外，还有兼表时体意义的语气词"咧/来/啦"，但不是必需的，在表达一般性或常识性问题时不用这些时体助词。

第三，否定词"不"和"没啦"的区别是未然态与已然态、曾然态的不同表现。如果肯定部分表达常识性问题，否定词用"不"。

第四，答句取问句的谓词作答，肯定回答是"V 咧/啦/来"，否定回答是"不 V""没啦咧""没啦 V"。

第五，除带可能补语的正反问句外，大部分正反问句都可以去掉后面的否定词单独成句，构成是非问，语义有所变化。这一点将列项问、正反问与是非问联系了起来，说明三者之间有密切关系。

第六，多数的正反问是因有疑问而发问，问话人对情况不甚了解，希望对方作出回答的。但也有少部分正反问是为了求证而问，问话人主观上已经有所预期，希望对方证实自己的判断。

3. 正反选择问的发展

据邵敬敏的介绍[①]，关于"VP—Neg？"这样的正反问格式的来源有两种观点：一种认为是"VP—Neg—VP？"的省略，另一种认为本来就是独

[①] 邵敬敏：《现代汉语疑问句研究》（增订本），商务印书馆 2014 年版，第 400—419 页。

立格式。邵敬敏认为从历史上看，"VP—Neg？"曾作为独立的、主导型的正反问格式来使用。根据裘锡圭（1988）和冯春田（2000）的研究，这类格式早在西周铭文中就已出现。在古汉语文献中，从先秦到南北朝，它都是唯一的正反问形式。但是，现代汉语中也确有一些此类的疑问句格式，是无法用省略来进行解释的，如"你有事不？""你自己有个决定不？"因此，可以认为：凡是可补出省略的成分而且句子成立语义基本不变的，可看作省略式；如果补不出省略成分或者虽补出来但是语义不符的则看作近代汉语遗留下来的独立格式。

邵敬敏对陕北方言的正反问句进行了观察分析，其正反问有"VP 不？"和"VP 没？"两种格式，不用疑问语气词，但"不""没"虚化得还不是很彻底，没有像普通话那样变作语气词"吗"①，可看作准语气词。邢向东不同意此观点②，认为陕北晋语的"VP 不？"和"VP 没？"两种反复问句大致是平行关系，并不是经过省略形成的，是与北京话的"VP 不 VP"句型并列的类型，不是是非问和反复问之间的过渡类型。

我们认为，"VP—Neg？"式与"VP—Neg—VP？"式使用范围本就不同，谁先谁后的问题至今也没有足够的证据可以形成定论，我们暂不讨论。就汾阳方言而言，大部分的"VP—Neg？"句都不用补出式"VP—Neg—V？"而且有部分"V/A—Neg—V/A？"格式的句子不可以省略为"VP/AP—Neg？"式。由此看来，两种形式在汾阳方言中是并列、平行的，与邢向东（2005）所讲陕北晋语的情况一致。而且在汾阳方言中，上述这两种句式中的"不""没"表达否定的语义很明显，根本不能算作准语气词，而真正不可或缺的语气词是"咧"，从这一点看，仍然是用肯定否定相叠的形式进行疑问。

（三）是非选择问

汾阳方言是非选择问的形式很简单，即"VP-（Part）？"疑问手段有上扬语调和疑问语气词。如前所述，只要将正反选择问的否定项部分去掉，或将列项选择问的第二项去掉就得到是非问，但语义有了变化。汾阳方言

---

① 黄国营（1986）曾经论证"吗"是从正反问句末表示否定的那一部分，即"不""没"虚化而来，也就是说现代汉语的是非问由正反问发展而来。
② 邢向东：《陕北晋语沿河方言的反复问句》，《汉语学报》2005 年第 3 期。

真正的是非问常用于表达特殊的语义，所谓的中性问句基本都用正反问的形式，极少使用是非问。这里所说的特殊语义，指的是汾阳方言常用是非问的形式表达问话人的惊诧、猜测、预计等，问话的目的是希望对方给出一个明确的答案。因此，我们将是非选择问按照所表达的意义，分为诧异问和求证问。

1. 诧异问

诧异问，是指表示诧异、怀疑或完全不信的问句。汾阳方言中这类型的问句使用升调的疑问手段，不用疑问语气词。如：

（55）真的↗?

（56）你不知道↗?

（57）就你独自家↗?

（58）你连这个也没啦听过↗?

（59）那家行喽↗?

以上例句形式上属于真正的是非问，汾阳方言很少在是非问里使用疑问语气词，即使带语气词，也是兼表时体的助词，其主要功能是表时体，而非语气。如：

（60）你倒趑到太原啦↗?

（61）真的是那家给老师告状来↗?

（62）你这来早倒走咧↗?

"来/咧/啦"表义同前述，虽然用于句末，结句和时体的功能难以完全剥离，但例（60）—（62）与例（55）—（59）相比，表时体的作用更明显。

此外，用是非问的形式表示诧异、怀疑、不相信时，语气比较强烈，句子也短促，是首选句式。这样的语义有时也可以用正反问来表示，但明显比是非问的语气要缓和得多。如将前面的例句作如下改动也是成立的：

（59'）那家行喽↗不行咧?

（62'）你这来早倒走咧↗不是咧?

其他句子基本不能作这样的改动，可见在表达诧异、怀疑、不相信的语气时，首选的句式为是非问。

2. 求证问

求证问是对目前事态或情况的一种预期性求证。刘丹青所说的引导性问句，即"即问话人对问题的答案已有预期，问话只是引导对方说出自己预期的结论"[①]，与我们说的求证问是相同意思。

汾阳方言求证问的形式为是非问，疑问手段有两种：上扬语调和疑问语气词。根据句末语气词的不同，我们将其分为"呀"句、"吧"句、"嚘"句和不带语气词四种形式。

（1）"呀"句

带语气词"呀"的求证问，主要用于问话人对目前事态或情况已有了解，希望对方作出符合自己的预期或判断的回答。这样的句子疑问手段主要是语气词，不用上扬语调，就是"陈述句+呀"。

问话人期待肯定回答，用"肯定句+呀"，如：

（63）那家今儿上班来呀？

（64）你爸是三泉的呀？

（65）我告你的话听见啦呀？

（66）你去咧呀？

（67）喝稀饭咧呀？

（68）你第明去太原咧呀？

疑问词"呀"，表示问话人通过观察分析当时的事态或情况以及常识等，已对所要问的问题有了肯定的预期，只是要引导对方说出自己的预期。这里的"呀"相当于普通话的语气词"啊"，二者应该是同源的。

问话人期待否定回答，用"否定句+呀"，如：

（69）你第明不走呀？

（70）你没啦吃完咧呀？

（71）没啦给孩儿瞎吃呀？

（72）你爸不是汾阳家呀？

（73）那家没啦寻你来呀？

---

① 刘丹青：《语法调查研究手册》（沈家煊主编《西方最新语言学理论译介》之一），上海教育出版社2008年版，第11页。

第五章　句类和语气词

例（72）一般情况下表达的是问话人主观认为"你爸不是汾阳人"，希望对方的回答确证这一点。但如果在"不是"的后面加一个停顿并上扬语调，语义会完全相反，表达问话人猜测与惊讶的语气，觉得"你爸是汾阳人"，但又与自己之前的主观认识相违背，所以感到惊讶而问，希望对方回答确证这一点。其他句子没有这种变化。

（2）"吧"句

带语气词"吧"的求证问，主要表达问话人的猜测，问话人在发问之前对事态、情况有所猜测，但又不十分肯定，希望对方确证自己的猜测。疑问手段是用上扬语调和语气词"吧"。如：

（74）老二回来啦吧↗？
（75）五点走，赶上喽吧↗？
（76）那家今儿回来咧吧↗？
（77）咱们串嘿吧↗？

以上句子都用两种疑问手段，需要注意的是如果不用上扬语调的话，句子将变成表猜测的陈述句，"吧"表示肯定的意味，问话人对这种猜测的确定性比疑问句的确定性更强些。尤其是例（77）如果句子用降调，语义将变成祈使义，表示邀请对方一起逛。至于"吧"前面的语气词与句义或时态有关，与疑问语气无关。后文讨论语气词时会一并讨论。

还有一些"吧"句只用一种疑问手段，即只用疑问语气词，不用上扬语调，都用平调。这种句子说话人其实对事实已经比较肯定，只是通过问话的形式来肯定自己的想法。如：

（78）你告那家来吧？
（79）那家吃喽饭走的吧？
（80）这个孩儿是老二家的吧？

（3）"嚄"句

老派汾阳方言也在是非问结尾处用语气词"嚄[xuɔ⁵⁵]"表达一种求证，常用的语境是：问话人对某一事态或情况已有了解，但有所遗忘，或不太肯定，或突然想起，想通过发问来证实一下，希望对方作出肯定的回答。如：

（81）你第明走咧嚄？

（82）那家上学去啦嚄？
（83）三儿第明办事咧嚄？
（84）你夜来上太原来嚄？
（85）那家是属蛇的嚄？

以上例句所用都是平调，主要是语气词起疑问功能。以上例句中的"嚄"都可以用"哈[xa⁵⁵]"来替代，"哈"是城关话和新派汾阳方言的用法。

（4）不带语气词的求证问

汾阳方言的是非问除了部分诧异问不用语气词（这里所说的不用语气词，指的是不用"呀、吧"等单纯表达语气的语气词，不包括那些兼表语气的时体助词），很多求证问也不用语气词，只用上扬语调，这样的诧异问和求证问之间形式无异，但语义还是不同。如：

（86）你是老师↗？
（87）这个老师讲得好↗？
（88）你第明才上班咧↗？
（89）你吃美啦↗？
（90）不用我和你走啦↗？

以上例句除例（88）外，都有对应的正反问格式，但是语义不同。例（86）表示问话人可能不觉得对方是老师，或已经了解过对方有其他职业，通过问句希望证实自己的判断。它与"你是老师不是咧？"这样的有疑而问的句子不同。例（87）表示问话人并不认为这位老师讲得好，或对这位老师已有耳闻，希望通过问句得到确切的答案。例（88）问话人已知对方明天上班，发问的目的是求证是否属实，没有对应的正反问形式，与"你第明上班咧不咧？"不同义。例（89）是已看到对方吃得很满足，或已知对方去吃大餐，问话人有预计，通过发问来证实自己的预计。例（90）也同样，问话人已知不用和对方一起去，通过发问来证实。因此，大部分的是非问所表达的语义均为对所问事件有了一定的了解或预计，发问的目的是证实自己的判断。

3. 关于是非问的来源

一般来讲，汉语是非问的疑问手段有两种，一种是用上扬语调，另一种是用疑问语气词。汾阳方言一般的是非问句用上扬语调的情况多，如诧异问都用上扬语调，不带语气词的求证问也需用上扬语调，"吧"句也有用上扬语调的情况。在一些是非问中疑问语气词甚至可有可无。那些必须用上扬语调的是非问句，不加上扬语调，就是一个普通陈述句。答句仍然是用谓词作答，一般是肯定和否定两种回答。从这一点看，它还是符合选择问句的特点。如：

（91）作业做完啦没啦咧？=作业做完啦？——完啦。/没啦咧。

（92）第明去太原咧不咧？=第明去太原咧？——去咧。/不去。

（93）你孩儿长得高不高咧？=你孩儿长得高？——高咧。/不高。

（94）那家走啦没啦咧？=那家走啦？——走啦。/没啦咧。

（95）睡啦没啦咧？=睡啦？——睡啦。/没啦咧。

　　需要说明的是，从前面的分析可知，汾阳方言列项问和正反问通过变换可以得到是非问，但并不等于是非问由列项问和正反问发展而来。关于三者的历时演变关系，目前并没有定论。宋金兰论述了汉藏语是非问句的发展，认为"是非问句是一种古老的现象，而反复问句是一种晚生现象。是非问是疑问句的基本形式,在一种语言中不可能没有是非问句，但可以没有反复问句"[①]。据朱德熙的研究，汉语中的分析型是非问句早在先秦汉语文献中就大量存在，而反复问句晚至唐宋时才开始问世，大量出现则是明代的事[②]。而从共时平面看，像汾阳方言这样既存在列项问，又有正反问、是非问的方言不在少数，包括普通话也是几种格式都存在的，只能说这些问句形式是经历了很多年演变之后留存下来的，有些格式是对古老现象的保留，有些形式是在此基础上的发展，甚至再发展出更新的形式，全部都呈现在今天的汉语中，但各自在语言中的历史层次并不相同。

　　（四）选择疑问句小结

　　通过上述分析，我们将汾阳方言选择疑问句的分类情况总结如下表：

[①] 宋金兰：《汉藏语是非问句语法形式的历史演变》，《民族语文》1995年第1期。

[②] 朱德熙：《"V—Neg—VO"与"VO—Neg—V"两种反复问句在汉语方言里的分布》，《中国语文》1991年第5期。

表 5-1　汾阳方言选择问句的分类

疑问手段		疑问格式	上扬语调	疑问语气词
列项问		VP1，VP2 咧？ VP1，还是 VP2 咧？ VP1，是 VP2 咧？ 是 VP1，还是 VP2 咧？	（第一分句末）+	咧
正反问		VP—Neg 咧？ VP—Neg—VP 咧？ Aux.v+VP—Neg—Aux.v 咧？ VC—V 不 C 咧？	（肯定部分末尾）+	咧
是非问	诧异问	VP？	+	—
	求证问	VP？	+	—
		VP 呀？		呀
		VP 吧？	+	吧
		VP 嘚？		嘚

四　附加问

附加问是指附加在某个句子后面的一种有特殊交际功能的疑问句。邵敬敏指出附加问有三个特点[①]：第一，不独立使用，必须附加在某个非疑问句的后面；第二，由疑问格式或者疑问词单独构成疑问句；第三，回答必定是简单的肯定或者否定。汾阳方言的附加问有两种形式："X 不 X 咧？""X+语气词？"语调各有不同。

（一）"X 不 X 咧？"

位于前面的句子一般是陈述句，也可以是祈使句，"X 不 X 咧"常用的是"行不行咧""是不是咧""对不对咧"。而且在口语中，第一个 X 音节有所延长，并用升调，或者在 X 后加助词，同时升调，这一点与普通话很不同。如：

---

① 邵敬敏：《现代汉语疑问句研究》（增订本），商务印书馆 2014 年版，第 191 页。

（1）你独自家上学去吧，行（喽）↗不行咧？

（2）咱们不稀罕他那俩钱儿，你说是（咧）↗不是咧？

（3）他就不该顶犟大人，你说对↗不对咧他就不该跟大人顶嘴，你说对不对？

（4）快些儿走，行↗不行咧？

（5）我和老二闹咧，没啦打架，是↗不是咧？老二！

以上例句中，除例（4）是祈使句，其他都是陈述句。且"行"后可加"喽"，"是"后可加"咧"，"喽"和"咧"是与句子的动态相关的助词，"喽"基本相当于普通话动词后的"了"，"咧"相当于普通话的"呢"。"X 不 X 咧"前还经常加"你说、你看"等词语。这种正反问的形式应该是从正反选择问中发展而来的。不同之处是，这些附加问并非为了传疑而问，因此是不需要对方作出回答的，说话人心里已经就前面的句子表示出了自己的意见和态度，只是通过问句的形式来争取对方的认可。

（二）"X+语气词？"

这种格式有的是上一种格式的变体，有的不是，但都是一个单音节动词加语气词构成问句，位于附加问前面的句子一般也是陈述句或祈使句，有以下几种：

1. 行喽？

（6）你今儿不用上班啦，行喽↗？

（7）你说你不正经学习，一天起来就海海混，行喽↗？

（8）以后不敢打人啦哈，我也这个样打你，行喽↗？

以上例句附加问是从"X 不 X 咧？"式变化而来的，均可以换成"行喽不行咧？"口语中正反问格式更常见。前半句内容都是说话人自己不认同的观点或事件，答案一定是"不行"，这里并不需要听者回答。

2. 是咧？

（9）那家们说咱们二十号就放假咧，是咧↗？

（10）我听见说二班儿考喽头子，是咧↗？

以上例句的附加问也可以换成"是咧不是咧？"也是从"X 不 X 咧？"式变化而来，口语中还是正反问格式更常见。前半句内容虽然是从别处听来的消息，但是说话人主观上很相信此消息，提问的目的是希望得知对方也知晓此消息，并认同，有求证的意味，但不像是非问中的求证问那样强烈。

3. 是（咧）吧？

（11）你今儿晌午吃蒜来，是咧吧？

（12）学生就应该有学生样儿，是吧？

（13）老王这一阵儿可比以前胖啦哈，是吧？

以上例句应该不是从正反问格式变化而来，不能构成"是吧不是吧"的格式，语调是降调。前半句内容是说话人表达自己的一个认识或观点，并不需要回答。

4. 你说咧？

（14）我先用喽你的，一会儿我给你回取我的嘿，你说咧_{我先用了你的，一会儿我回去给你拿我的，你说呢}？

（15）我们带上孩儿回吧，你说咧？

（16）今儿迟啦，下喽班啦，第明再过来吧，你说咧？

以上例句也不能构成正反问格式，语调是降调。附加问前面的内容都是表达说话人的一个建议或意见，问句是征询听者，希望听者同意自己的建议或意见。

5. 行（啦）吧？

这种格式和普通话的用法无异，"啦"相当于普通话的"了"，如：

（17）我骑给下你的车子，行吧？

（18）都给你，行啦吧？

6. 你咧？

这种附加问是一种省略形式，实际后续还有话未讲完，但已经承前省略了，如：

（19）我要红的，他要蓝的，你咧？

（20）我们都厮跟上进城去咧，你咧？

（21）人家们看唱去咧，你咧？

以上例句中的"你咧？"相当于普通话的"你呢？"语法意义也相同，都是征询听话者的意见。

五 反诘问

反诘问是一种典型的无疑而问的句子,即疑问程度最低的句子。其形式比较多样,可以用正反问、是非问、特指问或陈述句等格式,语调不是固定的,有时升调,有时降调,带升调的基本不带语气词,降调基本都带疑问语气词"咧",如:

(22)人家又没啦吼咱,咱去做甚去咧?
(23)给喽那家那故ᵋ子啦还嫌少咧,你说这个人有尽没尽咧?
(24)你说那个话就不害失笑儿↗?
(25)虎毒还不食子咧,你怎么能那个样儿打孩儿咧?
(26)谁能保证他没啦贪咧?
(27)那家就那个不知足,你怎能合喽那家的心咧?
(28)那家甚会儿怕过圪节老婆咧?

第二节 祈使句

祈使句是表达命令、请求、商议、提醒、叮嘱、禁止、劝阻等语气的句子。按照句子传达的肯定或否定性意义,将汾阳方言的祈使句分为两大类,一类为肯定性祈使句,另一类是否定性祈使句。

一 肯定性祈使句

肯定性祈使句可以从命令、建议、提醒、叮嘱、商请等几方面分类讨论。

(一)命令

命令一般针对充当听者的第二人称而言,或者可以是包括式的第一人称复数、总括性的代词。句式简短,语气生硬,基本不用语气词,如:

(1)你起开!

（2）咱们走！

（3）胳膊甩起来！

（4）站着！

例（4）中的"着"详见第三章第三节关于助词"着"的分析，下同。

可以在句中加"给我"，"给我"是一个比较虚化的成分。如：

（1'）你给我起开！

（3'）胳膊给我甩起来！

（4'）给我站着！

也可以用"A 些儿！"表示命令，谓语是形容词性的，这些句子也可以加"给我"，如：

（5）（给我）快些儿！

（6）（给我）一顿些儿_快点_！

语气强烈或急促时，可以省略"些儿"，不再加"给我"，如：

（5'）快！

（6'）一顿！

此外，汾阳方言还可以用"V+C+宾语"或"把字句"来表达命令，如：

（7）取过书_把书拿开_！

（8）<u>提溜</u>过麻袋来_把麻袋提过来_！

（9）把窗子插住！

（10）把脚底_家里的地面_扫扫儿！

也可以用"V+上+宾语"表达命令，"上"读[xuɔ⁵⁵]/[xə⁵⁵]，或弱读为[ə⁰]，如：

（11）写上名字！

（12）取上俩马扎扎！

（13）荷上仨！

（二）建议

汾阳方言表达建议时，常用"为甚不"作标记表示对已然事件的建议，用反问句式的形式，应该是从反诘问发展而来的祈使用法，如：

（14）你为甚不把<u>这一页儿</u>放到最上头咧？

（15）为甚不出锅儿之前先尝尝咧？

用"最好""要不喽"作标记表示对未然事件的建议,用肯定句的形式。如:

(16) 最好把车子跺$_{跋}$到咱院里!

(17) 最好你们都穿得一样样儿地!

(18) 要不喽你不用去啦!

(19) 要不喽你们先走吧,我一会儿自家走。

(三)提醒

汾阳方言表达提醒时,常用"看"或"操心"作标记表示对正然或未然事件的提醒,如:

(20) 看滑倒着!

(21) 看碰住孩儿咧!

(22) 操心跌倒!

(23) 看操心绊倒!

(24) 操心那家们捣鬼着!

有时"看"与"操心"会同时使用。以上句子中的"看"在口语中是可以省略的,句子成为无标记状态。

(四)叮嘱

汾阳方言表达叮嘱时,常用"长短"等词语表示对未然事件的叮嘱,句末配合语气词"哈",如:

(25) 你可记得喝水哈!

(26) 下喽学赶紧往回走哈!

(27) 长短给我想想办法哈!

(28) 你可长短告给你妈一声儿哈!

(五)威胁

汾阳方言表达威胁时,常用"小试"等词语作标记表达说话人预估听者会有所忌惮,从而达到威胁的目的,如:

(29) 你小试打我一下!

(30) 你小试给我卜挩喽$_{你试试给我扔了}$!

(31) 再敢犟,操心我一刮子刷你着$_{再顶嘴,小心我打你一耳光}$!

(32) 下回再敢这个样儿喽,你们小试试!

（六）商请

汾阳方言表达商量、请求、邀约等语气，我们统称为商请语气[①]，这类句子称为商请句，属于祈使句的一种。方言中的商请语气大都有固定的表达形式，一是句式固定，二是语气词固定。句式和语气词都可以作为分类描写的标准，汾阳方言中用于商请句的语气词有"来[lei^0]""嘿[xei^{324}][②]""吧[pa^0]"，普通话中常用的商请语气词是"吧"，因此这里重点讨论带"来""嘿"的句子有哪些类型，有何规律。我们将汾阳方言的商请句按句式分三大类描写，每类中又涉及两类不同语气词。

1."咱们+VP+来/嘿"

这一类句式是汾阳方言典型的商请句，主语限于"咱们""咱俩"这样的第一人称复数包括式。"咱们+VP+来"和"咱们+VP+嘿"在 VP 相同的情况下，分别在句末用语气词"来""嘿"表达了不同的语法意义。VP 的范围限于现实动作性较强的动词或动词短语，抽象动作类的动词不适用，例如"想象、笑话、考虑"等。从动词的时间性来看，时态限于现在时或将来时，体态限于将然或未然，不会出现在过去时、完成体中。这些是由商请句本身的语义特点决定的，以下各句式皆如此。

1)"咱们+VP+来"

这个句式常用的语境是：对话双方同在一处，说者请听者在现场做某事，不需要双方发生位移，例如：

（33）咱俩猜谜谜来 咱俩猜谜吧。

（34）咱们耍墙=耍来 咱们玩捉迷藏吧。

以上两例中说者说此话时双方都在现场，说者提议或邀约在现场"猜谜谜""耍墙=耍"。虽然从实际距离而言，听者就在现场，不需要位移，但从心理距离而言，说者希望听者有趋近他的动作。因此"来"在此处除了表达商请语气，还有一点向说者位移的意思。有时也会在句末加"吧"，语气更加柔和，不加也可。这样的句子如果用疑问的语气表达也可以表示商请

[①] "商请语气"这一提法采用邢向东先生（2015）的表述。实际上商请语气不仅用于祈使类陈述句，疑问句中也可以表达商请。

[②] "嘿"本字不详，在句末读阴平 324，它后面有其他音节时读 31。宋秀令（1994）将其写作"嘻[xei^{324}]"，描写为语气词，认为可用于陈述句末尾表实践和疑问句末尾表疑问，对此说法我们保留意见。

义，如"咱俩猜谜谜来？"与例（33）是相同的。

此外，该句式一般只用于现在或近将来，不用于过去或将来较远的时间，不能说"咱们下礼拜猜谜谜来""咱们夜来耍墙˭耍来"。此句式也不用于需要双方位移的句子，如不能说"咱们一起去来""咱们到俺家写作业来"，晋语有的方言可以这样说，例如神木话"咱一搭去来"①。

2）"咱们+VP+嘿˭"

这个句式常用的语境是：说者请听者到某处做某事，需要双方发生位移的动作。"嘿˭"表达商请语气的同时，还有位移义。例如：

（35）咱们到北门行看二姨儿嘿˭ 咱们到北门那里看二姨去吧。

（36）咱们一起串˭嘿˭，告他留下照门 咱们一起逛去吧，让他留下看门。

"商请的事件"必须是将要发生的，因此与过去无关。例如：

（37）咱们礼拜下喽看电影儿嘿˭ 咱们礼拜天看电影去吧。

（38）咱们歇下喽上街串˭嘿˭ 咱们休息的时候上街逛去吧？

从动作发生地点来看，双方要完成 VP 的动作需要从各自的位置位移至约定地点。

与"咱们+VP+来"相比，二者的差异在于动作是否需要说者发生位移，因为无论是在"来"句还是"嘿˭"句听者都需要有或被期望有趋近说者的动作，所以差异就在于说者是否位移。如前例（34），如果变成下例，情况就不同：

（34'）咱们耍墙˭耍嘿˭。

此句说者与听者都不在玩捉迷藏的地方，需要双方一起位移到某处玩。以上例句末尾"吧"可以自由隐现，句尾有"吧"除了语气更加柔和外，没有其他改变。

前面例句反映出"来"与"嘿˭"在是否需要位移上的不同，如果去掉"来"与"嘿˭"，句子变成"咱们+VP+吧"能否成立呢？试将以上例句变为：

（33'）咱俩猜谜谜吧。

（34"）咱们耍墙˭耍吧。

---

① 例句来自邢向东（2015）文中例 9。

（35'）？咱们到北门行看二姨儿吧。

（36'）？咱们一起串吧。

（37'）咱们礼拜下喽看电影儿吧。

（38'）？咱们歇下喽上街串吧。

例（33'）（34"）（35'）句都是可以成立的，也都表达商请语气，但语义发生了变化，没有了位移的方向，动作发生的地点不再那么明确。例（35'）（36'）（38'）需要一定的语境辅助才能成立。因此，"咱们+VP+吧"与前两种句式的不同即不带有位移义。

这一组句式的内部差异，通俗点说，就是："来"句"咱们"都不位移，"嘿"句"咱们"都位移，"来"和"嘿"兼表位移义与商请义，"吧"句无所谓位移，"吧"只表达商请语气。

2."你+也 VP+来吧/嘿吧"

这一类句式主语限于第二人称（单复数均可），VP前的"也"是隐含预设条件的，即说者在做某事或准备做某事，邀请、提议听者也一起做某事。交际中，"也"后可以加其他状语成分"跟上我/我们"或"和我/我们"，意即邀请"你"和"我/我们"一起去做某事。这一组句式与上一组句式相比，句末语气词"吧"是必不可少的，去掉以后句子不成立。

1）"你+也 VP+来吧"

这一句式的常用语境是说者正在进行着某事，邀请、提议听者来参与此事，听者需要有位移，但说者不需要。例如：

（39）我正打麻将咧，你也打来吧。

（40）你也和我们一起耍来吧。

（41）我们正听人家五爷子谝咧，你也听来吧。

以上例句在普通话中"来"位于动词前，如"你也来打麻将吧""你也来和我们一起玩吧""你也来听吧"，且"来"的意义较实，趋向动词的语义很明显。汾阳方言也可以说"你也来听来吧"，但动词"来"去掉以后句子更显自然和精炼，句末的"来"意义较虚，还是有位移的方向感和商请义。当然，句子离不开"吧"，说明"吧"除了表语气，还具有成句作用。

2)"你+也 VP+嘿⁼吧"

这样的句式同样是说者邀请、提议听者来参与某事，但与"你+也 VP+来吧"不同在于，说者与听者需要一起位移去做某事，例如：

（42）你也打麻将嘿⁼吧。

（43）你也和我们耍嘿⁼吧。

（44）你也听课嘿⁼吧。

（45）你跟上我们喝酒嘿⁼吧？

（46）*你喝酒嘿⁼吧。

说者在邀请听者时，自己并没有去做某事，而是请听者一起去"打麻将""耍""听课"，双方需要一起位移到某地，这里"嘿⁼"的位移方向是一致向外，与"来"相反。例（45）是问"你"是否愿意和"我们"一起位移到某地做某事。例（46）不能成立，原因是"你"必须有一起做伴的人去做某事，否则不能成立。但是这个做伴的人必须是"我/我们"，不能是"他们"或别人。

前两个句式去掉"来""嘿⁼"，变成"你+也 VP+吧"能够成立，但语义发生了变化，常用语境是一些人正在做某事，说者提议听者也一起去做，例如：

（47）你也打麻将吧。

（48）你也去吧。

（49）你也和他们喝酒吧。

这些句子着重表达的是提议"你"去做某事，不是邀约、商量，也就是说商请语气较弱，位移与否不明确，一起行动的人扩大至"我/我们"之外的别人。

如果去掉句式中的"也"，变成"你+VP+吧"又有不同，例如：

（50）你问你妈要钱去吧。

（51）你赶紧和他们/老三们去校里去吧。

（52）你麻利些儿往回赶吧。

以上例句都有说者催促或要求"你"去做某事的意思，去掉"也"就隐含着 VP 只由"你"来完成，跟说者没有关系，因此说者不位移或者根本不参与动作。语气词"吧"使句子语气变得柔和，几乎与商请语气无关，如果没有"吧"句子就变成了命令句。如：

  （50'）你问你妈要钱去！

这样的句子肯定与我们讨论的商请句是不同的，在此需区别开来。

  总结上述内容，我们发现"嘿⁼"的存在与说者"我/我们"的关系非常紧密，无论是动作的执行者还是参与者，有"我"才能出现"嘿⁼"，这一点很重要。"你+也 VP+来吧""你+也 VP+嘿⁼吧"与"你+也 VP+吧"的不同可通过以下例子的对比来说明：

  （53）你也打核桃来吧。

  （53'）你也打核桃嘿⁼吧。

  （53"）你也打核桃吧。

例（53）和（53'）的差异如前所述，在例（53）中说者不需位移，听者需要有趋近说者的动作，而在例（53'）中说者和听者都需要位移，那么就听者而言，在两个句子中的位移方向是相反的。例（53"）重点表达的是"到打核桃的时候了或别人都在打核桃，你也打吧"，"是否位移"不是它要表达的重点，且商请的意味很弱。

  因此，这一组句式的内部差异，通俗地讲，就是："来吧"句"你"需要位移，"我"不需要；"嘿⁼吧"句"你""我"都位移。单纯的"吧"句不在乎位移不位移。这类句子的"吧"主要是表达商请语气，但限于与"来""嘿⁼"连用时，单独使用"吧"商请意味也很弱。而"来"和"嘿⁼"主要作用是表达位移及方向，也兼表商请义。

  3."你+给咱+VP+来吧"与"来+我+（给咱）+VP+嘿⁼/吧"

  这一类句式没有前两类句式那么整齐划一，之所以归入一类，是因句子都可带"给咱"。但两个句式情况又有所不同，下面分别予以分析。

  1）"你+给咱+VP+来吧"

  这一句式是说者请求、安排或提议听者做某事，也应属于商请语气，比商量的语气稍重些，但绝不是命令。出现的语境是说者可能在做某事或忙于某事，提议或安排听者来帮忙做某事，这里"来"的方向性是比较强的，商请语气主要靠"吧"来体现。同样是说者不需要有位移，而听者需要有位移。例如：

  （54）你给咱拣角角来吧 _{你来择豆角吧}。

（55）你给咱写对子来吧 你来写对联吧。

这样的句子如果变成"你给咱拣角角吧""你给咱写对子吧"时，听者也不发生位移，只表示请听者做某事。

此句式还可以说"来你（给咱）VP 吧"，"来"前移至句首，这时兼表商请义和位移义，句末就不能再用"来"。"吧"可以不出现，但语气变成了命令。邢向东[①]指出绥德、清涧话商请句中也有句首的"来"和句末的"来"，前者是话语标记，后者是语气词，作用是一致的，但不能同时出现。汾阳方言与此同类。

2）"来+我+（给咱）+VP+嘿/吧"

"来+我+VP+嘿"在汾阳方言中的使用频率很高，比加"给咱"的句子更常用，其适用语境是，说者与听者商议自己去做某事。在汾阳方言中，"我"可以换作"咱"，但不能换作其他代词。句首的"来"明显有商请义。句末不用"来"，而是用"嘿"，这是比较特殊的地方。"嘿"表示发生动作时说者会有位移，并且说者已经有主意要去做某事，体现的是自己的意愿。"嘿"在这里表示位移义，其后也可以自由隐现"吧"。例如：

（56）来咱买票嘿。

（57）你等着，来我和他说嘿。

（58）来我给咱做饭嘿？

（59）来我赶紧回嘿看看我妈在咧不咧。

例（56）（57）（58）都在句末用了"嘿"，例（59）在句中用了"嘿"，从这几句中我们感觉"嘿"很像"去"的意思。例（56）（57）（58）如果去掉"嘿"或换作"吧"，那么整个句子将失去位移义，只是和听者商量"我"做某事。例（59）一定不能在句中把"嘿"去掉或换成"吧"，只有换成"去[tieʔ⁰]"才成立，说明此处"嘿"表示趋向或位移的意义很明显。陕北绥德话有类似汾阳方言的说法，如"来我说去""来咱几个买菜去来"[②]。

这一组句式的共同点：都有"给咱"，动作的执行者只是句中的"你"

[①] 邢向东：《陕北内蒙古晋语中"来"表商请语气的用法及其源流》，《中国语文》2015 年第 5 期。

[②] 例句来自邢向东（2015）文中例 25、例 27。

或"我/咱",没有其他人。不同点:"你+给咱+VP+来吧"动作执行者是"你",句末用"来",不能用"嘿⁼",但"来"可以提到句首,"来"兼表位移义和商请义;"来+我/我给咱+VP+嘿⁼"动作执行者是"我",句末用"嘿⁼",不能用"来","嘿⁼"表位移义,"来"表商请义,句末换作"吧"则无位移义。

4. 三类句式比较及汾阳方言商请句式特点

上述三类句式应该不在同一个历史层次上,"来"句和"嘿⁼"句应该是较早的句式,"吧"句是受官话影响的结果,因此有的句式对有"吧"与否限制较少,而对"来"和"嘿⁼"的限制很严格。而且,"来"句和"嘿⁼"句的使用频率也有差别,相对而言,"嘿⁼"句使用较多。

我们将上述三组句子的差异总结如下表:

表 5-2 汾阳方言商请句比较

	句式	双方位移	一方位移	预设条件	商请语气词
来	咱们+VP+来		+	+"我"	来
	你+也 VP+来吧		+	+"我"	来、吧
	你+给咱+VP+来吧 来+你+给咱+VP 吧		+	-"我"	来、吧
嘿⁼	咱们+VP+嘿⁼	+		+"我"	嘿⁼
	你+也 VP+嘿⁼吧	+		+"我"	嘿⁼、吧
	来+我+(给咱)+VP+嘿⁼	+		有且只有"我"	嘿⁼

综合此表及前述分析,汾阳方言商请句的表达有以下特点:

第一,从使用频率来看,"咱们+VP+来""咱们+VP+嘿⁼""来+我+VP+嘿⁼"是常用的商请句式。在这些句式中,"来""嘿⁼"可以兼表商请语气,且"嘿⁼"句的使用频率都高于"来"句[①]。以"你"为主语的句式使用频率也不高,且商请意味稍弱。

---

① "来"在汾阳方言中还作过去时助词,在具体语境中可以区别是过去时助词还是商请语气词,也可能因此使其在商请句中的用法有所限制。

第二，从主语的限定来看，商请句的主语限于对话双方，而与其他人称无关。但不是所有的句式都可以用"咱/咱们/你/我"作主语，不同句式对主语有不同的限制。

第三，从句子的预设条件来看，"嘿ˉ"句一定隐含说者"我"参与动作。"来"句只在特定句式中隐含"我"，如"咱们+VP+来""你+也VP+来吧"。所以"你+给咱+VP+嘿ˉ吧"这样的句子在汾阳方言中绝不成立，因"你给咱VP"的执行者不包含"我"，只有"你"，与"嘿ˉ"的预设是矛盾的。但在晋语很多方言中都可以说"你给咱买菜去吧"，汾阳方言类似的表达也是"你给咱买菜去[tieʔ⁰]吧"，绝对不可以用"嘿ˉ"。

第四，从语气词"来""嘿ˉ"的语法意义来看，二者有几点不同：

①以上句式的"来""嘿ˉ"都带有位移义。如果句子的听者或说者会发生位移（这里的"位移"包括实际距离或心理距离的位移），那么必有"来""嘿ˉ"；如果双方都发生位移，那么必有"嘿ˉ"。可见，"来""嘿ˉ"是发生位移的标记。

②"来"和"嘿ˉ"比较而言，标记程度也不同，"来"表示只有一方发生位移，"嘿ˉ"表示双方都有位移。"来+我+VP+嘿ˉ"句中因为预设条件是"有且只有我"，相当于动作的所有参与者都参加位移，因此也可看作"双方有位移"。这样，从标记等级的角度来看，嘿ˉ>来。

③"来"与"嘿ˉ"发生位移的方向也不同，"来"向内，是趋近说者的方向，"嘿ˉ"是向外，双方一起朝着一定的方向而去，当然这里的方向包括心理方向。

④单纯带"吧"的句子不含位移义，只表商请义，但在本地人说来并不是很地道，可见是受官话影响的产物。"吧"在必须与"来"或"嘿ˉ"连用时，兼表商请义，还有成句作用，应该是官话向方言渗透的表现。

⑤联系晋语其他方言来看，汾阳方言的常用句式"咱们+VP+来/嘿ˉ"在其他方言中也常见，但所用语气词和具体限定条件有所不同。据邢向东所述[1]，陕北神木话常用的句式"咱每/你/我+VP去+来"，"去"是趋向动

---

[1] 邢向东：《陕北内蒙古晋语中"来"表商请语气的用法及其源流》，《中国语文》2015年第5期。

词,"来"表达商请语气。清涧石盘话中常用句式为"咱每/你/我+VP 去+去来",第一个"去"依然是趋向动词,第二个"去"已经和语气词"来"合为一个凝固的结构表达商请语气。吴堡话也有"咱+VP(去)+来"结构,但"来"常被换作"些[sie⁰]"表达商请语气。晋语吕梁片的离石、临县、柳林、兴县①、中阳,并州片的文水、孝义②,五台片的定襄、忻州等地也多用"些[ɕie⁰]"③类语气词兼表位移义和商请义,句式多用"咱们 VP 来/些"表达,相当于汾阳方言的"咱们 VP 来/嘿⁼"。并州片太原、平遥,上党片武乡、襄垣则不带具有位移义的词,都用"哇"表达商请语气,常用句式为"咱们 VP 哇"。

二 否定性祈使句

（一）禁止

汾阳方言用"不敢、不用、不能"等否定性词语表达禁止,语气比较强硬,不带语气词,如：

(60) 不敢瞎说!

(61) 不用开灯!

(62) 喝上酒不能开车!

（二）劝阻

汾阳方言用"不儿、不敢"等否定词表达劝阻,语气比禁止缓和,有时会带语气词"喽、啦",如：

(63) 不儿把你爸惹得火喽!

(64) 不儿耍笑得过喽!

(65) 不敢去那儿耍水的啦!

(66) 不敢和那些赖孩儿们混啦!

---

① 兴县的材料来自史秀菊（2014）,定襄的材料来自范慧琴（2007）,离石、临县、柳林、中阳、平遥、太原、文水、孝义、忻州、武乡、襄垣各地材料均来自笔者调查。

② 孝义话中的"些"读作[sei]。

③ 这里的"些"是同音替代,与一些方言乃至近代汉语中的语气词"些"无关。

第三节　语气词

前两节主要介绍了以语气作为分类标准的句类，这一节将与语气密切相关的语气词作一简单讨论。有几点需要说明：一是语气词的意义过于空灵，语法意义难以捉摸，即使是不同的本地人对某一语气词的语法意义的解释可能也并不相同。二是汾阳方言专职的语气词并不多，大概有"吧、呀、么、哈、还、嚯、昂"等，其他如"喽、啦、咧、来"等还兼表时体意义，"嘿、来"还兼表位移义，本节重点谈它们作为语气词的表现，时体意义重点放在时间范畴中讨论，"嘿、来"表位移和商请的用法见上一节"商请句"的讨论。虽然做了这样的区分，但不等于下面谈到语气作用时不涉及时体用法。三是一些疑问语气词已经在疑问句中作了探讨，这里就不再重复，只列出用法。四是语气词连用也是常见现象，从语气类型的角度不好讨论。因此，我们按照每种语气词的用法去讨论，然后再对连用现象进行分析。

一　语气词单用

（一）咧

汾阳方言使用最频繁的语气词就是"咧[lieʔ⁰]"，它的功能比较多，同时兼具时体助词和语气词的作用，表达时间的用法见时间范畴。这里主要介绍它在表达语气方面的用法。

1."咧"表陈述语气

1）在陈述句中使用时，除了结句的功能，它可以用于指明事实而略带夸张，如：

（1）那个人做活细法得多~，甚也会修。
（2）人家她爸做的饭可好吃~。
（3）就他那个样儿还当老师~，快算喽吧！
（4）那家那个居舍乱得还怕~。

以上例句的"咧"大致相当于普通话的"呢"，句中一般会有"可、还"

用于谓词前,如例(2)(3),或用动补结构,如例(1)。例(4)是既用了"还",还用了动补结构。用于肯定带有赞叹的意思,如例(1)(2)。

2)"咧"可用在句中停顿处,大概有以下几种情况:

　　A. 用在主语之后,含有"至于"或"要说"的意思,多是列举或对举各种情况。如:

　　　　(5)俺妈~,打喽麻将啦,俺爸~,上喽班儿啦,我~,独自家在居舍没做的。

　　　　(6)这两天浑身不舒服,得脑~昏昏沉沉,腰~困得不行,腿~疼得走不动路儿。

　　　　(7)那家~,不想去,我~,不想叫给他去。

以上例句中的"咧"也大致相当于普通话的"呢"。

　　B. 但下面例子中的"咧"与普通话的"呢"并不对应,含有"或者"的意思,多是列举,如:

　　　　(8)枣儿~↗,圪桃~,你想取甚取甚。

　　　　(9)洋柿子~↗,圪芦儿~,你不拘甚瞎买上些儿吧。

　　　　(10)烟酒~↗,茶叶~,总得提溜上一半件儿才能出门咧吧。

与前面例句的不同在于,这里列举的第一项末都用升调,它与第二项之间是一种选择关系,说话人建议在两项中选择一项。

　　C. 还有一种情况也是列举,但是表示并列关系的,如:

　　　　(11)枣儿~么,红糖~,都是补血气的。

　　　　(12)人家呀甚也会,修车子~么,补带~,都是自家弄咧。

第一项末用了"咧么",属于语气词连用,不用升调。几项之间是并列关系,每一项都包括在所说的命题里,相当于书面上的顿号,而非"或者"的意思。

　　D. 用在重复的动词后,表示动作反复多次的意思,也有些不耐烦的语气,如:

　　　　(13)寻咧↗,寻咧,可寻喽半天也没啦寻见。

　　　　(14)走咧↗,走咧,早就说上走啦。

第一个"咧"后语调上扬,表现动作反复次数多,因重复次数多而显得不耐烦。

2. "咧"表疑问语气

汾阳方言的"咧"用于疑问句,是最主要的疑问语气词,从本章第一节疑问句的讨论中可见,"咧"在特指问、列项问、正反问、是非问中都可以使用。除了是非问,其余问句都是强制使用的。这里简单举例说明:

(15) 谁和你来的～?(特指问)
(16) 五中好↗,汾中好～?(列项问)
(17) 五中好↗不好～?(正反问)
(18) <u>那家</u>和你走～?(是非问)

以上例句中,特指问、列项问、正反问中的"咧"是表疑问的语气词,必不可少。例(18)的"咧"是处于句末,但主要表达的是未然体的意义,具体语境是说话人已知对方想约"他"一起走,但对"他"愿不愿意和"你"走表示疑问,希望对方证实自己的疑问。去掉"咧"也可以成立,语调改为升调,但语境变为说话人已知"他"和"你"走,通过问句求证这一点。

3. "咧"表感叹语气

"咧"用于感叹句末,表示赞叹,如:

(19) 可香～!
(20) 美得多～!
(21) 你呀,可有福～!

以上例句中的"咧"相当于普通话的"呢"。

(二)啦

汾阳方言的"啦[la⁰]"用于句末,主要用于表示事态已经形成或出现了变化,这属于时间范畴的用法,同时兼表语气,有成句的作用,相当于普通话用于句末的"了₂"。

1. "啦"表陈述语气

在陈述句中使用时,"啦"在表事态的同时,表示肯定、确定的语气,如:

(22) <u>那家</u>早走～。
(23) 下将雪来～。
(24) 老师还没啦来咧,概_{大概}是病～。
(25) 我们都不去～。

例（22）表示动作已经完成，确定语气。例（23）表示确定出现了某种状况。例（24）表示估计出现了某种状况。例（25）表示肯定不做某事。以上例句的"啦"均表示对某种状态或情况的确定。

2."啦"表祈使语气

在祈使句中，"啦"主要用于劝阻某人不要去做某事的情况，见本章第二节祈使句的例句，再如：

（26）你不用走～。

（27）不敢害拆 把东西扔得到处都是～。

以上例句都是说话人在事件将要进行或进行中这样说的，因此与时间还是有密切联系的。

3."啦"在疑问句中

"啦"在疑问句中其实并不表疑问语气，而是表时态的，相当于普通话的"了$_2$"，带"啦"的疑问句语调一般都是升调，如：

（28）那家们都走～↗？

（29）你今年到四十～↗？

（30）做完活～↗？

（三）喽

汾阳方言的"喽[lou⁰]"所表示的语气比较复杂，下面分项讨论。

1."喽"在陈述句中

汾阳方言的"喽"一般用于动词之后，表示动作完成，相当于普通话的"了$_1$"。除此之外，如果用于陈述句末尾，有以下三种情况：

1）用于否定句句末，表达对动作未完成到一定程度的确定语气，如：

（31）那家连半碗也没啦吃～。

（32）早就说要调上走也没啦走～。

以上两例的"喽"必须搭配已然态的否定词"没啦"，而不搭配"不"，可见"喽"还是与时态关系密切。这里的"喽"不可以去掉，去掉以后语义发生变化。试看下例：

（33）那家连半碗也没啦吃。

（34）早就说要调上走也没啦走。

例（31）与（33）比较来看，前者表示他吃了，但吃的量还不够半碗，"喽"

表示确定吃的动作完成了一部分，没有全部完成；后者表示他根本就没有吃，没有做"吃"的动作，因此没有"喽"。例（32）与例（34）比较来看，前者表示某人调动的事情一直在做，准备调走，但是都没有完成；后者表示某人调动的事情根本就没有开始进行，只是说了，根本没有开始要"走"的动作。因此，有无"喽"语义和语气都是不同的。

2）用在复句的第一分句末，表示虚拟语气，用于不同类型的复句，语义有所不同，大致分三类：

第一类，表示"……的时候"，也可以理解为"……的话"，后者比前者语义更虚，如：

（35）你上学走～，吼上我。

（36）你买菜～，给我捎上几根芫荽。

例（35）可以理解为"你上学走的时候叫上我"，也可以理解为"你上学走的话，叫上我"。

第二类，整个句式表示"如果……的话，就……"的意思，用于假设复句中，这里的"喽"从语义上讲还是相当于"了$_1$"。如：

（37）你甚会儿有空儿～，和我去一下俺妈行嘿$_2$。

（38）你不走～，我就独自家走咧。

例（37）表示"你如果有空就和我去一下我妈家"，是一致关系的假设复句。

第三类，整个句式表示"只有……，才……"的意思，用于条件复句中，这里的"喽"与普通话的"了$_1$"已经无法对译。

（39）你和我一起走～，我才走咧。

（40）你盖上章～，才能到我这儿办咧。

例（39）表示"只有你盖了章，才能到我这里办事"，是表达必要条件的复句。

从以上例句所表示的语义来看，第二、三类比第一类用法语法化的程度更深一些。"喽"在复句中的这几种用法还可以为其他几个词替代，如"动、动喽、喽喽"，如：

（41）你吃喽饭动/动喽/喽喽，和我去一下俺妈行嘿$_2$。

（42）你盖上章动/动喽/喽喽，才能到我这儿办咧。

（43）你上学走动/动喽/喽喽，吼上我。

也就是说"喽、动、动喽、喽喽"在表示虚拟语气时,是可以互相替代的,语义上没有差别。

　　3)用于陈述句末,表示可能的语气,如:

　　　　(44)还有一个小时咧,赶上～。

　　　　(45)那家这来大一碗都吃喽～。

　　　　(46)人家一袋子面都扛动～。

以上例句中的"喽"表示"能够"的意思,可以转换成动词前加"能"的句子,如:

　　　　(44')还有一个小时咧,能赶上。

　　　　(45')那家这来大一碗都能吃喽。

　　　　(46')人家一袋子面都能扛动。

　　2."喽"在疑问句中

　　在疑问句中,"喽"的用法如同陈述句中表可能语气的用法,疑问语气靠升调来表示,如:

　　　　(47)这来迟走赶上～↗?

　　　　(48)这一麻袋你扛动～↗?

　　　　(49)这地一碗你吃喽～↗?

但新派更习惯使用带"能"的句子,如"这来迟走能赶上↗?""这一麻袋你能扛动↗?""这地一碗你能吃喽↗?"语义没有差别,新派说法是受普通话影响的结果。

　　像附加问句"行喽?"这样的句子中"喽"看似相当于普通话的"吗",但其仍是从相当于"了$_1$"的"喽"而来的。

　　3."喽"在祈使句中

　　在祈使句末尾,"喽"表示禁止或命令的语气,实际是完成体意义与祈使语气兼有,见本章第二节祈使句中的例句,再如:

　　　　(50)把饭都吃～!不能剩下!

　　　　(51)不敢把这一张纸丢～!

　　　　(52)快些儿追,不敢给跑～!

　　4."喽"在感叹句中

　　在感叹句末尾,"喽"拖长音节,用于小孩子表达兴奋、高兴得呼喊这样的情绪，如：

(53) 下将雪来～！

(54) 飞起来～！

(55) 看唱嘿＝～！

(四) 的

汾阳方言的"的[tie⁰]"主要用于陈述句末尾，表示不同的语气。

1. 表示肯定的语气

"的"用于句末表示肯定语气，与普通话的用法无异，如：

(56) 我九点过来～。

(57) <u>这个</u>酒就是专门儿给你买的。

(58) <u>这一疙瘩</u>手表是我爸给我～。

2. 表示解释的语气

"的"用于答句的句末表示对某种现象的解释，如：

(59) 孩儿怎么浑身都湿啦咧？——耍水耍～。

(60) 玻璃谁捣烂的咧？——刮风刮～。

此外，宋秀令认为"的"可以用在"招呼跌下的_去的""招呼上喽当的"中表示早有预感，或用在"等会儿的""吃喽饭的""等等的"这样的句子中表示"等一会儿再说"的语气[①]，我们认为这里的"的"其实本字是助词"着"，在助词部分有具体解释，这里不再赘述。

(五) 吧

汾阳方言的"吧[pa⁰]"是为数不多的单纯语气词之一，在陈述句、疑问句、祈使句中都有不同表现。在疑问句中表达猜测语气，本章第一节已有讨论，在祈使句中表达商请语气，本章第二节有所讨论，这里不再赘述，重点讨论在陈述句中的用法。

"吧"在陈述句末尾，表达自己的主观态度，同意或愿意去做某事，如：

(61) 你走吧，我收拾～。

(62) 我给你抄～。

[①] 宋秀令：《汾阳方言的语气词》，《语文研究》1994年第1期。

（63）行喽，咱们就这个样儿办～。

例（59）前半句是祈使句，"吧"有催促之义，后半句是表达自己愿意去"收拾"，让对方放心之义。例（60）也是表达自己同意或愿意去"抄"，让对方放心。例（61）的"吧"表达同意的语气。

"吧"还用在句中停顿处，可以表示举例，如：

（64）就说老田～，人家甚也给你收拾得依依窝窝地还要怎咧？

（65）就说年时～，就比今年买卖好得多咧。

也可以表示交替的假设，表达左右为难、犹豫不决的意思，如：

（66）你说我给老二～，老大不高兴；给老大～，老二又受不了，真是难做咧。

（67）托人办事就难咧，近前些儿～，怕人家嫌催咧；等的～，又怕误下事。

还可以用在"VP就VP吧"这样的句子末尾，表示"没关系、不要紧"。如：

（68）老二把我的新书取啦。——取就取去～，我再给你买上一本儿。

（69）我不想去。——不去就不去～。

以上用法与普通话的"吧"差异不大。

（六）呀

汾阳方言的"呀[ia⁰]"一般不用于陈述句末，多用于疑问句、祈使句末。

1. "呀"在疑问句中

除了前面讨论的求证问中的疑问语气用法，"呀"在疑问句中还可以表达一种惊诧的语气，句末用升调，如：

（70）谁给撞住啦～↗？俺姨夫↗？

（71）怎咧～↗？那家又不走啦↗？

（72）你又想去何地儿咧～↗？北京↗？

以上例句中的第一小句并非是为了传疑，而是说话人表达对某事的惊诧，有回声问的意思。

2. "呀"在祈使句中

用在祈使句末，"呀"表催促等急切的语气，如：

(73) 赶紧走呀！看着迟啦。

(74) 你给我说说呀！怎回事咧？

(75) 不用哭啦，赶紧说呀！

"赶紧走呀！"和"赶紧走吧！"都是表示催促的意思，但是带"呀"表现了说话人非常急切甚至有些恼火的语气，带"吧"则没有这层语义，只表示一般的催促。

（七）么

汾阳方言的"么[məʔ⁰]"常用于陈述句和祈使句末，有加强语气的作用。

1. "么"在陈述句末

用在陈述句末尾，加强了肯定语气，表示事情一定如此，无可置疑，如：

(76) 我的围脖儿就这么么，害得我还到处寻咧。

(77) <u>那个老王家二女子么</u>。

(78) 他今儿就该来上班么。

有无"么"，语义稍有差别，如例（77）的语境是向别人解释"那个人不是别人，是老王家的二女儿"，有强调意味。去掉"么"，其语义是单纯向别人介绍"那是老王家的二女儿"。

2. "么"在祈使句末

用在祈使句末尾，有劝说、催促、请求等语气，但语气都较缓和，如：

(79) 不敢开得那来快么！

(80) 快些儿么！

(81) 你等给一下么！

加"么"以后语气不是那么急促，比较柔和，不加"么"语气比较生硬。与加"呀"的这类祈使句相比，"呀"句说话人语气中带有些恼火的意味，"么"句没有。

（八）哈

汾阳方言的"哈[xa²²]"一般用于祈使句末，表示叮嘱的语气，如：

(82) 你们动筷子吃哈！不用等经由_{招呼}的。

(83) 妈，记得给我买本子哈！

(84) 下喽学就赶紧回来哈！

"哈"用于疑问句末时用降调，读[xa⁵³]，其实并不传疑，只是通过问句来求证，这一点它与"噢"用法一致，"哈"属于新派说法，"噢"属于老派说法，详见求证问中的"噢"句一节所举的例句。

（九）还

汾阳方言的"还[xã^{22}]"用于陈述句末，表示提顿语气，有两种情况：一是表达一种反语，即说话人真实的意思并不是句子表面的语义，而是相反，如：

（85）你又不想我还。

（86）你不想上学还，就歇的吧。

如例（85），说话人并非认为"你不想我"，其后还有未尽的语义，真实的意思是想让对方说"想我"，故意这样说来引起对方的反驳。例（86）说话人认为听者并非真的不想上学，而是故意这样说来刺激对方。

二是表达说话人认为听者早有所知或早意识到，如：

（87）人家你们都商量好啦还，问的我做甚咧？

（88）你也知道还，就按原来的弄就行啦。

（89）今儿又不上学还，给孩儿耍吧。

例（87）说话人认为"你们"应该事先问"我"，而不是商量好了再问"我"，有一种嫌弃或挑理的意思。例（88）没有挑理的意思，只是说话人认为"你"知晓原来怎么做的，现在还按原来的做。例（89）则是说话人认为听者应该知晓孩子不上学，让孩子多玩一会儿。

（十）昂⁼

"昂⁼[aŋ^{22}]"大致相当于"啊"，是独立成句的，只不过它仅用于疑问句式，语境是说话人没有听清或为了强调而请求对方再说一遍或给予明确回答，有回声问的意思，如：

（90）你听见啦没啦咧？昂⁼？

（91）昂⁼？你说甚咧呀？

（92）昂⁼？你还没啦走咧呀？

例（90）的"昂⁼？"是说话人想确认对方有没有听到。例（91）是说话人没有听清对方的话，请求再说一遍。例（92）是表示惊讶，说话人认为对方已经走了，结果还没走。

第五章 句类和语气词

（十一）散⁼

汾阳方言的"散⁼"在第三章第二节已有讨论，我们认为它既可作连词，也可作虚拟语气词，尤其是用于假设复句中。这里不再赘述。

（十二）嚄

汾阳方言的"嚄[xuɔ⁵³]"用于老派汾阳方言中，其用法详见求证问中的"嚄"句的讨论。

（十三）嘿⁼

汾阳方言的"嘿⁼[xei³²⁴]"主要用于祈使句，除了表示商请语气，还有位移义，具体分析见本章第二节商请句的讨论。

此外，"嘿"也可以用于疑问句末，语调是升调，但其实表达的仍是祈使语气，是试探性语气，如：

（93）咱们进城串嘿↗？

（94）来我买菜嘿↗？

（十四）来

汾阳方言的"来[lei⁰]"主要是用于表达时制的，这部分在第六章时间范畴中讨论。此外，它还用于祈使句中表达位移义和商请义，详见本章第二节商请句的讨论，这里不再赘述。

二 语气词连用

以上讨论的多数是单用的语气词，在实际口语中常常是几个语气词连用的，在连用时有何规律呢？宋秀令（1994）曾经总结过汾阳方言语气词连用的情况，与我们调查城关话的结果稍有出入，下面按照我们的调查探讨这一问题。

表 5-3 汾阳方言语气词连用

前项	后项											
	咧	啦	喽	的	吧	呀	么	哈	还	昂	散	嚄	嘿	来
咧					+	+	+	+	+		+			

续表

前项	后项													
	咧	啦	喽	的	吧	呀	么	哈	还	昂	散	噗	嘿	来
啦	+				+	+	+	+	+			+		
喽	+				+	+	+	+	+			+		+
的	+				+	+	+	+				+		
吧	+					+	+	+						
么								+				+		
嘿	+				+		+	+						
来	+				+	+	+	+				+		
呀	+													

从上表的搭配关系可见，并非所有的语气词都可以连用，而是有规则的：

第一，不和其他语气词连用的是"昂、散"。"昂"常常单独成句，因此不与其他语气词连用。"散"常用于复句的第一分句末，或用于整个句子末，也不与其他语气词连用。

第二，只出现在句末，作连用的后项，不作前项的是"哈、还、噗"。"哈"表达的是叮嘱语气，"还"表达提顿语气，"噗"是老派汾阳方言的说法，相当于"哈"，都不适合放在其他语气词前。

第三，只出现在前项，不作后项的是"啦、喽、嘿"。"啦"主要用来表达时间，"喽"主要表达动作完成和可能语气，"嘿"与位移密切相关。后面都可以加其他语气词。"的"一般也不作后项，因"的"本身包含的内容比较复杂，还需要具体情况具体分析。

第四，"哈"是较活跃的后项，能和所有其他前项组合。较不活跃的后项是"的"和"来"。

第五，"啦、喽、来、咧、的"是较活跃的前项，较不活跃的前项是"呀、么"。"啦、喽、来、咧"都是与时间相关的语气词。

由以上规则我们看到，当语气词连用时，与时间相关的语气词位于靠前的位置，其他语气词位于其后。下面举例说明。

（一）咧+吧、呀、么、哈、还、嚘

（95）那家概走咧吧。

（96）你走咧呀？

（97）谁说我不走咧？我走咧么。

（98）我走咧哈！

（99）我也走咧还，你就歇心吧。

（100）你也走咧嚘/哈？

以上例句中的"咧"表示正然态或将然态，都与时间有关。例（95）"咧吧"表示对即将进行的动作不太肯定，例（96）"咧呀"表示对"你要走"的猜测，例（97）"咧么"表示肯定将要"走"，例（98）"咧哈"表示对听者告知自己将要进行的动作，例（99）"咧还"表示对前述动作提顿，例（100）"咧嚘/哈"表示对即将进行的动作突然想起或突然醒悟。

（二）啦+咧、吧、呀、么、哈、还、嚘

（101）谁来啦咧？

（102）那家回来啦吧。

（103）吃美啦呀？

（104）不敢捣啦么。

（105）我可走啦哈！

（106）人家早调到北京啦还。

（107）孩儿上学去啦嚘？

以上例句中的"啦"都表示事态已出现变化或即将出现变化，用于已然态，与时间有关，例（101）"啦咧"表示"谁来了"的疑问。例（102）"啦吧"表示对事态是否处于已然态不大肯定。例（103）"啦呀"表示对事态出现变化的猜测。例（104）"啦么"表示劝阻的坚定语气。例（105）"啦哈"表示告知即将出现变化的事态。例（106）"啦还"表示对事态已变化的提顿，下文的话省略。例（107）"啦嚘"表示突然想起已完成的事态。

（三）喽+咧、吧、呀、么、哈、还、嚘、来

（108）这一道题谁能算喽咧？

（109）你赶紧把门关喽吧。

（110）一会儿走赶上喽呀？

（111）我刚把钱儿给喽么。

（112）你可都吃喽哈！

（113）人家赶上喽还。

（114）你们赶上喽嚘？

（115）我抬_藏的点心就那家吃喽来。

以上例句中的"喽"基本都相当于普通话的"了₁"，表示动作完成，也与时间有关。连用时，之前的动词基本都是单音节动词。例（108）"喽咧"表示对动作完成与否的疑问。例（109）"喽吧"是请听者完成动作的催促。例（110）"喽呀"表示对能否赶上的求证。例（111）"喽么"表示对动作已完成的肯定。例（112）"喽哈"表示叮嘱听者将动作完成。例（113）"喽还"表示已知能够完成动作，不必多言。例（114）"喽嚘"表示对听者能否完成动作的试探。例（115）"喽""来"都与时间有关，是完成体与经历体的组合，应该属于时体助词的连用。"等我完喽的。"这样的句子，"的"其实本字是"着"，因此我们没有看作是两个语气词的连用。

（四）的+咧、吧、呀、么、哈、还、嚘

"的"可以表示"去""着""的""到"等意义，这里我们指的是语气词"的"。

（116）你几点来的咧？

（117）那家概是吃喽饭走的吧。

（118）你两点到的呀？

（119）我两点来的么。

（120）夜来是你去的哈/嚘？

（121）你早知道就这个的还。

以上例句中的"的"表示已然的肯定语气，与时间有关。例（116）"的咧"是对已然动作的时间点提问。例（117）"的吧"是对已经完成动作的推测。例（118）"的呀"是对已完成动作时间的猜测。例（119）"的么"是对动作完成时间点的肯定。例（120）"的哈/嚘"是对已完成动作的求证。例（121）"的还"是表示说话人认为听者早已知道的确认。

（五）吧+咧、呀、么、哈

（122）咱们甚会儿走吧咧？

（123）把这一本儿书给喽你弟吧呀？

（124）赶紧走吧么。

（125）给我吧哈！

以上例句中的"吧"表示一种确定语气。例（122）"吧咧"表示"走"的动作已确定，有疑问的是"什么时候走"。例（123）"吧呀"表示说话人向听者求证是否确定"把书给弟弟"这一动作。例（124）"吧么"表示对"走"这一动作确定无疑，催促马上实现。例（125）"吧哈"表示与听者商量动作是否要确定完成。

（六）么+哈/嚓

语气词"么"表达确定的语气，"哈/嚓"表达求证的疑问语气，连用表达对某动作是否确定完成的疑问，如：

（126）那家今儿过四十么嚓？

（127）三儿今儿回来么哈？

例（126）（127）都表示说话人已知动作或事件要发生，但又不是很确定，向听者求证。

（七）嘿⁼+咧、吧、么、哈

（128）咱们到何地儿耍嘿⁼咧？

（129）咱们耍嘿⁼吧。

（130）到你家嘿⁼么。

（131）咱们下喽班看电影儿嘿⁼哈！

以上例句中的"嘿⁼"都表示一种商请，用于说话人一起参与动作的位移。例（128）表示一起去完成"去哪里耍"的动作，"咧"是表疑问语气。例（129）表示请求一起去"耍"。例（130）表示一起去"你家"的确定语气。例（131）表示一起去"看电影"的叮嘱语气。

（八）来+咧、吧、呀、么、哈、还、嚓

（132）你做甚来咧？

（133）你告他来吧？

（134）打游戏来呀？

（135）我产⁼只顾吃饭来么。

（136）你今儿上学来哈/嚓？

（137）人家去培训来还。

以上例句中的"来"主要表示经历体，与时间有关。例（132）"来咧"表示对已经历事件的疑问。例（133）"来吧"表示对已经历事件的求证问。例（134）"来呀"表示对已经历事件的猜测。例（135）"来么"表示对已经历事件的确定。例（136）"来哈/嘍"表示说话人已知事件发生，但有所遗忘，今又突然想起。例（137）"来还"表示对已经历事件有所知晓，已然如此。

（九）呀+咧

语气词"呀咧"组合用于女孩子撒娇的语境，紧跟在话题之后，其作用是提顿语气，如：

（138）人家你呀咧，那来客气要怎咧？

（139）俺妈呀咧，说的这些做甚咧？

（十）语气词连用小结

从以上举例分析中可见，在语气词连用的时候，一般都是将与时间相关的语气词置于其他语气词之前，主要是因为这些表时间关系的语气词与动词或整个事件有密切关系。汾阳方言还会有三个语气词相连的情况，这时仍然是表时间、位置的语气词在前，如"喽、咧、嘿"等，其次是表确定、肯定的语气词，如"吧、么"等，最后是表猜测、求证、叮嘱等的语气词，如"呀、哈"等。例如：

（140）这一疙瘩蛋糕我吃喽吧呀？

（141）俺儿还不会写字咧么哈？

（142）咱们耍嘿吧么。

例（140）中"喽"是标记"吃"动作完成，"吧"是表示对动作完成的确认，"呀"是表示对动作是否可以完成的求证。例（141）中"咧"表示"不会写字"的正然态，"么"表示肯定语气，"哈"表示向"俺儿"求证"不会写字"是否属实的语气。例（142）"嘿"是表示商请语气，兼表位移义，"吧""么"都表示对一起"耍"的确认和肯定。

第六章 时间范畴

第一节 时间表达系统

时间表达系统是人类语言最核心的部分之一，它是以自然时间为基础的，是对自然时间的表达，但与自然时间又有极大的区别，它已经带有了一定的主观性。因此，各种语言的时间表达系统既有超越语言的共性，也有自身的个性特点。汉语方言与普通话又有差别，以往对汉语时间系统的研究多关注普通话的内容，关于方言的时间范畴相对关注较少。本章将着重讨论汾阳方言时间范畴的表达。

关于本章所用时间范畴的一些概念，这里说明一下。

我们所理解的时间范畴是一个语义范畴，而非语法范畴。时间表达系统包括人们对时间单位等的表述、指称，即时间词，这些词都是句子中具体的表时间的语义范畴；还包括一些半抽象的表时副词，其语义也隐含了动作在时间轴上的位置；还包括一些抽象的时间语义因素，即时制和时体，这在有些语言中是属于语法范畴的。很多学者认为汉语不存在时制范畴，如王力是从汉民族对语言的认知心理角度说明汉语没有时制范畴[1]，高名凯

---

[1] 王力：《中国现代语法》，《王力文集》第二卷，山东教育出版社1985年版，第216页。

则是从汉语动词没有形态变化的事实来反对汉语有时制范畴的说法①，戴耀晶也有类似的观点，认为一种语言里只有具备了时意义和体意义的形态，才可以说具备了时范畴和体范畴②。说到底，主要是因为汉语缺乏像英语那样为人熟知的动词形态的表达形式，但我们认为用形态变化来表示不同时制是一种构形法范畴，是狭义的语法范畴。汉语普通话是没有构形法范畴，但每种语言采用怎样的形式来表达时制是受认知和思维方式的影响，并不等于没有时制。事实上，表达这些时制的因素在方言中是存在的，可以说汉语的时制范畴是一种广义的语法范畴，或者称为语义范畴。

袁莉容、郭淑伟、王蓉（2010）对现代汉语时间范畴进行了比较系统的研究，认为汉语句子有三种时间范畴：具体的时间因素——时点与时段，半抽象的时间范畴——表时副词，抽象的时间范畴——时制与时体，并对三者在汉语句子中配合使用的规律进行了研究。我们认为这样的系统与汾阳方言的实际相符合，下面的描写也依据这样的结构进行。

下面文中所说的"时"（tense），是一个语义概念，包括"时点"（也称为"时位"）和"时段"（也称"时量"），"时点"指的是事件发生的时间位置，"时段"指的是事件所耗费的时间③。通常被语法化的是时点，英语通过动词的形态来表达，汉语多通过词汇或词缀形式来表达。无论采用哪种形式来表达，都可以将事件所发生的时间位置准确刻画出来。所以，"时"观察的是事件在时间轴上的位置，相对来讲，它是比较客观的。相对而言，"体"（aspect）就比较复杂，它是观察事件在这个时间位置上的状态或属性的，包含了主观性。所以，"时"表达某个事件发生在何时，"体"表达的是某个事件在那个时间的状况。

下面我们从汾阳方言对时点与时段的表达，表时副词的使用，以及时制与时体三个方面进行讨论。

---

① 高名凯：《汉语语法论》，商务印书馆1986年版，第186—188页。
② 戴耀晶：《现代汉语时体系统研究》，浙江教育出版社1997年版，第6页。
③ 陆丙甫、金立鑫主编：《语言类型学教程》，北京大学出版社2015年版，第198页。

第二节 时点、时段表达

关于时点和时段的概念，吕叔湘（1982）、丁声树（1999）、陆俭明（1991）都有过阐述，他们的观点大致可以归纳为：时点是时间的一个点，这个点可以是一瞬间，也可以是某个时代、朝代或历史时期，其作用重点在于定位。时段是时间的一个段，这个段可以是时轴上截取的任意一段，可长可短，其作用重点在定量，而且它具有起点和终点两个端点，因此又有划界的作用。

一 时点

时点和时段在句子中分工不同，有时也会混淆，因此重点要看其作用如何。如上所述，时点的作用主要在于定位。能够称为时点的是一些本身具有时间属性的词语或结构（本书称为"显性时间结构"），还有隐含时间因素的一些事件短语结构（本书称为"隐性时间结构"）。

（一）显性时间结构

这一类型的时点包括以下内容：

1. 时间名词

具体的时间名称，也就是一些时间名词，如"今儿、第明、夜来、后儿、今年、年时、明年、后年、春起、夏天、秋里、冬天、早晨[tsau^{312}səŋ^0]、前晌[tɕʰi^{55}xuɔ^0]、后晌[xou^{55}xuɔ^0]、晌午[ʂau^{312}u^0]、黑间、黑将来、明将来、才刚儿、立冬、立春、上一个月、下一个月、上一个礼拜、下一个礼拜、先时间[tɕʰi^{324}ɕiã^{22}]先前"等，放在句子中会显现出时点的作用，如：

（1）那家夜来回来。

（2）天每每天黑将来你爸就出溜达去啦。

（3）才刚儿你们班主任还打电话儿寻你咧，你做甚去来咧？

（4）上一个礼拜你就说给我写对子，今儿还没啦写起咧。

（5）明年那家就四十啦。

（6）先时间，那家和我们可好咧，这阵儿不大来走啦。

2. 朝代、年号、年月日、点钟的名称

这些时间名称都标明了事件发生的时点，虽然是一个朝代、一个历史时期，但对于整个时间的长河而言，依然可看作一个时点，如：

（7）明朝咱们汾阳有两个王府，一个西府，一个东府。

（8）腊月初八我妈一早儿起来就做下粥儿。

（9）孩儿十二点下课，你接去吧。

（10）九八年汾阳发喽一回洪水。

3. 带序数的时间词

这类时间词，序数后常常是年月日的单位词，如"头一年、第二年、头一天、第二天、头一个月、第二个月"，放在句中如：

（11）头一年，我俩刚认得，第二年结的婚。

（12）头一天上班就给人家懂下乱儿闯下祸。

（13）第二个月才给我们发喽工资。

4. 时间名词+方位词

这类时间词表示一个大概的时点，与时段的界限不是很明晰，但整个结构仍是重在指明事件的时间位置。如"两点左右、腊月之前、半夜里、七月里、明喽以后"，在句中这样使用：

（14）咱们两点左右在校门口儿见吧。

（15）腊月之前我就把手上的活计都做完啦。

（16）那家老是半夜里咳嗽。

（17）七月里孩儿们就放喽假啦。

（18）有甚事咱们明喽以后再说吧。

5. 指示代词+时间词

由指示代词"这、那"和时间词组合成的偏正结构，也可以用来表示时点，如"这阵儿、那阵儿、这个时儿、那个时儿、曩年子过去的某一年、曩日儿过去的某一天"等，用于句中：

（19）我这阵儿还不饿咧。

（20）咱们那阵儿能吃饱饭就不赖啦，谁还管你学习怎咧？

（21）那个时儿，咱们还没啦电视咧。

（22）曩日儿我还在街上碰见那家来。

（二）隐性时间结构

这里所说的"隐性"是指以事件代替时间词，事件用短语结构，再加上"时儿、时候儿"或方位词等，来表示事件发生的时点。如：

（23）上课时儿你不听老师讲，就是看闲书。

（24）我大学毕业以前，就不知道寻一个工作这来难。

（25）那家俩找对象的时候儿，我们还都没对象咧。

（26）我调上走喽以后就再也没见过那家们。

（三）时点的句法位置

时点在句中的位置比较灵活，可以处于主语、状语、宾语、定语位置。如：

（27）一月六号考试。（主语）

（28）开会之前就准备好要用的东西。（主语）

（29）夜来的课你就没啦好好儿听。（定语）

（30）桌子上放的是今儿的报纸。（定语）

（31）我后儿就回去啦。（状语）

（32）咱们今儿间看戏嘿吧！（状语）

（33）孩儿的生儿是十月十六。（宾语）

时点在句中作宾语的情况比较少，因为时点在句中是要确定事件发生时间的，如果不能为事件定位，则不属于时点，如"我想起毕业的那日儿啦。"这里的"那日儿"是被"想"的对象，而非事件发生的时间，因此不算作时点。作定语的时点看似与事件没有关系，但其实已经隐含了事件的时间，如例（28）隐含的意思是"夜来你就没啦好好听课"，例（29）隐含的意思是"报纸今儿放的桌子上啦"。主语和状语位置，是时点经常出现的位置。

二 时段

时段是时间轴上的任意一段，可长可短，用来计算事件经历时间的长短，即定量，多数情况可以用来回答"多长时间"的提问。时段也可以表示具有起点、终点的一段时间，来划分事件的起止界限。由此，我们将汾阳方言的时段分为两类：指量的时段和划界的时段。

（一）指量的时段

这类时段包括以下几种：

1. 专门用来指短时、长时的时量短语，如"一会儿、一忽眨眼、一天起来、成黑间、天天儿、年年儿"等，在句中使用如：

（34）你爸还没啦回来咧，咱们再等上一会儿吧。

（35）孩儿们长得可快咧，一忽眨眼倒大啦。

（36）那家一天起来就耍手机。

（37）那家爸成黑间地打麻将，也不管那家。

（38）人家家天天儿都是吃好的。

2. 数量词加时间单位组合成时量短语，是最常见的时段。如"一天、两年、三黑间、一个钟头儿、五分儿钟、两个礼拜、半个月"，用在句中如：

（39）吃喽五天药啦，还没啦好喽咧。

（40）人家俩找喽两个月就结喽婚。

（41）我在这儿坐喽半个钟头儿啦，也没人招呼。

（42）再有两个礼拜，咱们就放假咧。

3. 上一类时段词加方位词，这里的方位词是表示某个区间之内的，也可看作是时段，表示事件发生在多长的时间范围内，如：

（43）五分儿钟黑里，有八挂车路过这行儿。

（44）高中这三年之内，你得下功夫学才能考上大学咧。

（二）划界的时段

这类时段词是表示有起点与终点的时段，一般会用"从……到……""自打……"等格式，如：

（45）从小学到初中，你用喽多儿个书包啦咧？

（46）自打他妈没啦喽，那家就不大回村里啦。

（47）自古到今，都是往下亲容易，往上亲难呀。

（48）从元旦到过年，还有一个月的时间咧。

"自打……"格式看起来只有起点，但终点是隐含在语义中的，多数情况的终点指的是说话时间。

（三）时段的句法位置

表时段的结构在句中一般也可以作主语、状语、补语、定语等，如：

（49）一个月吃喽一袋儿面。

（50）半个钟头儿才做喽两道题。

（51）俺妈十年也没啦买一件衣裳。

（52）年时一年，王勇就挣下一栋楼。

（53）想喽半天啦还没想出来咧？

（54）他妈死喽三年啦，那家一回也没啦上过坟。

（55）看喽三个钟头儿的书啦，赶紧歇歇吧。

（56）俺老娘儿守喽四十五年寡咧。

表示时段的词语作补语，是需受动词的限制的，动词需带有瞬时完成义或持续义，如"死"是瞬时完成的，"想"是有持续义的。

第三节　表时副词的使用

表时副词不仅仅指时间副词，还有一些与时间密切相关的副词，如表频率、表重复、表序的副词。下面我们就汾阳方言中的这几类副词分别讨论。

一　时间副词

前面在副词一节简单介绍了时间副词，但没有区分内部各种情况，多数的时间副词都是表时量长短的，因此有长时、短时和瞬时之分，还有一些不表时量但与时间也是密不可分的。这里详细说明其用法。

（一）表时量的时间副词

1. 长时

这类时间副词所修饰限定的事件在时间轴上占据的时段较长，如"一直、向来、一遍俩、祖辈、可底子、可共、还是、照样儿"等，这类表示长时段的副词所限定的事件一般是恒定的，在较长一段时间里基本没有变化，或表示一种惯常的动作。用于句中如：

（1）那家一直就不爱和亲戚们来走。

（2）向来就是我寻他耍咧，人家就不来寻我来。

（3）一遍俩你爸早来啦，今儿怎么还没啦来咧？

（4）祖辈也不见那家做居上的活计。

（5）那圪节人可底子就那个的，不用和他见过。

（6）我可共也不出门，一出门就碰上这个事。

（7）你妈还是那个样儿？好喽些儿啦没啦咧？

（8）训喽半天，人家照样儿该做甚做甚。

2. 短时

这类时间副词所修饰或限定的事件在时间轴上占据的时段较短，如"暂下"，它和长时副词一样，修饰的事件在短时间内是恒定的，或表示短时间内的惯常动作，如：

（9）我暂下还没啦打点出打工去咧。

（10）暂下先就这个样儿吧，以后再说。

3. 瞬时

这类副词所修饰或限定的事件在时间轴上占据的时段非常短，或者起点和终点几乎重合，也可以表示两件事之间的距离非常近。如"刚、才、立马、说话、马下、赶紧、当下、一伙、连忙些儿"等，这类副词所修饰限定的动作行为本身不是稳定的，而是变化的、动态的，用于句中如下例：

（11）那家刚还在这儿坐着咧。

（12）你才做甚去来咧？

（13）你等一下啊，立马就给你弄好啦。

（14）说话就弄对啦，不用着急。

（15）才说咧，马下倒来喽活计啦。

（16）你赶紧往回走吧，你妈可世界寻你咧。

（17）这个药贴上当下就不腰疼啦，你小试试吧。

（18）那家一伙就把孩儿揎得跌到那儿。

（19）看见我提溜着那故子东西，人家连忙些儿过来打帮我弄回去。

（二）其他时间副词

还有一些时间副词虽然不能用时段的长短来衡量，但与时态相关，例如"正"出现在正在进行事件中，"早、早就"出现在已经完成事件中，"眼看"出现在即将要做的事件中，"迟早、趁早儿"出现在尚未完成的事件中，如：

（20）我正吃饭咧，听见外头乱挚挚地叫喊咧。

（21）你吃喽饭啦？——我正吃咧。

（22）那家早趇得没影儿啦，你何地儿能撵上咧？

（23）我早就告你说不用和那些人来往。

（24）眼看年底啦，那家也不说还我钱儿。

（25）你就这个样儿折捣，迟早要吃大棒啰_{吃大亏}咧。

（26）你趁早儿不用想那个好事，踏踏实实做你的活吧。

二　频率副词

表频率的副词也跟时间有密切的联系，一般指所修饰限定的事件在一段时间内发生的频率，高频的如"老、常、肯、可肯、常向儿、时刻儿、时常儿"，用于句中如：

（27）我们老去那一家吃炒擦尖儿去。

（28）那家肯来我们行借书。

（29）那俩口子可肯吵架咧，一天不吵也过不去。

（30）我常向儿路过那圪节铺铺，就没啦辄_悟_{在意}门前摆着甚。

（31）你看那家呀，时刻儿拨拉那个儿手机。

（32）时常儿回来眊眊你妈，老婆家就高兴啦。

以上所举均为高频副词，但实际上频率高低依然有所区别，如"肯"和"可肯"相比，带有高量义的"可"使得整个语义又提高了一个层次，因此从频率上讲：肯<可肯。再如"常、常向儿、时刻儿、时常儿"三者来看，"时刻儿"是从一天之内的角度来看，频率最高，"常""常向儿"和"时

常儿"频率差不多。

低频的如"时不时、偶尔、有时儿、不常",如:

(33) 我不常回村里去,俺哥喽时不时回去咧。

(34) 我就偶尔看一下电视,不大看。

(35) 有时儿那家也来打麻将来咧,那也是来的少。

低频类的副词在汾阳方言中较少,常用否定词加高频副词的方式来表示低频,如"不常""不大+V","偶尔"用得也少,是比较文雅的说法。

三 重复副词

表示重复的副词指相同事件在一段时间里重复发生,或者指类似的动作重复出现,这里的重复一般指的是第二次出现,也有时指多次出现。这类副词有"又、再、也、重、一再"等,如:

(36) 那家又养喽圪节厮儿,俩厮儿可够他受咧。

(37) 你再打给一伙电话儿,看那家走的何地儿啦咧。

(38) 老王和老李下乡去啦,我也下乡去咧。

(39) 爹爹重给你做上一个手枪,比哥哥的还好,行喽不行咧?

(40) 他要一再吼你喽,你奏去吧。

表重复的副词与表频率的副词是有些相似之处,但大多数重复事件是同类或相同的第二次,频率副词没有这个限制。

四 表序副词

表序副词是指所限定的时间与其他类似事件在一定时间里按照一定次序发生或同时发生,这样的副词有"先、连连住、预先、一齐"等,如:

(41) 我们先去喽峪道河,后来又去喽马跑神泉。

(42) 那家们连连住问问题咧,问得我走不喽。

(43) 那家妈预先就给那家准备好要用的东西啦。

(44) 我还没啦说完咧,人家俩就一齐说不行。

以上几种表时副词都与时间有着密不可分的联系,当然,与具体的时点和时段相比,从语义上讲,它们表达的是较抽象的时间;从句中位置看,表时副词都紧紧依附于句中谓语动词。

第四节 时制、时体

以上讨论的均为用词汇手段表达的时间范畴,除此之外,还有没有更抽象的表时方法呢?关于汾阳方言时间表达的语法范畴在笔者的硕士论文《汾阳方言时体系统研究》中已有论述,但如今回头再看,当初的认识还有些问题,本节拟从类型学角度,重新认识汾阳方言的时间语法范畴。

一 时制

(一)汾阳方言的时制系统

时制(tense),指的是句子所描写的事件从整体上看,其发生时间在时轴上与一个参照点的相对位置。这个参照点可以是说话时间,也可以是另一事件。按照吕叔湘(1982)、陈平(1988)、张济卿(1996)等人对汉语时制的研究,基本可以作这样的概括:如果以说话时间为参照时间点,那么事件发生在说话时间之前,就属于过去时;事件发生在说话时间之后,就属于将来时;与说话时间同时,就是现在时。这样的时制,称为"绝对时制"。如果以另一事件为参照点,那么在其之前发生,则是先事时;在其之后发生,则是后事时;与其同时,则为当事时。这样的时制,称为"相对时制"。实际上,两种时制在不同语言中的表现力并不相同,例如英语以绝对时制为主,汉语普通话则绝对时制和相对时制并重。而且,我们认为,时制如果没有用语法化的形式来表达,而是依靠词汇形式表达,不能算是真正意义上的时制。因此我们需要考察一种方言中有没有固定的形式来标记时制,和时间词、表时副词相比,这种标记的虚化程度要高得多。

就汾阳方言而言,先看以下例句:

(1)你做甚去来咧?——我看唱去来。

(2)我看过这一本儿书。

(3)你做甚去咧?——我看唱去咧。

这几个例句都没有用时间词、时间副词等词汇手段,但是句子的时制关系很清楚,例(1)问句和答句都表示过去做过的事情,用助词"来",这里句末的"咧"是单纯的疑问语气词;例(2)用助词"过"来表示过去发生过的事;例(3)问句和答句都表示将要做什么事情,用"咧"表示,这里的"咧"是疑问语气词兼任时制助词。如果去掉这些助词,句子将无法成立,更无法表达时制。因此可知,在汾阳方言中时制是必定存在的成分,时制可以通过时间词、时间副词来表达,但更多时候使用的是这些时制助词。当然,这些时制助词不是专职的,基本由语气词来兼任,因此语气和时制在汾阳方言中往往纠结在一起,但通过观察整个句子的动态性,仍可以判断句子的时制。带有这些助词的句子我们看作是有标记的句子,不带这些助词的句子看作是无标记的句子。

那么汾阳方言的时制是绝对时制还是相对时制?我们看下面这些例句:

(4)我上山砍喽些儿柴来。(参照时间为说话时间)

(5)你寻我时儿,我上山砍柴来。(参照时间为"你寻我时儿")

(6)上大学以前,我还在城里做买卖来。(参照时间为"上大学以前")

(7)明年这阵儿,可能我还没啦毕业来咧。(参照时间为"明年这阵儿")

以上例句均为带助词"来"的例句,无论是以说话时间为参照时间,还是以其他事件为参照时间,句末都可以用"来"表示事件在参照时间之前早已经发生。例(7)为否定句,与否定的形式是"没啦……咧",但句末依旧要加"来"表示事件与参照时间"明年这阵儿"的先后关系。

从以上例句中可以看出,无论参照时间是什么,"来"表示的时制并没有变化,也就是说,无论是从绝对时制的角度,还是从相对时制的角度来考察,时制助词"来"都表示事件发生在参照时间之前,因此,我们可以撇开绝对还是相对的角度,统一看作是一种时制,称"过去、现在、将来"还是称"先事、当事、后事"都可以,我们这里还是采取惯用的"过去、现在、将来"这一组名称。

类型学认为,"'时'的逻辑分类只是一个理想系统,实际语言的'时'并不能整齐划一地归入(上面说的)这几类型"①,比如说汉语的时制是以将来时和非将来时对立的二分时,但也不是典型的二分时。普通话的"着""了""过"标记的是过去时或现在时,而没有时间助词是表示将来的。汾阳方言的情况还稍有不同,时制助词"来"表示过去时,时制助词"唡"表示将来时,因涉及体范畴时还有一个体助词"唡",因此这里把时制助词标作"唡$_1$",体助词标作"唡$_2$"②。而现在时没有明确的助词来表示,或者可以认为是零形式。这样的话,我们认为汾阳方言的时制系统是"过去、现在、将来"的三分时。

与晋语的其他方言比较一下,可以看到一些方言的时制有明确的"过去、现在、将来"三分时助词,如史秀菊系统阐述了近代汉语句末助词"去""来""了""也"在晋方言中的分布与功能,认为"去"分布于官话区汾河片,"来"分布于晋语区,"去"和"来"都表示过去时,"了"表示现在时,"也"表示将来时③。我们根据史秀菊老师的阐述,整理了吕梁片和并州片几个方言点的"来""了""也"这几个时制助词的读音,如下表④:

---

① 陆丙甫、金立鑫主编:《语言类型学教程》,北京大学出版社 2015 年版,第 206 页。
② 汾阳方言的"唡"用法比较多,有时是同时兼有几种用法,本书在其他章节不作区别,在本章特别区分了将来时助词"唡$_1$",正然态助词"唡$_2$",疑问语气词"唡$_3$",实际有时候并不能将他们区别得很清楚。
③ 史秀菊:《近代汉语句末助词"去""来""了""也"在晋方言中的分布与功能》,《第三届晋方言国际研讨会会议论文》,2007 年。
④ 表中太原、平遥、文水、临县的注音来自史秀菊(2007)文中的注音,交城的注音来自史秀菊等《交城方言研究》(2014),兴县的注音来自史秀菊等《兴县方言研究》(2014)。平遥方言的将来时助词有空缺,是史秀菊文中未注明的。文水方言的将来时助词是笔者调查的。

表 6-1 汾阳方言与吕梁片、并州片时制助词对比

方言点		过去时助词	现在时助词	将来时助词
并州片	太原	来lai^0	了$_2$lie^0	也ia^0
	交城	来lɛ^{11}	了$_2$la^{11} 嘞lə?^{11}	呀iɒ^{11}
	平遥	来læ^0	了$_2$la^0	
	文水	来lai^0	了$_2$la^0	呀ia^0
吕梁片	临县	来lɛe^0	了$_2$lei^0	也iʌ^0
	兴县	来lei^{55}	了$_2$liɛ^0 着嘞tʂə?^{55}lə?^{55}	也iɛ^{324}
	汾阳	来lei^0 过ku^{55}		咧lie?^{0}

我们看到现在时助词在交城话和兴县话中是分已然态、正然态的[①]，事实上汾阳方言也有表已然态的"啦"和表正然态的"咧$_2$"，但这是从事态的角度看，分已然和正然，"事态"属于体范畴。如果从时制角度来看，交城、兴县甚至包括其他地方的情况和汾阳方言可能是一致的，并没有专职的现在时助词。邢向东也提到神木话过去时助词是"来"和将来时助词是"也"，认为现在时并没有专门的表示法[②]。但是邢向东又明确提到陕北晋语沿河方言中有当事时助词"了""嘞/哩/咧"，分别表示已然态和正然态[③]。我们认为"现在时"应该是没有高度语法化的形式，基本靠词汇形式，正如英语的现在时其实也是零形式。

总之，如果从语法形式看，汾阳方言的标记有：过去时助词"来""过"、将来时助词"咧$_1$"。现在时没有高度语法化的形式，依靠其他手段来表达。可以说，汾阳方言的三种时制并不是平衡发展的，过去时的语法化程度很高，能够单独用助词"来""过"标记事件在参照时间前发生。将来时的语法化程度相对较高，在用助词"咧$_1$"的同时还常常用助动词"要"、虚词"的$_{去}$"等，而现在时语法化程度最低，没有相应

[①] 交城话和兴县话的情况在史秀菊老师的书中有解释，现在时助词是按事件发生时的状态分为已然态与正然态分开阐述的。
[②] 邢向东：《神木方言研究》，中华书局2002年版，第628页。
[③] 邢向东：《陕北晋语语法比较研究》，商务印书馆2006年版，第133页。

的语法形式。下面我们一一分析。

（二）过去时

汾阳方言过去时的句子基本是有标记的，无标记句限于那些谓语动词带有终结义的句子，无标记句如：

（8）学校分给那家一套房儿。

（9）人家捐给孩儿们几百本儿书。

（10）校长租给这家公司几间教室。

（11）俺妈割下二十斤羊肉。

（12）我收起五十本儿本子。

这里的"V给、V下、V起"类谓词所表示的动作有起点、有终点，所描述事件已经发生并完成。

下面主要介绍有标记句。普通话中表示过去时常用的标记是"来着"，或者用时间副词，或者用动词后加"过"表示经历过某事，汾阳方言中常用的是"来"，也用"过"，但语义不同。

1. 过去时助词"来[lei⁰]"

1）使用"来"的句类

过去时助词"来"，它标记整个事件于参照时间之前已经发生或存在。在肯定句、否定句、疑问句中的表现如下：

（13）年前我们去太原来。

（14）这了儿大时儿，我还没啦出过汾阳来咧。

（15）这行儿原来挂着俺爷爷的照像来。

（16）你看那一本儿书来没啦咧？——看来。/没啦看。

（17）才刚儿谁吼我来咧？——我来。

（18）你做甚去来咧？——买菜去来。

例（13）表示"我们去太原"这件事是"年前"发生的。这是肯定句，如果否定句，如例（14）事件在"这了儿大时儿"还没有发生，则需要用现在时助词"咧"表明事件至少在参照时间没有发生。例（15）表示原来这里挂着爷爷的照片，说话时已经不挂着了，因此"这里挂着爷爷照片"这个状态是"原来"存在的。例（16）中汾阳方言习惯用正反问，时制标记"来"在肯定部分末尾，表示参照时间前事件已发生；"没啦咧[①]"的"咧"表达正然态,"没啦咧"表示参照时间前事件处于"没啦看"的状态。这样一来,一正一反问事件在参照时间前是否发生。当然也可以说"你看那一本儿书来?"询问的都是"你看这本书"这件事是否发生过,可以肯定回答"看来",也可以否定回答"没啦看"或"没啦看来咧",参照时间前还处于"没啦看"的状态,仍是过去时。例(17)是特指疑问句,询问"吼我"这件说话前已经发生过的事是谁做的,回答"我来"中的"来"表示答者承认这件事是他做过的。例(18)特指疑问句也如此,询问说话时间前的过去做了什么事。

以上句子是就句类而言,"来"可以出现于陈述句和疑问句中,祈使句中的"来"表达的是商请义,与时态无关,见第五章第二节商请句的讨论。感叹句中基本不会出现"来"。下面我们来考察"来"在各类谓语句中的表现。

2)使用"来"的句型

根据谓语的性质,句子可以分为名词谓语句、动词谓语句、形容词谓语句和主谓谓语句,汾阳方言的"来"可以用于全部这些句型。

A. 名词谓语句或主谓谓语句

（19）囊日儿的白菜两毛一斤来,今儿又涨啦。

（20）以前的宿舍就八个人一间来,这一阵儿都是六个人一间。

（21）多儿钱一斤枣儿咧?——六块。

不是五块一斤来?——涨啦。

（22）原来俺家二十口子人来。

"来"用于名词谓语句或主谓谓语句时,一般都用来说明价格、数量曾经有过的状态。

B. 动词谓语句

（23）我们夜来去太原来。

（24）刚才那家还在这儿坐着来。

（25）那几年俺爷还卖红薯来,这几年身子不好,卖不动啦。

以上例句的"来"用于动词谓语句,表示事件在参照时间前发生。还有"有

[①] "没啦"合音读[ma^{324}],原读[mə^{22}la^{324}],表示"没有"的意思。

字句"和"是字句"也可以用"来"标记过去时,表示过去曾经有过或存在过的情况,如:

(26)以前这行儿有路儿来。

(27)俺爷活的时儿还是村支书来。

(28)我记得俺家还有俩袁大头来。

像"××说来"等这样的口头语经常使用,已成为一种固定的表达式。如:

(29)我妈说来:"你不能跟我们走。"

C. 形容词谓语句

(30)年轻时儿散,那家可胖来。

(31)人家孩儿小时儿可洒^{好看}来。

(32)我上一回去喽离石,那家还好好儿地来。

"来"用于形容词谓语句,表示某种状态在参照时间前曾经存在。

以上所有例句中,"来"是必不可少的,说明"来"在句中作用有二:一是作为语气词的结句功能,二是表过去时的作用。

汾阳方言还会在句末用"来来"标记过去时,如:

(33)那家刚才还在这儿来来。

(34)那日儿那家还问你来来。

(35)你忘喽你孩儿寻你来来?

在汾阳方言中,两个"来"读音相同,邢向东认为晋语的"来来"的第二个"来"其实是"'了'因轻读而受'来'的韵母同化的结果,而不是'来'的重叠。"[1]我们认为这种看法是可信的。

2. 过去时标记"过"

带助词"过"的句子从整体上看,其在时轴的位置也是参照时间之前,不过它的位置不在句末,而在句中动词后。从时制的角度看,它出现的句子一定是表达过去时的句子,从时体的角度看,它出现的句子是表达经历体的句子,可以说"过"是一个过去时兼经历体的标记。例句如:

(36)老王去过北京。

(37)你吃过这些东西?

---

[1] 邢向东:《神木方言研究》,中华书局 2002 年版,第 626 页。

（38）我看过那个电影儿。

（39）汾阳开过一家北大照相馆儿。

（40）这行儿有过一家卖炒擦尖儿的。

（41）那家胖过，这一阵儿瘦得多啦。

例（36）表示"老王去北京"的事在说话之前曾经发生过。例（37）询问"你吃这些东西"的事是否发生过。例（38）"我看那个电影"，例（39）"汾阳开一家照相馆儿"，例（40）"这行儿有一家卖炒擦尖儿的"都在参照时间前曾经发生过，例（41）形容词性谓语"胖"的状态也是曾经存在过。不过这里的"过"表达过去发生的事都是曾经发生在参照时间之前很长时间的"远过去"，而"来"表达的过去是不久前发生的"近过去"。从语言类型学上看，"过去"分为"近过去"和"远过去"不仅汉语中存在，在其他语言中也存在，如缅甸的日旺语甚至有四种过去时[①]。

（三）现在时

现在时表示事件与参照时间同时。汾阳方言现在时的句子基本是无标记的。汉语中有这样一些句子，如"地球绕着太阳转""那家爱看书""她姓李"等，这些表达永恒真理、惯常规律、特定习惯的句子在时间上往往是开放的，它可以存在于过去、现在和将来，英语中把这类句子称为一般现在时，汾阳方言同样存在这样的句子，我们也把它们看作是无标记句。如：

（42）那家一直就爱吃甜的。

（43）我向来不记笔记。

（44）那家还是见他爷爷亲。

（45）操场边边上有几棵柳树儿。

（46）一加一等于二。

（47）我们都见不得那一种人。

以上例句表达的均为永恒真理、惯常规律、特定习惯等句子。所用动词不带终结义，如"爱、记、亲、有、等于、见不得"等。

此外，也有一些普通的动词谓语句是无标记的，这些句子通常是在谓

[①] 陆丙甫、金立鑫主编：《语言类型学教程》，北京大学出版社 2015 年版，第 200 页。

语动词前面加"给+宾语"式的介词短语作状语,谓语动词有开始义、持续义和终结义,如:

(48)大队里给每户儿补发二百块钱儿。

(49)学校里给优秀教师奖一千。

像"补发、奖"这样的动词如果不加时体成分,它不显示事件是否发生,只是显示有这样的事件,属于现在时。这类句子只要加上时体助词,就变成了过去时句子,如:

(48')大队里给每户儿补发喽二百块钱儿。

(49')学校里给优秀教师奖喽一千。

动词后加了完成体助词"喽",整个句子所表达的事件在说话之前已经发生,属于过去时。

汾阳方言现在时和过去时的无标记句,区别还是在于动词。郭锐认为动词作为一个陈述性成分,其所指有一个随时间展开的内部过程,这个内部过程有三个要素:起点、终点和续段[1]。不是所有动词都具备这三个要素,且还有强弱的问题。动词有无这三个要素,可以通过加各种时体成分来检验,郭锐以此为依据将动词归并为五大类十小类:

V_a 类:无限结构,无起点,无终点,续段极弱,如"等于、是、作为"等;

V_b 类:前限结构,有起点,无终点,续段很弱,如"认识、知道、熟悉"等;

V_c 类:双限结构,三要素都具备,又可分为五小类(此处从略);

V_d 类:后限结构,无起点,有续段,有终点,如"变化、放松"等;

V_e 类:点结构,瞬时变化,起终点合一,无续段,如"获得、赢、死"等。

这些动词的时间概念隐性地包含在句子中,它们虽不属于时间范畴,但却影响着句子时制的表达。在汾阳方言中,V_a 类和 V_b 类动词出现时,句子一般是现在时的,V_d、V_e 类动词出现时,一般是过去时句子。V_c 类动词出现就得依靠时间词或语境来判断其所属时制。

---

[1] 郭锐:《汉语动词的过程结构》,《中国语文》1993年第6期。

(四) 将来时

将来时表示事件在参照时间之后发生。汾阳方言的将来时句子是有标记的，助词标记为"咧[lieʔ⁰]"，还需用助动词标记"要、准备"，或其他虚词如"去[tieʔ⁰]"，或表将来的时间词等配合。将来时助词"咧₁"与正然态助词"咧₂"读音完全相同，如果表达将来时，一定有除将来时助词"咧₁"之外的其他标记。

1. 将来时助词"咧₁"与句类

将来时助词"咧₁"分布在陈述句的肯定句和疑问句中。

1) 陈述句中的"咧₁"

在陈述句中，将来时助词"咧₁"用于肯定句，如：

（50）我要去太原去咧。

（51）我准备扫舍咧。

（52）那家们去村里耍去咧。

（53）后儿街上就闹红火咧。

（54）眼看就出正月咧。

以上例句用了"要、准备、就、去[tieʔ⁰]、后儿"等和将来时助词"咧₁"配合，表示事件将在参照时间之后发生。由此可以看到将来时助词"咧₁"没有过去时助词的语法化程度高，还需要借助其他的手段。但周边方言的将来时助词多用"也"或"呀"之类的，陕北晋语的将来时也多用"也"，为什么汾阳方言却用了"[lieʔ⁰]"这个音？与事态助词"咧₂"有无关系？如果说将来时没有时制助词，那么"咧₁"是什么成分呢？这些问题尚没有考虑出结果，仍需探讨。

2) 疑问句中的"咧₁"

特指问中可以出现将来时助词"咧₁"，如：

（55）谁要去北京去咧？

（56）你们五一下去何地儿耍去咧？

（57）甚会儿咱们吃上顿饭咧？

（58）你上北京要做甚去[tieʔ⁰]咧？

以上例句均为特指问句，句末的"咧₁"既是疑问语气词，又兼作将来时助词。

选择问中出现将来时助词"咧₁"的情况也不少见，如：

(59)你是第明走咧，后儿走咧？
(60)你是和我去你婆婆家咧，还是跟上你爸回你娘娘家咧？
(61)孩儿们这一礼拜考试咧不咧？
(62)第明你还卖白菜咧不咧？
(63)你们吃饭去咧？
(64)老二明年毕业咧？

例（59）、例（60）是列项问，例（61）、例（62）是正反问，例（63）、例（64）为是非问，"咧₁"既作疑问语气词，也兼作将来时标记，表达对参照时间之后可能会发生事件的各种询问。此外还有时间词或其他词也明显地标记了将来时。

2. 将来时助词"咧₁"与句型

从句型看，将来时助词"咧₁"可分布于各类谓语句，如：

(65)我进门子时儿，那家准备要走咧。
(66)第明下雨咧。
(67)天气又要热咧。
(68)今年暖气烧得好，可要热咧。
(69)明年俺爷就八十咧。
(70)四月五号清明咧。
(71)你的家具我过两天给你送咧。

例（65）、例（66）是动词谓语句，例（67）、例（68）是形容词谓语句，例（69）、例（70）是名词谓语句，例（71）是主谓谓语句。以上例句中的"咧₁"都是将来时助词标记，表示事件在参照时间之后发生，或状态在参照时间之后会有变化。

（五）时制小结

从以上讨论来看，汾阳方言的时制表现出以下几个特点：

第一，无论从绝对时制还是从相对时制的角度看，汾阳方言的时制是三分。三种时制在汾阳方言的发展并不平衡，过去时助词"来""过"语法化程度较高，将来时助词"咧₁"语法化程度不高，需要配合其他成分来表达将来时。现在时没有相应的语法标记。

第二，汾阳方言的过去时与现在时都无标记句，将来时一定是有标记的。

第三，过去时的有标记句用"来""过"标记，其中"来"位于句末，是标记整个句子的助词，"过"位于动词后，是附着在动词上的助词，且前者表达近过去，后者表达远过去。

第四，将来时的标记"咧₁"与正然态助词"咧₂"同音，但是否同源还没有足够的证据。"咧"在汾阳方言中发挥着重要的作用，除了标记时制，还是非常重要的疑问语气词，尤其在疑问句中，它身兼二职，相对其他语气词或时制助词是比较活跃的成分。

二 时体

如本章第一节所述，"体（aspect）"是比"时（tense）"更复杂的一个概念，不像"时"那样客观，带有一定的主观性。前人对"体"的研究不少，称为"体""时体""体貌""貌""动态"等。相比对汉语"时"的否定态度，多数学者都是承认汉语存在"体"的。王力、高名凯、张志公、李临定，以及后来的陈平、戴耀晶、龚千炎、左思民、石毓智等人都对汉语的时体范畴有深入的研究。邢向东、史秀菊也对晋语部分方言的时体问题进行过专门的探讨。

综合前人的成果，一般认为，"时"观察的是整个事件在时轴上的位置，而"体"观察的是动作行为或事件在时轴这个位置上的状态属性。也就是说"时"着眼于观察整体事件，"体"着眼于观察动作行为或事件本身。我们引用《语言类型学教程》中对"体"的定义："'体'作为一个范畴主要指由句子中的各种相关成分所表达的核心事件（主句中由主要动词所表达的事件）的状态"[①]。

不同语言对"体"的观察视点不同，汉语观察的视点是时间，属于时间视点体类型。所谓以时间为视点，就是说我们是从时间的角度去看待事件，把事件进程放在时间轴上，而不是在立体空间中观察。时间是一维的，它只有前后，没有上下。在时轴上，一个事件是有边界的，起点、终点是它的前界和后界，中间是持续段。那么只有当事件发生、结束后，观察点

---

① 陆丙甫、金立鑫主编：《语言类型学教程》，北京大学出版社 2015 年版，第 207 页。

在事件的后界上或后界之后，才能看到事件的全貌，这样得到的是完整体，它包括完成体和经历体。如果在时轴上观察事件内部，这样可能得到的是非完整体，句子描述的事件只有前界，那么我们可以认为事件处在起始状态，视为起始体；如果句子描述的事件只有持续段，那么可视为持续体、进行体或继续体；如果所描述的动作在时轴上反复短暂出现，那可能是反复体或叫短时体；如果观察事件在某个时间点上的状态，则有已然、正然、未然、曾然等。

那么这些体意义通过什么来表达呢？首先是句子的动词本身带有时间语义，如"现在时"一节所述，动词语义的内部时间结构可以体现动作在事件中的进程和状态。其次，动词后的时体助词、动词的重叠形式、整个句末的助词，具有高度抽象的特点，与各种固定的体意义相联系，是典型的时体表达手段。此外，还需要说明的是，汾阳方言的时体助词分两种，一种是动词后的助词成分，称为"动态助词"，着眼于动作的状态，另一种是句末的助词成分，称为"事态助词"，着眼于整个事件的状态。汾阳方言的时体助词可以归纳为下表：

表6-2　汾阳方言时体助词

		动态助词	事态助词	
完整体	完成体	喽lou^0、下xa^{55}	正然态	咧$_2$lie?^{0}
	经历体	过ku^{55}、罢pa^{55}	已然态	啦la^0
非完整体	起始体	起tsʰʅ^{312}/起来tsʰʅ^{312}lei^{324}/开kʰei^{324} 将来/将去tsa^{312}lei^0/tsa^{312}tie?^{0}		
	持续体	上ə^0、着tie?^{0}		
	继续体	下去xa^{55}tie?^{0}		

下面我们就从汾阳方言的这些时体形式着眼去探讨汾阳方言的时体范畴。

（一）事态助词

正然态助词"咧$_2$"

正然态助词"咧$_2$[lie?^{0}]"，标记事件在所观察的时间点正在发生。"咧"

本身还是语气词,尤其是在疑问句中,很难区分到底是表语气还是表事态。

1) 正然态助词"咧$_2$"与句类

助词"咧$_2$"常出现在陈述句、疑问句和个别感叹句中,祈使句一般不用"咧$_2$"。下面具体分析。

A. 陈述句中的"咧$_2$"

陈述句有肯定句和否定句之分,肯定句如:

(1) 那家和俺爸下棋咧。

(2) 电话一股劲儿响咧,我正洗涮咧,你接吧。

(3) 电视里演今儿的比赛咧。

否定句如:

(4) 我这一阵儿还不走咧。

(5) 你今儿还没啦写字咧。

(6) 俺妈吼我吃饭时儿,我还没啦做完作业咧。

从以上例句可以看出,陈述句中的"咧$_2$"有两个功能:一是结句,二是标记正然态。没有"咧$_2$"是不能成句的。

B. 疑问句中的"咧$_2$"

疑问句中"咧"有两个功能:一是表疑问,二是标记正然态。如:

(7) 你做甚咧?——做作业咧。

(8) 你妈咧?——打扫居舍咧。

(9) 谁在居舍咧?——我。

(10) 我给你打电话时儿,你在何地儿咧?——在工地上咧。

(11) 你做作业咧不是咧?——嗯,是咧。/不是。

(12) 你有钱儿咧没啦咧?——还有些儿咧。/没啦啦。

(13) 孩儿还烧咧?——嗯,还烧咧。/不烧啦。

以上例句均为正然态的疑问句式,无论是特指问还是选择问,都是询问某个时间点的事态。例(12)、例(13)的否定回答,都用了已然态助词"啦",它表示"没有"或"不烧"的状态已发生或已存在。

C. 感叹句中的"咧$_2$"

感叹句中的"咧$_2$"同样具备两个功能:一是表感叹语气,二是标记正然态。

（14）这个儿女子洒_{好看}好得多咧！
（15）人家俩这一阵儿可好咧！
（16）那家俩耍得美咧！

以上例句表达的除了感叹，还在某个时间点上事件的正然状态。

2）正然态助词"咧₂"与句型

汾阳方言的"咧₂"可用于形容词谓语句、动词谓语句。形容词谓语句中表达时体的意义并不明显，而主要是表达语气的，在动词谓语句中比较明显地标记了正然态。

A. 形容词谓语句

（17）人家们高兴得多咧！
（18）这一盆儿花儿可香咧！
（19）今儿外头可冷咧！

以上例句不可去掉"咧₂"，它除了表达夸张语气，也有结句功能，还表达正然态。这里的"咧"更明显的功能是表达语气，在表达时体方面不是很明显，但也不能说完全没有，从整个句子来看还是属于正然态。

B. 动词谓语句

汾阳方言动词谓语句中的"咧₂"比较明显地标记了正然态。如：

（20）那家正看书咧，不用吼他。
（21）你打电话时儿，我们正打麻将咧。
（22）你二哥还没走咧，你过去看看吧。
（23）我还没啦睡咧，你进来吧。
（24）俺家还没啦买车咧。
（25）俺家有车咧。
（26）今儿外头可冷咧，不敢脱絮袄儿咧。
（27）女子还不会做饭咧。

以上例句无论是肯定句还是否定句，都表达事件在某个时间点上的状态，或者是发生或者是未发生，总之事件正处于这样的状态。

2. 已然态助词"啦"

汾阳方言的"啦"用作时体助词时，标记的是已然态，即事件或状态已完成或已发生变化，相当于普通话句末的"了₂"。从语气的角度来看，

"啦"还是常见的语气词。所以"啦"在汾阳方言中也是身兼二职。

1）已然态助词"啦"与句类

助词"啦"一般出现在陈述句和疑问句中，祈使句和感叹句少见。下面具体分析。

A. 陈述句中的"啦"

陈述句中的"啦"除了表已然态，也是一个句末语气词，表示肯定意味，一般用于肯定句。如：

（28）那家早趁得没影儿啦。

（29）你吼我时儿，我倒吃喽饭啦。

（30）街上挂起灯笼儿啦。

（31）俺家有新房儿啦。

例（28）表示"那家趁得没影儿"这件事在说话之时已经发生。例（29）表示"你吼我时儿"这个时间点，"我吃饭"这个事件已完成。例（30）"挂灯笼儿"这件事已经完成。例（31）表示事件从无到有的变化。这里的"啦"都标记已然态。

需注意的是，以上肯定句都用"啦"结句，否定句则需要用"咧₂"结句，如：

（28'）那家还没啦趁喽咧。

（29'）你吼我时儿，我还没啦吃饭咧。

（30'）街上还没啦挂起灯笼儿咧。

（31'）俺家还没啦新房儿咧。

肯定句表达的是事件处于已然状态，否定句表达的是事件还正处于未完成或不存在的持续状态中，所以用"咧₂"符合其正然态的特点。

B. 疑问句中的"啦"

疑问句中的"啦"在特指问和选择问中都有分布，在疑问句中其主要作用是表已然态，不表语气。特指问如：

（32）那家做甚去啦咧？

（33）谁和那家走啦咧？

（34）你妈去喽何地儿啦咧？

（35）你多来大啦咧？

特指问句中,句末的"啦"表已然态,句末的"咧"是专职的疑问语气词,与时体无关。

选择问句如:

(36)作业做完啦没啦咧?——做完啦。/没啦咧。

(37)你吃喽饭啦没啦咧?——吃啦。/没啦咧。

(38)今儿输啦,赢啦咧?——输啦/赢啦。

(39)你把饭吃啦,倒啦咧?——吃啦。/倒啦。

(40)吃美啦↗?——吃美啦。/没啦吃美。

(41)孩儿回来啦↗?——回来啦。/没啦回来咧。

以上例句中,例(36)、例(37)为正反问,"啦"表已然态,"没啦咧"在汾阳方言中已经成为凝固的说法,问句中的"咧"是疑问语气词,答句中的"咧₂"是正然态助词;例(38)、例(39)为列项问,"啦"表已然态,"咧"是疑问语气词,不表时体;例(40)、例(41)为是非问,"啦"表已然态,疑问靠上扬语调。所有的回答,肯定回答用已然态标记"啦",否定回答用正然态标记"咧₂"。

2)已然态助词"啦"与句型

汾阳方言的已然态助词"啦"在动词谓语句、形容词谓语句和名词谓语句中皆有分布。

A. 动词谓语句

(42)我今儿写喽四副对子啦。

(43)俺孩儿考上大学啦。

(44)你们都吃喽饭啦?

以上例句中动词后有体助词"喽""上"等与"啦"相配合,表达已然态。例(42)表示的是目前已经写了四副对联,可能还要继续写,如果说"我今儿写喽四副对子"则表示今天只写了四副对联。

当然,"啦"也可以独立表达已然态,如:

(45)我不去太原上班去啦。

(46)你敲门时儿,我们都睡啦。

例(45)表示"不去太原上班"这个事件已发生的状态,例(46)表示从"未睡"到"睡着"的变化已完成。

到有的变化。如：

（47）俺家有车啦。

（48）我们班里这一阵儿有五十个人啦。

以上例句的否定句不能用"啦"，需用"咧₂"，解释同前。

在谓语动词带补语的句子中，也可以出现"啦"，如：

（49）我想出办法来啦。

（50）我回来散⁼，俺妈倒给我把饭做现成啦。

（51）你看我把谁给你吼将来啦咧？

以上例句均表示已出现了某种趋势或结果，例（51）"咧"是疑问语气词，"啦"是已然态助词。

在带助动词的动词谓语句中，"啦"用于肯定句表示能够、应该或敢于做某事了，之前不能、不应或不敢做某事，也可以看作已然态。同样，否定句用"咧₂"。如：

（52）这两天暖和啦，能穿夹袄儿啦。/还不能穿夹袄儿咧。

（53）七点啦，孩儿该回来啦。/孩儿还没啦回来咧。

（54）我敢骑车子啦。/我还不敢骑车子咧。

B. 形容词谓语句

在形容词谓语句中，"啦"用于肯定句，表示事情或状态发生或出现了一些新的变化，如：

（55）天阴将来啦，赶紧把车子推回来吧。

（56）衣裳也恶心啦，脱下来摆摆⁼洗洗吧。

（57）天气暖和啦，树儿上的叶叶也绿啦。

同样，以上例句的否定句都需要用"咧₂"，表示事件正处于未发生变化的状态。

C. 名词谓语句

在由时间词、量词充当谓语的句子中，"啦"用于肯定句，表示时间、年龄、数量等发生了变化。如：

（58）俺婆婆今年八十八啦。

（59）你告我时儿散，倒八点啦。

（60）这一窝猪儿四个月啦。

（61）我这一阵儿九十斤啦。

同样的，否定句需用"咧₂"表示时间、年龄、数量还处于未达一定量的状态。

总之，事态助词"啦"和"咧₂"是时体助词中虚化程度比较高的成分。

（二）完整体

从前面对时体系统的描述中可以看出，完整体的句子可以从事件的后界点及其之后观察到事件的全貌，从动作的状态来看是完整发生的事件。汾阳方言句子中动词后的"喽""下"和"过""罢"都标记动作的状态，前两者我们称为完成体标记，后者称为经历体标记。

1. 完成体

完成体表达的动作在时轴上起点、持续段、终点齐全，是一个完整性事件。汾阳方言的完成体标记有"喽[lou⁰]"和"下[xa⁵⁵]"，下面分别介绍。

1) 完成体标记"喽"

"喽"是一个动态性较强的体标记，用于句中动词、形容词后或动宾结构之间，用于叙述一个已经完成的完整事件，大致相当于普通话的"了₁"。如：

（62）我一共喝喽一钵钵，不多。

（63）我今儿写喽四副对子。

（64）你俩不用闹得红喽脸。

（65）那家当喽个儿侯"侯"小官儿，倒认不得人啦。

这里需注意，"喝""写""当"是动态性很强的动词，其动作的起点、持续段明显，终点不太明显，但加入"喽"以后动作的终点就明确了，表示动作已完成。"红喽脸"是专指两人闹翻了，所以这个"红"也是动态性很强的动词。这里的动词不能用"等于、是、认为、以为"等被认为是没有起点、终点，续段很弱的动词，也不能用类似"打破、出现、变化、离开"等无起点、有续段、有终点的动词，因为这些动词本身已有终点义，再加上"喽"去表示事件的完成，那就是重复。但像"毕业、结婚、死"等瞬时动词可以带"喽"，这些动词都表示突变，突变就没有渐变的持续过程，起点明显，加"喽"以后终点更明显，如：

（66）我毕喽业准备自家干咧。

（67）<u>那家</u>结喽婚就不大和我们来往啦。

（68）这家死喽人啦。

以上例句中的"毕喽业""结喽婚""死喽人"都表示该动作已完成，无论是哪种时制中，他们只表达动作的状态。

此外，邢向东在讨论陕北晋语时提到其完成体标记"了"与北京话的不同有三[①]：

一是，在双宾句中，北京话的语序是"V+了+N_1+N_2"，陕北晋语一些方言会有"V+N_1+了+N_2"这样的语序。汾阳方言与北京话的语序相同。

二是，动宾谓语句中，北京话用"V+了+N"，不用句末的"了$_2$"，府谷话都需要带句末的"了$_2$"。汾阳方言的情况与府谷话还不同，如邢文中所举两个例句[②]，在汾阳方言这样表达，第一句"我倒问喽老王啦。"与府谷话是一致的。第二句"<u>那家</u>打完电话，当下就通知喽小王（啦）。"句末的"啦"带与不带皆可。我们认为这两句话中"啦"的作用并不完全相同，前一句话用于对话，必须带"啦"结句，否则句子不完整；后一句话的"啦"可有可无，说明"啦"在这里不起结句的作用，只是转述一个事件或向别人描述此事件的过程，表达事件与参照时间同时完成，时制标记"啦"不是强制性地使用，毕竟"喽"已经表达了事件完成的意思。

三是，在形容词谓语句中，北京话的"A 了+O"式，相同的意义在陕北晋语中要用"S（O）+A 了$_2$"或"把 O+A+C+了$_2$"格式。汾阳方言和陕北晋语相同，常用"S（O）+A 啦"或"把 O+A+C+啦"格式，如北京话的"说得她红了脸"[③]，在汾阳方言可以说"说得<u>那家</u>脸红啦"或"把<u>那家</u>说得脸红啦"，相同意思不能说"说得<u>那家</u>红喽脸啦"。

2）完成体标记"下"

汾阳方言的"下[xa^{55}]"，语流中会轻读为[a^0]，有三个语义：一是作动

[①] 邢向东：《陕北晋语语法比较研究》，商务印书馆 2006 年版，第 84 页。

[②] 邢向东（2006）第 84 页例句。府谷话：（7）我倒问了老王了。（8）他接完电话，立马就通知了小王了。

[③] 但需注意，北京话也说"说得她脸红了"。

词，如"下学"；二是作趋向动词，如"往下推"；三是作时体助词，如"站下"。它不像"喽"已经虚化为专职的时体助词，应该说语法化程度还不够高。一般来说，它用于动词和形容词之后，在动词后表达动作的结果已出现，形容词后表达某种程度已发生变化。

A. 动词+下。"下"多用于动宾之间，如：

（69）俺妈做下饭啦。

（70）我给你盛下饭啦。

（71）一年到头下来，对下一屁股饥荒。

（72）那家在外头短下人家钱儿啦。

（73）那家一年也没啦寻下做的。

以上例句中的动词多为非持续性动词，"下"介于结果补语和助词之间，因为汾阳方言"做饭、盛饭、对饥荒、短钱儿、寻做的"还是比较固定的动宾结构。此外，"V 下+O"形式虽不表可能，但"V+不+下+O"是表不可能的，说明其结果补语的痕迹还在。该格式的否定形式为"没啦+V 下+O"，正反问形式也是"V 下+O 啦+没啦咧？"其中的"下"又很接近助词的用法。

还有一些"V 下+O"中的"下"虚化程度较高，这里的宾语不是强制出现的，如：

（74）那个人又吹下（牛）啦。

（75）我倒应承下（人家）啦。

（76）那家请下一排海人。

（77）我还管你管下害啦？

以上例句中的"下"已经是地道的助词了，因为这些例句中否定式都为"没啦+V 下+O"，没有"V+不+下+O"的形式，反复问的形式是"V 下+O 啦+不是咧"。

此外，还有"V 下+（个）+C"的格式，C 在这里表示状态补语，如：

（78）你和那家能说下个字样你能和他说下个结果？

（79）那俩可要争下个长和短咧。

（80）地里的草草长下那来来高。

B. 形容词+下。在形容词后面的"下"应该算是比较明显的完成体标记，表达与过去相比，事物性状发生了变化，产生了结果。汾阳方言可以用于这类格式的形容词较少，大概限于"多、少、长、短、老、大、小"，"下"后还可以带数量宾语，如：

（81）你数数那个钱儿，看多下啦没啦咧。
（82）都攒点够哈，不敢给短下。
（83）前头院里的老婆家老下啦。
（84）这条裤儿比那条长下一拃咧。
（85）称喽二斤橘子就少下五两。
（86）俺哥比俺舅大下两岁咧。

"下"这里不表示变化的过程，只表示有了变化的结果。

总之，在完成体标记里，"喽"是虚化程度比较高的一个专职体助词，"下"没有"喽"的虚化程度高，使用范围也受限制。

2. 经历体

汾阳方言经历体助词为"过[ku⁵⁵]"，某个动作某件事曾经经历过，用于部分动词、形容词之后，与普通话的用法基本无异。同时，它还是过去时助词，虽然使用范围和频率都较小，如：

（87）我到过你家啦，还没啦到过他家咧。
（88）那家以前寻过我，我没啦寻过他。
（89）俺家办过几出儿事，都告过那家。
（90）那家俩以前好过，后背后来不来往啦。

汾阳方言经历体助词还有"罢[pa⁵⁵]"，用于动词后，表示某动作、行为经历过，已经结束，与普通话对译的话，是可以用"过"替换的，但在汾阳方言中不是全部都能替换的，一般也不用于形容词后，如：

（91）把你耍罢的车车给我孩儿吧，行喽不行咧？
（92）老是告我吃你舔罢的，我才不吃咧。
（93）我吼罢俺爸啦，一会儿他就回来啦。
（94）饭我给你热罢啦，赶紧吃吧。

以上例句中的"耍罢、舔罢、吼罢、热罢"指的是前面的动作已经完成，后面常跟已然态助词"啦"。"罢"的语义侧重于动作完成，而"过"侧重于曾经发生。且例（91）、例（92）勉强可以用"过"替换，但是感觉有些靠近普通话,例(93)、例(94)干脆不能用"过"替换,反过来,例(87)—例(90)中的"过"均不能用"罢"替换,说明在汾阳方言中二者语义上有相近之处,但在使用中还是各自有各自的范围。

(三)非完整体

如前所述,非完整体是从事件内部各时间段去观察,看动作处于哪个阶段,用不同的语法形式去表述这些阶段,就产生了非完整体的标记。汾阳方言的非完整体包括起始体、持续体、继续体、短时体。

1. 起始体

起始体表示事物、状态、动作处于开始阶段。汾阳方言起始体助词主要有位于动词后面的"起/起来""开""将来/去"表达,下面我们将一一讨论。其中"将来/去"在第三章第三节动态助词"将"中已有讨论,这里不再赘述。

1)"起/起来"

"起[tsʰɿ³¹²]"和"起来[tsʰɿ³¹²lei⁰]"表达起始体应该是在"起"的词汇意义基础上虚化的结果。在汾阳方言中"起"有四层意思:一是动词义,如"起山、起吧_{起床吧}";二是趋向义,如"往起抬抬";三是用于动词后说明动作的结果,作结果补语,语义上介于时间和空间之间,如"放起、荷起";四是起始体意义,如"烧起啦、说的说的笑起啦"。如:

(95)你要有做的寻那家,那家就又和你摆起那个架子啦。

(96)看俺妈高兴得唱起来啦。

(97)孩儿黑间又烧起啦。

(98)你正经和那家说,那家才耍起赖啦。

以上例句中"起/起来"用于动词、形容词之后,或动宾之间,表示事件、动作的开始。与"起/起来"相配合的是已然态助词"啦",也就是说动作开始的状态已经发生。

2)"开"

表示动作、状态起始的还有"开[kʰei³²⁴]",它表示起始与其本身的词汇意义"开始"有很大关系,前面的"起"基本都可以用"开"来替换,但能用"开"的地方不一定能用"起"替换,如:

（99）那家俩说着说着动开手啦。
（100）孩儿换开牙啦。
（101）还没啦热喽几天，倒又冷开啦。

例（99）的"动开手"可以替换成"动起手"，但例（100）、例（101）的"换开牙"和"冷开啦"不能替换成"换起牙""冷起啦"。同样，与"开"配合的是已然态助词"啦"。

3. 持续体

持续体表示动作、状态处在持续段上，动作已经开始并在持续当中，汾阳方言表达持续体的标记是"上"和"着"。

1）"上"

汾阳方言的"上"本身读作[ʂuɔ⁵⁵]，随着语义的虚化，读音也发生变化：作动词，读[ʂuɔ⁵⁵]，如"上学、上班儿"；作方位词，用在名词后，读[xuɔ⁵⁵]，或进一步弱读为[xə⁵⁵]，如"书上、天上"；作趋向或结果补语，多读[xə⁵⁵]或[ə⁰]，如"吃上肉啦""喝上酒啦"，还有"吃不上肉""喝不上酒"这样表不可能的用法；动词或形容词后作持续体标记，多读[ə⁰]，如"冷上啦、蒸上馍馍啦"，不能说"冷不上""蒸不上馍馍"，否定要用"没啦"置于动词前，表示动作、状态没有持续。句子用例如：

（102）我做上饭啦，你就这儿吃吧。
（103）进喽腊月二十几儿，家家儿就都忙得打扫上啦。
（104）你看那家，倒又在那儿谝打上啦。
（105）这两天冷上啦，多穿上些儿吧。

以上例句中的"上"表示动作或状态已开始并持续，并没有说结果如何，"做上饭"不等于已经做好饭了，而是正在做着，"打扫上"也不是打扫完了，而是正在打扫着。所以持续体标记的是动作的起点和持续段，不标记终点。与之配合的也是已然态助词"啦"。

2）"着[tieʔ⁰]"

"着[tieʔ⁰]"表持续体是汾阳方言"的"的用法之一，不管是静态持续还是动态持续，都表示一种持续状态，如：

（106）墙墙上挂着世界地图儿。

（107）那家一直就穿着那一身衣裳。

例（106）（107）属于静态持续的句子，在动词后用助词"着"来表示事件现在还如此存在。

4. 继续体

继续体指的是动作或状态开始以后已持续一段时间，并将继续下去。比持续体所指的持续时间要长，且有向纵深发展的意思。由其定义也可知，继续体标记一般是附着在可以表持续义的动词或形容词之后。汾阳方言表达继续体的标记是"下去[xa^{55}tieʔ^0]"，严格来说它不能算一个助词标记，顶多算一个准标记，因其实义还比较明显，虚化程度不高。如：

（108）你就这个样混下去，有甚好处咧？

（109）天气要是冷下去，外头的菜非冻喽不行。

（110）再耽误下去，就真的完啦。

以上例句都用了虚拟的假设复句，也提示我们"下去"所处的语境基本上是假设情境。

5. 短时体

动词重叠表达一定的语法意义，有的称之为短时体，有的称之为反复体、尝试态、动量减少貌等，普通话和方言中都有这类现象，汾阳方言与之相对应的是动词重叠"VV"式、"VVO"式、"V喽V"式，以及变体"V给（一）下"，稍有不同之处就是动词有差别，变体"V给一下"在普通话中说"V一下"，其余用法是一致的，具体见第一章关于动词重叠式的阐述，我们认为这是一种构形形态，它确实表达动量小、时量短等义。我们在本章还是选取了"短时体"的说法，并不表明不同意其他说法，只是为了讨论的方便以及与前述各种时体的统一。甚至就动词重叠是不是属于体范畴的内容，以及是完整体还是非完整体，都有很多讨论，我们也阐述一下自己的看法。

动词重叠是不是属于体范畴的内容。我们认为动词的重叠，肯定是一种构形形态。这种形态与时体有关，应该属于体范畴。只不过，我们知道体意义是由句子来实现的，句子才能承载体意义，而不是由动词或动词重叠来承载的。因此，我们需要将动词重叠放在具体的语句中去理解其体意义。关于这一点，袁莉容等人的著作中有相同的看法[①]。

那么带有动词重叠及其变体的句子是完整体句子还是非完整体句子？这个问题很难说清楚，因为动词重叠及其变体所出现的句子环境在完整体和非完整体中都有体现。如：

（111）咱们看看电视吧！

（112）我们看喽看电视。

（113）我爸退休喽每天没做的，一会儿翻给下书，一会儿看给下电视，一会儿又写给下毛笔字，消磨时间咧。

以上例句，例（111）句子是一个祈使句，表达的实际是未开始的动作，那么就不存在动作的起点、持续段和终点的问题。例（112）描述的是一个已然事件，"看电视"的动作已经完成，带有完成体标记"喽"，那就应当属于完整体。例（113）描述的是已然的事件，"翻书、看电视、写毛笔字"虽然用的是"V 给下"的格式，但其实从量上来看，时间也并不短，数量可能也并不少，从时轴上看是反复出现，并没有终点的意思，这样来看，应当属于非完整体。按照袁莉容等人（2010）的说法，带完成体标记"了"才能构成完整体的话，那么不带标记就是非完整体，因此动词重叠应该属于非完整体，也有一定的道理。

（四）时体小结

通过以上对汾阳方言体范畴的讨论，我们总结以下两点：

第一，汾阳方言的体范畴首先分为动态和事态两部分，前者表达动作的状态，后者表达整个事件的状态。事态助词有正然态助词"咧$_2$"和已然态助词"啦"，他们都处于句末。动态助词分完整体和非完整体。其中完整体包括完成体和经历体，前者用助词"喽"来标记，它是专职的体标记，后者用"过""罢"来标记，它们的虚化程度都不如"喽"。非完整体包括起始体、持续体、继续体、短时体。起始体标记为"起/起来""开""将来/将去"，持续体标记为"上""的$_着$"，继续体标记为"下的$_去$"，短时体用动词重叠及其变体表示。

第二，从以上标记的形式可以看出，事态助词和完成体标记算是虚化

[①] 袁莉容、郭淑伟、王静：《现代汉语句子的时间语义范畴研究》，四川大学出版社 2010 年版，第 184 页。

程度较高的，其余的体标记都不能算作真正意义上的专职的标记，虚化程度较低。

第三，与时标记相比，汾阳方言的各个体标记虚化程度虽然不平衡，但是各种时体分布及语法意义很明确，也就是说在方言中，时体表现是比较明显的，而时制除了过去时比较明确，其他时制语法化的程度都不高。

结　　语

本书通过对笔者的母语——汾阳方言中一些比较有特色的语法现象进行分析描写，与普通话、晋语方言或其他方言进行共时比较，并进行简单的历时考察，我们看到汾阳方言语法的一些特点：

1. 从汾阳方言的构词法来看，复合构词法与普通话差异不大，派生构词法所构成的词数量可观，而且形式多样、复杂。

派生构词法中以附加式构成的词数量最多。前附式构成的词类有名词、动词、形容词、量词、拟声词，这些词多以"圪""卜""忽"开头，但"圪""卜"的性质并不一定都是词缀，也有部分是作为单纯词的音节来构词的，而且这三个词缀中，以"圪"的构词能力为最强。后附式构成的词类多是名词，也有少量形容词，并且儿化词是数量最多的，占所有派生词的37.7%，儿化词中"儿"缀的来源除了常见的"儿""里""日"，还有"人"。汾阳方言中除了可以通过儿化构成名词，还可以通过儿化来构形，即用于动词或形容词之后带附加色彩。

重叠式构词也是汾阳方言中一种重要的构词手段，重叠式构词与词的重叠不同，前者是构词，后者是构形。重叠式构成的词类有名词、动词、形容词、量词、拟声词，词的重叠也包括名词、动词、形容词、量词、拟声词的重叠。在比较了重叠式名词、子尾式名词和儿化名词之后，发现在汾阳方言中重叠式多表小指爱，子尾式表示稍大事物，儿化式显示中性特征。

2. 汾阳方言的实词中，代词、副词是比较有特点的词类

汾阳方言的人称代词的表现纷繁复杂：第一、二人称的主宾格和领属格不同；指代词兼指第三人称代词；复数形式复杂多样，词尾"们、弭、家"在汾阳方言中几番出现，组成不同的复数形式，多可以"复数代单数"，并且各自都有各自的使用范围。

汾阳方言的指示代词是典型的二分式，语音形式多样，多是合音或变读的结果，指示代词的各种形式之间有感情色彩、数量、所指范围或时间长短的差别，与近代汉语的关系较为密切。

汾阳方言的特指疑问代词以"何"系和"甚"系代词为主，此外还有"谁"系、"怎"系、"多"系、"几"等疑问代词，其中"何"系疑问代词沿用了古汉语的用法，并有自己的发展，"何地儿"一词比其他的疑问代词语法化程度要高。

汾阳方言的副词与普通话的副词有同有异，几个比较特殊的副词"可""厮""敢"具有普通话所没有的用法，三个副词都一定程度地继承了近代汉语的用法。副词连用，一般是两种不同类副词连用，同类副词连用的情况多发生在范围副词内部。汾阳方言副词的连用规则是：语气＞时间＞范围＞程度＞否定＞情状。

3. 汾阳方言的虚词中，比较有特点的词类是介词、连词和助词

其中介词和普通话的介词一样，多由动词虚化而来，且有的介词虚化程度不高，还带有动词的某些用法。与普通话不同之处在于，汾阳方言存在介词悬空现象。介词能够出现的位置有：主语前、谓语前、谓语后，其中最常出现的位置是谓语前，其次是主语前，再次是谓语后。且当几个介词在谓语前共现时，多是对象在前、方向在后，与同在前、处所在后，起点在前、经由地在后，施事在前、处所在后。

汾阳方言的连词数量较少，用法与普通话的区别也不是很大，只是形式有差异。连接词语的连词仅有"和"，连接复句的连词数量也不是很多，其中"散"是比较特别的一个连词，既能表示"……的时候"作连词，又能用于假设复句表示虚拟语气。

汾阳方言的助词表现也很丰富，一些助词具有同音异质的特点，如汾阳方言有多个"[tieʔ⁰]"，表义和语法作用各不相同，其本质应当分别是结

构助词"的、得",表趋向义的"去",表动态的助词"着",介词"到"。所谓"的的"连用的现象正是同音异质词的连用。这种同音异质的现象在晋语中并不少见,其来源虽已有人探讨,但仍然存在一些疑问。汾阳方言的助词"将"既可作补语标记,也可作动态助词表起始义,是近代汉语用法的继承。

4. 汾阳方言的状中结构和述补结构并非有很多异于其他方言的特点

我们专门讨论汾阳方言的这两个结构,是认为状语和补语都是修饰谓语的成分,只因其前后位置不同而有不同的名称,实际从本质上讲是同类的,尤其像介宾状语和形容词性状语,可出现在谓语前后,都是用来修饰谓语的,我们视为同质成分。此外,程度补语和程度状语也是同质成分,他们可以同时出现在谓语前后,形成"程度状语+中心语+程度补语"这样的框架结构。

5. 汾阳方言的句类中比较有特点的是疑问句中的选择问句、祈使句中的商请句

汾阳方言的列项问、正反问、是非问都属于选择问句的下位概念,也就是说汾阳方言除了特指疑问句之外,习惯用选择问句的形式提出疑问。列项问的常用格式是"VP_1,VP_2咧?"式;正反问的常用格式是"VP—Neg 咧?"式和"VP—Neg—VP 咧?"式;列项问和正反问除了有固定的格式,还用上扬语调和疑问语气词"咧"作为疑问手段。是非问的常用格式是"VP-(Part)?"其中的诧异问常用上扬语调提问;是非问的求证问部分用上扬语调,部分不用,且疑问语气词用的是"呀、吧、噢"之类。

汾阳方言的商请句属于肯定性祈使句的一种。"咱们+VP+来""咱们+VP+嘿="""来+我+VP+嘿="是常用的商请句式,以上句式的"来""嘿="都带有位移义,"来"是向内,是趋近说者的方向,"嘿="是向外,双方一起朝着一定的方向而去。关于"嘿="的本字是一个疑问,与周边方言比较之后,认为从用法上看它比较接近"去来",但语音上差异较大。

此外,在汾阳方言中,与句类密切联系的语气词连用是比较值得注意的现象。在语气词连用时,"啦、喽、来、咧、的"是较活跃的前项,较不活跃的前项是"呀、么"。与此同时,"啦、喽、来、咧"都是与时间相关的语气词,也就是说,与时间相关的语气词位于靠前的位置,其他语

气词位于其后。

6. 汾阳方言的时间范畴重点是关于"时制"和"时体"的表达手段

汾阳方言的时范畴是过去、现在、将来的三分时,虚化程度较高的时制表达手段是时制助词,过去时可以用"来"和"过"标记;将来时也可以用"咧₁"标记,但还需其他助动词"要、准备"等配合;现在时没有相应的语法形式。汾阳方言的体范畴分为动态和事态两部分,也都有一些相应的体助词,事态助词和完成体标记是体助词里面虚化程度最高的。

除了本书所考察的汾阳方言的这些语法现象,汾阳方言的四字格、形容词、各类短语结构和各类句型还没有作过系统研究,希望今后可以继续深入探讨。此外,在已经涉及的语法现象中,有些内容还不够深入,如介词、连词、各类助词,与其他方言的共时比较,与古汉语的历时比较,都需要再加强。在研究方法上,整个文章虽然也涉及了一些共时比较和历时探源,但深度和广度都还不够,在运用最新的语言理论方面也不足,这都是今后需要继续努力的地方。

参考文献

安介生：《山西移民史》，山西人民出版社 1999 年版。

白平：《汉语史研究新论》，书海出版社 2002 年版。

白云、石琦：《山西左权方言人称代词复数形式"X 都/X 都们"》，《汉语学报》2014 年第 1 期。

白云：《晋语"圪"字研究》，《语文研究》2005 年第 1 期。

曹广顺：《近代汉语助词》，语文出版社 1995 年版。

曹广顺：《魏晋南北朝到宋代的"动+将"结构》，《中国语文》1990 年第 2 期。

曹瑞芳：《阳泉方言的动词词缀"打"》，《语文研究》2004 年第 4 期。

陈平：《论现代汉语时间系统的三元结构》，《中国语文》1988 年第 6 期。

陈前瑞：《汉语体貌研究的类型学视野》，商务印书馆 2008 年版。

陈庆延：《说前缀"日"——晋语构词特点研究之一》，《语文研究》1999 年第 4 期。

崔容：《太原方言的语气词》，《语文研究》2002 年第 4 期。

崔容：《太原方言形容词的生动形式》，《晋东南师范专科学校学报》2003 年第 1 期。

崔淑慧：《代县方言的人称代词》，《山西大学学报》1998 年第 2 期。

崔淑慧：《代县方言研究》，山西人民出版社 2005 年版。

戴耀晶：《现代汉语时体系统研究》，浙江教育出版社 1997 年版。

丁邦新：《历史层次与方言研究》，上海教育出版社 2007 年版。

董育宁：《山西晋语指示代词的几个特点》，《晋东南师范专科学报》2002 年第 6 期。

杜克俭、李延：《临县方言的指示代词》，《语文研究》1999 年第 2 期。

范慧琴：《定襄方言语法研究》，语文出版社 2007 年版。

范慧琴：《山西定襄方言名词的里变儿化》，《语文研究》2004 年第 2 期。

冯春田：《近代汉语语法研究》，山东教育出版社 2000 年版。

傅雨贤、周小兵、李炜：《现代汉语介词研究》，中山大学出版社 1997 年版。

高本汉：《中国音韵学研究》，商务印书馆 2003 年版。

高名凯：《汉语语法论》，商务印书馆 1986 年版。

高欣：《太谷方言的人称代词》，《汉字文化》2014 年第 3 期。

郭建荣：《孝义方言动词的重叠式》，《语文研究》1987 年第 1 期。

郭利霞：《山西方言的特指问句》，《南开语言学刊》2010 年第 2 期。

郭利霞：《山西方言疑问句中的"敢"》，《语文研究》2011 年第 2 期。

郭锐：《汉语动词的过程结构》，《中国语文》1993 年第 6 期。

郭校珍：《娄烦方言的人称代词》，《语文研究》1997 年第 2 期。

郭校珍：《山西晋语的疑问系统及其反复问句》，《语文研究》2005 年第 2 期。

郭校珍：《山西晋语语法专题研究》，华东师范大学出版社 2008 年版。

郭校珍、张宪平：《娄烦方言研究》，山西人民出版社 2005 年版。

黑维强：《陕北方言助词"也［ia］是的"》，《语文研究》2007 年第 3 期。

黑维强：《陕北绥德方言的疑问代词》，《宁波大学学报》2013 年第 2 期。

侯精一、温端政：《山西方言调查研究报告》，山西高校联合出版社 1993 年版。

侯精一、温端政：《山西方言研究》，《语文研究》1989 年增刊。

侯精一：《平遥方言的动补式》，《语文研究》1981 年第 2 期。

侯精一：《平遥方言的重叠式》，《语文研究》1988 年第 4 期。

侯精一：《平遥方言语法研究》，《晋语研究》（日本东京外国语大学亚非言语文化研究所），1989 年。

侯精一：《山西平遥方言的状态形容词》，《语文研究》1991 年第 2 期。

侯精一：《现代晋语的研究》，商务印书馆 1999 年版。

侯精一：《山西、陕西沿黄河地区汉语方言第三人称代词类型特征的地理分布与历史层次》，《中国语文》2012 年第 4 期。

胡双宝：《文水话的若干语法现象》，《语文研究》1981 年第 2 期。

胡双宝：《山西文水话的自感动词结构"V+人"》，《中国语文》1984 年第 4 期。

胡双宝：《山西文水话"圪"字小集》，《语文研究》2004 年第 3 期。

华学诚：《周秦汉晋方言研究史》，复旦大学出版社 2003 年版。

黄国营：《"吗"字句用法初探》，《语言研究》1986 年第 2 期。

江蓝生：《敦煌变文词语琐记》，《语言研究》1985 年第 1 期。

江蓝生：《疑问副词"可"探源》，《古汉语研究》1990 年第 3 期。

江蓝生：《后置词"行"考辨》，《语文研究》1998 年第 1 期。

蒋平、沈明：《晋语的儿尾变调或儿化变调》，《方言》2002 年第 4 期。

蒋绍愚、曹广顺：《近代汉语语法史研究综述》，商务印书馆 2005 年版。

康彩云：《山西柳林方言的人称代词》，《晋中学院学报》2012 年第 4 期。

李改祥：《山西方言的疑问句》，《山西大学学报》2005 年第 3 期。

李蓝：《方言比较、区域方言史与方言分区——以晋语分音词和福州切脚词为例》，《方言》2002 年第 1 期。

李临定：《现代汉语动词》，中国社会科学出版社 1990 年版。

李讷、石毓智：《论汉语体标记诞生的机制》，《中国语文》1997 年第 2 期。

李荣：《官话方言的分区》，《方言》1985 年第 1 期。

李如龙：《汉语方言的比较研究》，商务印书馆 2001 年版。

李守业：《文水话形容词的复杂形式》，《语言学论丛》第十二辑，商务印书馆 1983 年版。

李思敬：《汉语"儿"音史研究》，商务印书馆 1986 年版。

李铁根：《现代汉语时制研究》，辽宁大学出版社 1999 年版。

李卫锋：《汾阳方言时体系统研究》，硕士学位论文，山西大学，2008 年。

李卫锋：《山西汾阳方言的时体助词"来"》，《语文学刊》2011 年第

9 期。

李卫锋：《山西汾阳方言的时体助词"咧"》，《广西民族师范学院学报》2012 年第 6 期。

李卫锋：《山西汾阳方言特指疑问代词——从"何地儿"说起》，《河北师范大学学报》2016 年第 4 期。

李卫锋：《山西汾阳方言指代词兼指第三身代词现象考察》，《晋中学院学报》2016 年第 6 期。

李小凡：《当前方言语法研究需要什么样的理论框架》，《语文研究》2003 年第 2 期。

李小凡：《苏州方言的体貌系统》，《方言》1998 年第 3 期。

李小凡：《苏州方言语法研究》，北京大学出版社 1998 年版。

李小平：《山西临县方言"圪 AA"式形容词汇释》，《方言》1997 年第 4 期。

李小平：《山西临县方言名词重叠式的构词特点》，《山西大学学报》1999 年第 1 期。

李小平：《山西临县方言亲属领格代词"弭"的复数性》，《中国语文》1999 年第 4 期。

李小萍：《晋语五台片原平方言语法研究》，博士学位论文，山西大学，2016 年。

梁建青：《文水方言的人称代词》，《和田师范专科学校学报》2005 年第 4 期。

刘丹青：《吴语的句法类型特点》，《方言》2001 年第 4 期。

刘丹青：《语法调查研究手册》，上海教育出版社 2008 年版。

刘坚、江蓝生、白维国、曹广顺：《近代汉语虚词研究》，语文出版社 1992 年版。

陆丙甫、金立鑫主编：《语言类型学教程》，北京大学出版社 2015 年版。

陆丙甫：《"的"的基本功能和派生功能——从描写性到区别性再到指称性》，《世界汉语教学》2003 年第 1 期。

陆俭明：《"VA 了"述补结构语义分析》，《汉语学习》1990 年第 1 期。

陆俭明：《现代汉语时间词说略》，《语言教学与研究》1991 年第 1 期。

罗自群：《现代汉语方言持续体标记的比较研究》，博士毕业论文，中国社会科学院，2003年。

吕叔湘：《中国文法要略》，商务印书馆1982年版。

吕叔湘：《近代汉语指代词》，学林出版社1985年版。

吕叔湘：《现代汉语八百词》（增订本），商务印书馆2007年版。

马启红：《太谷方言副词说略》，《语文研究》2003年第1期。

马文忠：《大同方言的动趋式》，《中国语文》1986年第6期。

梅祖麟：《汉语方言里虚词"著"字三种用法的来源》，《中国语言学报》1989年第3期。

孟庆海：《山西方言里的"的"字》，《方言》1996年第2期。

齐春红：《现代汉语语气副词"可"的强调转折功能探源》，《云南民族大学学报》2006年第3期。

乔全生、崔容：《晋语与官话非同步发展（三）》，《汉语学报》2013年第2期。

乔全生、李小萍：《古老的山西方言，语言演变的"活化石"》，《光明日报》2016年4月3日第7版。

乔全生、王晓燕：《中阳方言的人称代词》，《山西大学学报》2003年第1期。

乔全生：《洪洞话的代词》，《山西大学学报》1986年第2期。

乔全生：《洪洞话的"VX着"结构》，《语文研究》1989年第2期。

乔全生：《山西方言中的"V+将+来/去"结构》，《中国语文》1992年第1期。

乔全生：《山西方言"子尾"研究》，《山西大学学报》（哲学社会科学版）1995年第3期。

乔全生：《山西方言人称代词的几个特点》，《中国语文》1996年第1期。

乔全生：《洪洞方言研究》，中央文献出版社1999年版。

乔全生：《晋方言语法研究》，商务印书馆2000年版。

乔全生：《山西方言"儿化""儿尾"研究》，《山西大学学报》（哲学社会科学版）2000年第2期。

乔全生：《晋语重叠式研究，华中语学论库（第二辑）——汉语重叠问题》，

2001年。

乔全生：《晋语与官话非同步发展（二）》，《方言》2003年第3期。

乔全生：《晋语与官话非同步发展（一）》，《方言》2003年第2期。

乔全生：《现代晋方言与唐五代西北方言的亲缘关系》，《中国语文》2004年第3期。

乔全生：《晋方言向外的几次扩散》，《语文研究》2008年第1期。

乔全生：《晋方言语音史研究》，中华书局2008年版。

桥本万太郎：《晋语诸方言の比较研究》，《东京外国语大学亚非文化言语研究所亚非文化研究》，1976—1977年，第12—14别册。

桥本万太郎：《语言地理类型学》，世界图书出版社2008年版。

邵敬敏：《现代汉语疑问句研究》，华东师范大学出版社1996年版。

邵敬敏：《现代汉语疑问句研究》（增订本），商务印书馆2014年版。

沈明：《太原话的"给"字句》，《方言》2002年第2期。

沈明：《山西方言的小称》，《方言》2003年第4期。

沈明：《山西岚县方言研究》，中国社会科学出版社2014年版。

盛益民：《吴语绍兴柯桥话参考语法》，博士学位论文，南开大学，2014年。

石巨文：《交城话代词中"兀、伊、喇"的用法及探源》，《首届晋方言学术研讨会论文集》，1996年。

石毓智：《论现代汉语的体范畴》，《中国社会科学》1992年第6期。

史秀菊、刘晓玲、李华：《盂县方言研究》，九州出版社2009年版。

史秀菊、双建萍、张丽：《兴县方言研究》，北岳文艺出版社2014年版。

史秀菊、双建萍：《交城方言研究》，北岳文艺出版社2014年版。

史秀菊：《临汾方言的结构助词"奈"与"哩"》，《语文研究》2003年第1期。

史秀菊：《山西临猗方言人称代词的音变》，《方言》2003年第4期。

史秀菊：《河津方言研究》，山西人民出版社2004年版。

史秀菊：《近代汉语句末助词"去""来""了""也"在晋方言中的分布与功能》，《第三届晋方言国际研讨会会议论文》，2007年。

史秀菊：《晋南解州片方言表趋向和事态意义的"去"》，《语文研究》2007年第3期。

史秀菊：《山西方言人称代词复数的表现形式》，《方言》2010 年第 4 期。

史秀菊：《山西晋语区与官话区人称代词之比较》，《晋中学院学报》2010 年第 4 期。

史秀菊：《晋语盂县方言指示代词四现象的考察》，《语言科学》2010 年第 9 期。

史秀菊：《山西晋语区的事态助词"来""来了""来来""来噘"》，《语言研究》2011 年第 3 期。

史秀菊：《山西方言的特指疑问词（一）》，《山西大同大学学报》2011 年第 5 期。

史秀菊：《山西方言的特指疑问词（二）》，《山西大同大学学报》2011 年第 6 期。

史秀菊：《晋语盂县方言的体态系统》，《太原师范学院学报》2011 年第 9 期。

史秀菊：《晋语盂县方言的时制系统》，《太原师范学院学报》2012 年第 3 期。

史秀菊：《晋语兴县方言指示代词四分现象的特点——兼与晋语盂县方言四分现象比较》，《太原师范学院学报》2015 年第 6 期。

史秀菊：《晋方言语法史研究》（未刊稿）。

宋金兰：《汉藏语是非问句语法形式的历史演变》，《民族语文》1995 年第 1 期。

宋金兰：《汉藏语选择问句的历史演变及类型分布》，《民族语文》1996 年第 1 期。

宋秀令：《汾阳方言中的"的"》，《语文研究》1988 年第 2 期。

宋秀令：《汾阳方言的"圪"》，侯精一、温端政主编《山西方言研究》，山西人民出版社 1989 年版。

宋秀令：《汾阳方言的人称代词》，《语文研究》1992 年第 1 期。

宋秀令：《汾阳方言的语气词》，《语文研究》1994 年第 1 期。

宋秀令：《汾阳方言的指示代词与疑问代词》，《山西大学学报》1994 年第 1 期。

宋秀令：《汾阳方言中的叠音名词》，《山西大学学报》1996 年第 4 期。

宋秀令：《汾阳方言中的量词和特殊的数量词》，《首届晋方言国际研讨会论文集》，山西高校联合出版社 1996 年版。

宋秀令：《汾阳方言的形容词》，《语文新论》（《语文研究》15 周年纪念文集），山西教育出版社 1996 年版。

孙立新：《关中方言"人家"的合音及其用法》，《咸阳师范学院学报》2010 年第 1 期。

孙英杰：《现代汉语体系研究》，博士学位论文，北京语言大学，2006 年。

太田辰夫：《中国语历史文法》，蒋绍愚、徐昌华译，北京大学出版社 1987 年版。

唐正大：《关中方言趋向表达的句法语义类型》，《语言科学》2008 年第 2 期。

田希诚、吴建生：《山西晋语区的助词"的"》，《山西大学学报》1995 年第 3 期。

田希诚：《运城话的人称代词》，《中国语文》1962 年第 8 期。

田希诚：《汾阳县志，第三十五卷方言俗语》，海潮出版社 1998 年版。

田希诚：《晋中方言的时态助词"动了"和"时"》，《首届晋方言国际学术研讨会论文集》，1996 年。

汪国胜：《谈谈方言语法研究》，《华中师范大学学报》2014 年第 5 期。

汪化云：《汉语方言代词论略》，巴蜀书社 2008 年版。

汪化云：《西北方言指代词兼第三身代词现象的再探讨》，《语言科学》2013 年第 1 期。

王春玲：《西充方言语法研究》，中华书局 2011 年版。

王福堂：《汉语方言语音的演变和层次》（修订本），语文出版社 2005 年版。

王红旗：《动结式述补结构的语义是什么》，《汉语学习》1996 年第 1 期。

王洪君：《晋方言的"也［ia］似的"》，《语文研究》2000 年第 3 期。

王力：《中国现代语法，王力文集》第二卷，山东教育出版社 1985 年版。

王利：《晋东南晋语的"圪"》，《汉字文化》2015 年第 4 期。

王临惠：《山西方言的"圪"字研究》，《语文研究》2002 年第 3 期。

王临惠：《山西方言"圪"头词的结构类型》，《中国语文》2001 年第 1 期。

王文卿：《太原方言语气词"嘞"》，《太原师范学院学报》2008 年第 3 期。

王文卿：《太原话的疑问句》，《语文研究》2004 年第 2 期。

王文卿：《太原话儿尾使用情况分析》，《太原师范学院学报》2004 年第 1 期。

王文卿：《太原话形容词程度的表达方式》，《语文研究》2013 年第 3 期。

王文卿：《太原话状态形容词后缀"油啊地"、"啊地"》，《语言研究》2012 年第 2 期。

王一涛：《山西文水话的"打"》，《宁夏大学学报》2011 年第 1 期。

王一涛：《山西文水方言的趋向动词及其语法化研究》，博士学位论文，陕西师范大学，2012 年。

王媛媛：《汉语"儿化"研究》，博士学位论文，暨南大学，2007 年。

吴继章：《河北方言中的"圪"头词》，《语文研究》2003 年第 4 期。

吴建生：《万荣方言的疑问句》，《首届晋方言学术研讨会论文集》，1996 年。

吴建生：《万荣方言的子尾》，《语文研究》1997 年第 2 期。

吴建生：《万荣方言的程度副词》，《语文研究》1999 年第 2 期。

吴建生：《晋中方言的"的的"连用和"地的"连用》，《语文研究》2002 年第 1 期。

吴建生：《万荣方言的比较句》，《忻州师范学院学报》2003 年第 3 期。

吴云霞：《万荣方言动词体貌考察》，《语言科学》2006 年第 2 期。

吴云霞：《万荣方言语法研究》，语文出版社 2009 年版。

席嘉：《转折副词"可"探源》，《语言研究》2003 年第 2 期。

项楚：《变文字义零拾》，《中华文史论丛》1984 年第 2 期。

邢向东、王临惠、张维佳、李小平：《秦晋两省沿河方言比较研究》，商务印书馆 2012 年版。

邢向东、王兆富：《吴堡方言调查研究》，中华书局 2014 年版。

邢向东、张永胜：《内蒙古西部方言语法研究》，内蒙古人民出版社 1997 年版。

邢向东：《晋语圪头词流变论》，《内蒙古师大学报》1987 年第 2 期。

邢向东：《神木话表过去时的"来"》，《延安大学学报》1991 年第 1 期。

邢向东：《木话的结构助词"得来/来"》，《中国语文》1994 年第 3 期。

邢向东：《陕北神木话的助词"着"》，《中国语文》1997年第4期。

邢向东：《说"我咱"和"你咱"》，《中国语文》2000年第2期。

邢向东：《神木方言的代词》，《方言》2001年第4期。

邢向东：《陕北神木话的助词"得"》，《中国语文》2001年第5期。

邢向东：《神木方言研究》，中华书局2002年版。

邢向东：《陕北晋语沿河方言的反复问句》，《汉语学报》2005年第3期。

邢向东：《陕北晋语沿河方言的指示代词及其来源》，《陕西师范大学学报》2005年第2期。

邢向东：《陕北晋语语法比较研究》，商务印书馆2006年版。

邢向东：《陕北神木话的语气副词"敢"及其来源》，《方言》2013年第3期。

邢向东：《陕西吴堡话的重叠式构词和词的重叠》，《延安大学学报》2013年第4期。

邢向东：《陕北吴堡话的过去时标记"来该"及其形成》，《语文研究》2014年第2期。

邢向东：《论晋语时制标记的语气功能——晋语时制范畴研究之一》，《安徽大学学报》2015年第4期。

邢向东：《陕北内蒙古晋语中"来"表商请语气的用法及其源流》，《中国语文》2015年第5期。

徐丹：《从北京话"V着"与西北方言"V的"的平行现象看"的"的来源》，《方言》1995年第4期。

徐通锵：《历史语言学》，商务印书馆1991年版。

许宝华、宫田一郎主编：《汉语方言大词典》，中华书局1999年版。

杨萌：《离石方言的人称代词》，《黄河科技大学学报》2012年第1期。

杨平：《动词重叠式的基本意义》，《语言教学与研究》2003年第5期。

杨增武：《山阴方言的人称代词和指示代词》，《语文研究》1982年第2期。

余跃龙：《山西晋语量词"个/块"的地理分布特征》，《汉语学报》2014年第4期。

袁莉容、郭淑伟、王静：《现代汉语句子的时间语义范畴研究》，四川大学出版社2010年版。

袁毓林：《现代汉语祈使句研究》，北京大学出版社 1993 年版。

詹伯慧：《现代汉语语法研究》，商务印书馆 2005 年版。

张光明：《忻州方言形容词的重叠式》，《方言》1992 年第 1 期。

张光明：《忻州方言的人称代词》，《忻州师范学院学报》2014 年第 3 期。

张国微：《山西榆次方言"可"的几种特殊语义功能》，《晋中学院学报》2010 年第 5 期。

张惠英：《汉语方言代词研究》，《方言》1997 年第 2 期。

张济卿：《对汉语时间系统三元结构的一点看法》，《汉语学习》1998 年第 5 期。

张济卿：《汉语并非没有时制语法范畴》，《语文研究》1996 年第 4 期。

张济卿：《论现代汉语的时制与体结构》（上、下），《语文研究》1998 年第 3、4 期。

张军香：《宁武方言中的副词"可"》，《忻州师范学院学报》2014 年第 1 期。

张旺熹、李慧敏：《对话语境与副词"可"的交互主观性》，《语言教学与研究》2009 年第 2 期。

张维佳：《山西晋语指示代词三分系统的来源》，《中国语文》2005 年第 5 期。

张相：《诗词曲语辞汇释：卷一》，中华书局 1977 年版。

张延华：《山西临猗方言人称代词》，《中国语文》1980 年第 6 期。

张谊生：《现代汉语副词研究》，学林出版社 2000 年版。

张振兴：《山西话人称代词的特点》，《首届晋语国际学术研讨会论文集》，1996 年。

赵变亲：《晋南中原官话的人称代词》，《方言》2012 年第 2 期。

赵秉璇：《太原方言里的反语骈句》，《语文研究》1984 年第 1 期。

赵骏程：《汾阳话与普通话简编》，山西省汾阳县志办公室，1989 年。

赵元任：《北京、苏州、常州语助词的研究》，《清华学报》1926 年第 2 期。

赵元任：《汉语口语语法》，吕叔湘译，商务印书馆 1979 年版。

志村良治：《中国中世语法史研究》，江蓝生、白维国译，中华书局 1995 年版。

周利芳：《内蒙丰镇话的人称代词[nia?^{54}/nie^{53}]》，《语文研究》2004 年第 3 期。

朱德熙：《说"的"》，《中国语文》1961 年第 12 期。

朱德熙：《北京话、广州话、文水话和福州话里的"的"字》，《方言》1980 年第 3 期。

朱德熙：《现代汉语语法研究》，商务印书馆 1980 年版。

朱德熙：《语法讲义》，商务印书馆 1982 年版。

朱德熙：《"V—Neg—VO"与"VO—Neg—V"两种反复问句在汉语方言里的分布》，《中国语文》1991 年第 5 期。

宗守云、张素玲：《晋语中的"往 CV"结构》，《语文研究》2013 年第 3 期。

宗守云：《晋方言的"可 VP 来"和"可要 VP 了"结构》，《燕赵学术》2014 年秋之卷。

宗守云：《张家口方言轻量程度副词"可"的逆转性和趋利性》，《中国语文》2013 年第 2 期。

左思民：《现代汉语中"体"的研究——兼及体研究的类型学意义》，《语文研究》1999 年第 1 期。

后　　记

　　这本书是在我的博士论文基础上修改完成的。读博之前，爱人就曾告诫我如果没有十足的信心就不要读博。我曾经想象过这一过程有多么漫长和难熬，但还是决心去试一试，只为心中的一份憧憬。人活着，没有为某个理想或目标奋斗过，是不是很可惜？朋友笑我37岁了还读什么博士，安心在家照顾孩子、家人，不是很好吗？但是，这总是一个梦，能够圆梦是一件幸福的事。在河北师大读博期间，继续钻研方言语法学，也是接续硕士期间的研究，这一点让我很满足。当学生的时光总是那么短暂，但期间收获良多，我没有后悔当初的选择。

　　读博期间，最该感谢的是导师吴继章先生。从认识老师的那时起，就知道老师非常和蔼又谦逊，作他的学生是一种幸福。老师对待研究一丝不苟，认真严谨，每次有文章给老师看，老师总是逐字逐句地批改，大到篇章结构，小到标点符号，那种认真态度让人感动。尤其是老师年已花甲，工作繁忙，还加班加点盯着电脑为我修改论文，深感老师的不易。只是学生愚笨，加上努力不够，未能达到老师期望的高度，深深感谢的同时也深深愧疚。

　　还要衷心感谢田恒金老师，刚入师大就听说田老师讲课很精彩，有幸和曹庆改同学一起听田老师专为我们两人开的音韵学课，领略了老师的风采。课上，田老师对我提出来的幼稚问题总是不厌其烦地解答，给我许多启迪。课下，田老师关心我们的学习、生活，与我们谈天说地，给我许多宽慰。

　　在读书期间，还要感谢很多老师，苏宝荣老师、孟蓬生老师、董秀芳

后　记

老师、宋文辉老师、桑宇红老师、李智老师、袁世旭老师，在论文开题时提出了很多宝贵的建议，让我在论文撰写的过程中少走了很多弯路。在论文匿名审稿期间，也收到了几位专家细致的点评和修改意见。

感谢我的硕导史秀菊老师，从硕士到博士，离不开老师一路的支持和鼓励，十几年的情分已经超越了师生，更像是亲人。每一篇论文投稿之前，老师都帮我斟字酌句，包括最后的毕业论文，老师都给出许多建议。本不想让老师劳累，但每次见面老师都问起论文的进展情况，每次思路堵塞一筹莫展时，总是忍不住打电话寻求老师的帮助，老师不厌其烦地帮我分析、解决问题。我成了老师永不毕业的学生，让老师操不完的心。真的不能用言语来表达对老师的敬意和感谢！

感谢在论文准备材料过程中配合调查的所有发音人，虽然有时只是针对一个小的语法问题进行询问，但他们都很认真地配合调查。没有他们的帮助我不能顺利完成论文所需语料的准备工作。在修改文章的过程中，还有很多热爱探讨汾阳话的同乡好友们提供帮助，比如"汾阳方言"公众号的许占宇先生帮助完成书中"汾阳方言内部划分"图，非常感谢他的无私帮助。

感谢我的新单位山西传媒学院将本书纳入"山西传媒学院'1331工程'校级出版资金专项资助项目"，给予我们这些新进博士们很多关注和帮助，使得博士论文能够顺利出版。

感谢我的父母、孩子和爱人，他们是我坚强的后盾！在写作阶段，爸爸妈妈每天想方设法为我做香甜可口的饭菜，父母爱子之心，真的是天下最无私的感情！爱人主动承担起每天陪孩子玩、辅导功课等任务，也非常感谢他！最可爱的女儿知道妈妈忙于写作，总是非常懂事地做好自己的事，并时时安慰妈妈，谢谢我的宝贝！来自亲人的爱，让我勇敢和坚强！

李卫锋

2018年2月28日